조직의
재발견

| 한국경제대안 시리즈 2 |
조직의 재발견
한국 자본주의와 기업이 빠진 조직의 덫

2008년 9월 27일 초판 1쇄
2013년 1월 4일 초판 4쇄

지은이 | 우석훈

편 집 | 문해순, 박대우
관 리 | 이영하

제 작 | 상지사

펴낸이 | 장의덕
펴낸곳 | 도서출판 개마고원
등 록 | 1989년 9월 4일 제2-877호
주 소 | 서울시 마포구 공덕1동 105-225 2층
전 화 | (02) 326-1012
팩 스 | (02) 326-0232
이메일 | webmaster@kaema.co.kr

ISBN 978-89-5769-088-8 03300
ⓒ우석훈, 2008. Printed in Seoul Korea.

* 책값은 뒤표지에 표기되어 있습니다.
* 파본은 구입하신 서점에서 교환해 드립니다.

www.kaema.co.kr

국립중앙도서관 출판시도서목록(CIP)

조직의 재발견 : 한국 자본주의와 기업이 빠진 조직의 덫 / 우석
훈 지음. -- 서울 : 개마고원, 2008
    p. ; cm -- (한국경제대안 시리즈 ; 2)

ISBN 978-89-5769-088-8 03300 : ₩15000

한국 경제[韓國經濟]

320.911-KDC4
330.9519-DDC21   CIP2008002799

한국경제대안 시리즈 2

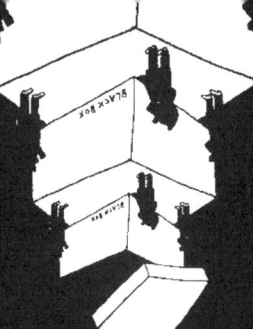

조직의 재발견

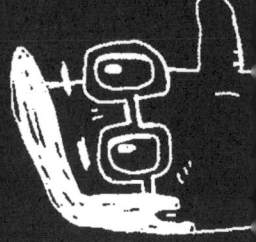

한국 자본주의와 기업이 빠진 조직의 덫

우석훈 지음

개마고원

개정판을 내며

'한국경제대안 시리즈'의 둘째권에 해당하는 이 책은, 한국 대기업이 부딪히고 있는 최근의 위기들을 조직론이라는 이론틀을 통해 정리해 보는 게 목적이다. 그런데 지난해 여름 출간되었던 이 책의 초판(『샌드위치 위기론은 허구다』)은 당시 횡행했던, 이건희 전 삼성그룹 회장과 박태준 포스코 명예회장 등의 '샌드위치 위기론' 주장과 정면으로 부딪히는 모양새가 되었다. 이 샌드위치 위기론은, 언제나 옳을 수밖에 없는 명제라는 논리구조를 가진 독특한 담론으로, 사실 전세계를 총괄하는 카길사나 몬산토사와 같은 특수 기업이 아니라면 경쟁중인 기업들은 언제나 선발주자와 후발주자 사이에 놓인다는 상황을 교묘하게 비틀어놓은 것에 불과하다. 한마디로 상황 인식을 왜곡시키는 다소 불순한 목표를 가지고 있는, 너무 뻔한 주장이었다.

초판을 낸 지 1년이 지났는데, 이 책의 효과 때문에 그런 것은 아닐 테지만, 어쨌든 한국 사회에서 '샌드위치 위기론'은 자취를 감춘 듯하다. 물론 가끔씩 찾아오는 망령처럼 샌드위치 담론을 볼 수는 있지만, 적어도 1년 전처럼 그런 식으로 상황을 설명하는 사람들은 줄어든 것 같다. 그 와중에도 삼성전자에서는 두 번의 정전 사태가 있었고, 김용철 변호사의 양심선언 사건과 오랫동안 끌어오던 에버랜드 판결도 있었다. 철옹성 같던 삼성의 구조조정본부도 해체되고, 마지막까지 '재벌형 구조'를 유지하던 삼성그룹에도 각 계열사별로 독자적인 경영이 시작되었다. 물론 그사이에 금융지주회사라는 방식으로, 한국 경제에는 다소 생뚱맞은 금융화가 큰 사회적 논란 없이 진행되고 있는 중인데, 정작 기업들 사이의 지배관계에 대한 지주회사의 정상화 관련 논의는 거의 추진되지 않았다.

노동의 비정규직화는 특별히 주도하는 세력이 존재하지 않음에도 불구하고 마치 노동과정의 전환이라는 거대한 로드맵이라도 있는 것처럼 굴러가고 있는 중이고, 그사이 노동자의 절반 이상이 이미 비정규직으로 전환되었다. 이명박 정권의 등장과 함께 가속도가 붙기 시작한 교육의 파시즘화는, 껍데기로나마 공교육의 틀을 유지하고 있던 한국 사회에—영국에서 이미 경험했던 '위기의 학교' 현상의 모습으로—본격적으로 얼굴을 내밀기 시작했다. 2~3년 후 서울에서도 몇몇 중·고등학교가 폐교되는 일을 우리는 보게 될 것 같다.

이런 몇 가지 징후들을 국민경제라는 틀에서 모아보면, 간단하게 "나라, 망하는 중이다"라는 결론을 내릴 수 있다. 그렇다면 어떻게 할 것인가? 노무현 정권에서 이명박 정권으로 바뀌면서 뭔가 또 다른 흐름의 반전이라도 있었을까? 현재로서는 보이지 않는다. 민주노동당은 진보신당과 함께 본격적인 두 살림 시대를 열었는데, 혼자서도 제대로 걷지 못하는 발육 부진의 진보정당이 두 개가 되었다고 해서 갑자기 사정이 나아질 리도 없다. 한 번도 자기 머리로 생각해본 적이 없는 듯한, 기이한 좌파 민족주의자들은 여전히 많은 정책들을 도그마적 시각으로 보고 있고, 민족주의가 싫다고 분화한 '구좌파'들의 본진은, 20년짜리 타임캡슐을 갑자기 개봉한 것처럼 박제화된 1980년대의 딱딱하고도 퍽퍽한 문화를 그대로 보여주고 있다. 이 놀라운 시대착오여! 2008년의 한국이 80년대의 경제전성기를 재현하고 싶다는 시대적 욕구에 몸부림치는 것처럼 좌파든, 우파든, 모두 80년대로 시계 바늘을 되돌리고 있는 듯하다. 80년대식 백골단, 경찰통제, 원천봉쇄가 다시 등장했고, 여기에 군사당국의 '불온서적' 금지정책까지, 그야말로 1990년대는, 그리고 2000년대는 어디로 갔는가?

셋째권『촌놈들의 제국주의』'머리말'에서도 잠깐 설명한 적이 있듯이, 이 한국경제대안 시리즈는 4개의 주제에 대해 외형적으로는 기승전결의 구조, 내부적으로는 영화 〈레모니 스니켓〉의 '불행 시리즈', 즉 '하나의 불행이 끝나면 더 큰 불행이 온다'는 구조를 차용하고 있다.

첫째권『88만원 세대』에서는 국민경제라는 구조 안에서 90~95%의 한국 이십대가 어떻게 불행해지는가에 대해 다루었다면, 거기서 살아남은 5~10% 정도에 속하는 이들의 삶이 어떠할 것인가에 대해 답한 것이 바로 이 둘째권『조직의 재발견』인 셈이다. 물론 이들 역시 결코 행복해지기 어렵고, 한국 경제의 상층부를 장악한 사오십대의 마초 경영자들 앞에서 한 명씩 좌절하고 쓰러지게 되어 있다는 게 이 책이 가지고 있는 메타 구조인 셈이다. 대기업 혹은 공공기관에 입사하게 될 '선택받은' 상위 5% 정도의 이십대가 만나게 될 곤혹스러움에 대해 주로 다루게 될 이 책은, 그러나 첫째권과는 달리, 이들을 맞이하게 될 경영자층에게 초점이 맞추어져 있다. 왜냐하면 이 상위 5%가 조직 내부에서 지니는 권익만이 아니라, 국민경제 내에서 이런 딩치 큰 기업들이 수행해야 할 변화의 방향에 대해 분명한 대안이 필요했기 때문이다.

그런 이유로 이 책에서는, 시리즈 전체에서 고급 이론들이 가장 많이 동원되었다. 아직 기업을 하나의 조직으로 분석하는 조직론이 정교하게 발전되어 있지도 않고, 또 이것이 일반이론으로는 더더욱 정리되어 있지 않은 상황이라서, 이 책에 사용된 경제학 이론이 약간 전위적이기는 하다. 물론 그러다 보니 난이도 조절에 좀 문제가 있었던 게 사실이다. 그래서 이 시리즈 전체를 통틀어 가장 난해한 글로 받아들여졌던, 이탈리아 '63그룹'의 등장과 그들의 19세기에 대한 독해를 다룬 초판의 '머리말', 길지 않은 글에 조직론 전체의 고민을 압축시켜 놓았던 '여는글'을 다시 쓰게 되었다. 그러다 보니, 기왕 바꾸는 김에 '닫는글' 역시 새것이 되었다. 그리고 민주노동당의 분당 과정을 조직론적 관점에서 해석한 글과 삼성을 '정상 기업'이라는 관점에서 고찰한 두 개의 글이 보론으로 새로 들어가게 되었다. 그래서 전면 개정판이 되기는 했지만, 나머지 본문은 약간의 교열을 제외하면 크게 손을 대지 않았기 때문에 초판 『샌드위치 위기론은 허구다』를 샀던 독자는 굳이 이 개정판을 살 필요는 없을 것이다.(조직론의 이론적 전개에 대해 관심이 없는 독자는 1장의 앞부분 다섯 꼭지까지는 건너뛰어도 내용 이해에는 별 무리가 없을 것이다.)

삼성의 이건희 전 회장이 "한 명의 천재가 만 명을 먹여 살릴 시대가 온다"라고 말한 적이 있다. 원칙적으로는 가능한 얘기지만, 그게 가능하려면 꼭 필요한 정치경제적 구조와 함께 사회문화적 조건이 뒷받침되어야 한다. 물론 그건 현재 한국의 모습과는 좀 거리가 멀다. 그래서 어떻게 되었을까? 귀공자 한 명을 먹여 살리기 위해 10만 명이 비정규직, 저임금, 경제 소외 현상으로 핍박받아야 하고, 대치동 교육을 받은 '엄마표 귀공자' 한 명을 위해서 10만 명이 쩔쩔매는 삶을 살아야 하는 게 한국 경제의 현주소다. 그 대치동에서 출발한 이데올로기가 한국을 뒤흔들고 있는 것이다. 나도 프랑스의 국립행정학교ENA를 비롯해 시카고대학, 도쿄대학 등 자기 나라에서 단단히 엘리트 행세를 하는 폐쇄집단들의 꼴불견을 많이 보았지만, 그 어디에서도 대치동 '엄마표 귀공자'와 같은 황당하고도 기이한 양상이 가능할 정도로 도덕적으로나 지적으로 타락한 경우를 본 적이 없다. 그들만큼 무기력하며, 독서에 약하고, 마케팅에 잘 속는 집단을 본 적은 없다.

나는 개인적으로 부자들에게 한 번도 반감을 가져본 적도, 부자들이 가진 것을 뺏어서 가난한 사람들에게 주어야 한다고 주장해본 적도 없다. 이미 200년 이상 되는 자본주의를 운영한 경험을 가진 나라들이 가지고 있는 좋은 점과 사회적 특성들을 잘 결합시키면, 최소한 한국에서도 '천사들의 낙원'까지는 아니더라도 '신뢰의 자본주의' 아니면 '인간의 얼굴을 한 자본주의' 정도는 가능할 거라고 믿을 뿐이다. 그 정도의 잠재력은 한국도 충분히 가지고 있다고 믿는 편이다.

그러나 지금 한국의 '대치동 이데올로기'는 해도 해도 너무 했다. 그러한 이데올로기가 이미 수년 전에 한국 정치를 무너뜨렸고, 점차 국민경제의 기반을 무너뜨리다가, 이제는 많은 사람들이 한국 경제를 지탱해온 축이라고 믿는 대기업의 핵심부까지 무너뜨리는 중이다. 교육이 귀공자 한 명이 아니라 그들을 떠받치기 위한 나머지 9999명을 살릴 수 있는 방법에 대해 고민해야 하는 것과 마찬가지로, 한국 경제의 대안 역시 귀공자 한 명 뒤에 억눌려 있는 사람들에게 석설한 삶의 대안을 찾아주기 위한 구조를 만드는 것 이외의 것이 될 수 없다.

그래도 내가 한국의 대기업들에 아직도 뭔가를 기대하고 있는 것은, 대치동 학부형과 그들에게 기생하는 정치인들과 달리, 기업은 국민경제의 구조 속에서 스스로 변화를 찾아낼 가능성이 있기 때문이다. 망하면 자기들 손해이기 때문이다. '영속성'이란 게 진실이라면, 계층·세대·지역·성별 등 한국 경제의 계급구조를 구성하는 수많은 요소 가운데 아마도 가장 먼저 변화할 게 바로 대기업 부문이리라 기대하는 이유도 거기에 있다.

기업에 좌우가 있을까? 별로 그럴 것 같지는 않다. 우파에 경도된 최고 의사결정권자는 있을 수 있겠지만, 기업의 생존에 본질적으로 좌우의 구분이 있을 것 같지는 않다. 왜냐하면 살아남는 것이 기업으로서는 최대 덕목이고, 그것이 바로 영속성의 조건이기 때문이다. 내가 보기에, 지금 한국 기업은 '경쟁'과 '협동'이라는 두 가지 질문 앞에 서 있다. 사회적으로 과잉이 되어버린 승자독식 시대의 경쟁을 어떻게 자기 조직 내에서 성공적으로 제한하면서 '협동진화'를 만들어낼 것인가? 그리고 조금 크게 보면, 자신을 둘러싸고 있는 환경, 즉 국민경제의 다양한 구성요소들과 협동진화를 어떻게 만들어나갈 것인가? 이것이 지금 한국 기업들에게 던져진 절체절명의 질문이라고 할 수 있다.

희망? 그런 것은 지금과 같아서는 없다. 그러나 대안의 요소들은 존재하고, 그것을 어떻게 엮어낼지, 그리고 어떻게 '가보지 않은 길'을 개척하느냐에 미래가 달려 있다고 생각한다. 한국 경제가 지금의 어려움을 헤쳐 나가 다음 단계로 진화하기 위해서는, 싫든 좋든 지금의 한국 기업(더 정확히는 대기업)을 현재 상태로 두고 갈 수는 없다. 그러나 지금 누가 대기업들을 제대로 고찰하고 대안을 제시할 수 있을까? 그들 스스로 해야 하는 것 아닐까? 이를 위해서는 "기업이 오죽 잘 알아서 할까?"라든지, "우리 일은 우리가 제일 잘 안다"는 식의 자기최면에서 우리 모두 빠져나올 필요가 있다. 최면은, 달콤하긴 하지만 스스로를 지키는 데는 물론이고, 국민경제든 그 누구에게든 아무런 도움이 안 된다. 냉정한 얘기이지만, 기업을 하나의 조직으로 파악하고, 이에 대해 분석하는 과학의 도움이 지금 절실해 보인다.

사회라는 건 기본적으로 수많은 조직들로 구성된다. 경제학에서 얘기하는 조직은 주로 기업이라는 특수한 조직에 관한 것들이지만, 가장 최신 이론들로 구성된 기업조직론은 다양하면서도 특이성을 가지고 있는 수많은 여타 조직들이 직면한 문제들을 이해하고 정리하는 데에도 도움을 줄 것이다. 그래서 조직 하면 '조직기구도' 혹은 '조직폭력배'라는 단어 외에는 떠오르는 말이 없을지도 모르는 많은 사람들에게, 비록 아직은 일반이론으로 발전하지 못한 상태지만, 현대 경제학이 제공하는 조직이론의 일부라도 소개하고 싶었다. 그게 이 책을 한국경제대안 시리즈의 기승전결 가운데 '승'에 해당하는 자리에 놓은 이유이기도 하다.

아울러 독자 여러분에게 양해를 구하고 싶은 게 하나 있다. 경제학 외에도 기업사회학, 인류학, 사회심리학 및 정신분석학 등 기업 조직 혹은 조직론에 관한 사회과학 중 매우 유용하고도 흥미로운 접근들이 많이 있음에도 불구하고, 한국경제대안 시리즈라는 틀에서 얘기가 너무 벗어나지 않게 하려다 보니 그것들을 자세히 소개하지 못했다는 점이다. 그리고 경제학만이 독점적으로 이 조직이라는 문제에 접근한 건 아니라는 점도 잊지 않으셨으면 한다. 또한 최근의 공기업 개혁과 관련된 몇 가지 얘기들도 조금 더 유형화·도식화하여 분석하고 싶었지만, 그건 민감한 일이기도 하고, 분석된 사례들을 그렇게까지 확장시켜 일반화하기에는 나의 능력이 부족했음을 고백하지 않을 수 없다.

 마지막으로, 저자로서 독자들을 안내하며 당부하고 싶은 것은 이 책의 내용이 쉽지는 않으리란 점이다. 이론이 난해하거나 설명틀이 어려워서가 아니라, 단지 익숙한 얘기가 아니란 탓이 더 클 것이다. 언제나 경쟁만이 최선이라고 얘기하는 한국에서, 조직이란 게 꼭 그런 건 아니라는 이 얘기들은 듣기에 따라 사뭇 생소하기도 할 것이다. 부디 여러분들이 '바담풍'의 지혜를 발휘하시기를 부탁드리고 싶다.

2008년 가을 입구에서
우석훈

차례

개정판을 내며 • 04
여는글 K-Firm은 존재할 수 있는가? • 14

1장 절이 싫으면 중이 떠나라

- 1992년 이전에 경제학자들이 생각한 기업   33
- 윌리엄슨의 이분법 체계와 신제도학파의 위계론   41
- 일본형 기업과 일본 자본주의   47
- 최근 조직론 연구들의 특징   54
- 좌파 경제학과 조직론   61
- 개인과 조직의 비대칭성   68
- 더 복잡해지는 조직: 주식회사에서 주주자본주의로   76
- 조직 내부의 경쟁 1: 공식 조직간의 경쟁   84
- 조직 내부의 경쟁 2: 비공식 조직간의 경쟁   95
- 극복될 수 없는 종류의 위기: 절이 싫으면 중이 떠나라   103

2장 돈 장사와 사람 장사

- 창업을 위한 사회적 자산   111
- 생산의 화석화와 한국 기업의 위기   119
- 조직 내부의 의사결정과 외부 사회와의 관계   130
- 조직의 세 가지 유형: 군대형, 교회형, 가족형   140
- 군대형 조직과 가족형 조직의 결합   145
- 한국 조직에 닥친 첫번째 위기: 왜 열심히 일하는가?   154
- 한국 조직에 닥친 두번째 위기: 기억상실증에 빠진 실무조직   161
- 한국 조직에 닥친 세번째 위기: 빨간펜형 야전사령관들   170
- 돈 장사와 사람 장사: 좋은 조직이 간직한 비밀   180
- 보론 1: 도표로 보는 한국의 대표적 조직유형   150
- 보론 2: 조직론으로 본 민주노동당과 진보신당의 분당   190

3장 위기의 한국 조직들

- 경마장 가는 길의 위기: 삼성전자와 현대자동차　　201
- 상층부와 하층부의 단절: 노트북과 데스크톱의 따로 놀기　　206
- 대량생산 체제와 다양성의 위기: 대형 교회　　211
- 과잉 경쟁과 인력 재생산의 실패: 건설업계　　221
- 순환형 시스템과 숙련도의 위기: 중앙공무원의 아마추어리즘　　232
- 즐거운 노동과 괴로운 노동: 포스트 포디즘 시대의 감성경영과 감정노동　　241
- 사회적 신뢰의 위기: 외국계 기업들과 대형 유통업체의 경우　　250
- 경제적 약자와 일하는 법: 조폭과 불법다단계와 사채업　　262
- 보론 3: 삼성그룹의 위기와 '정상 기업'　　276

4장 한국 기업에 던지는 조직론의 질문 Top 5

- 슈퍼보드 초대장　　285
- 노동 숙련도를 높이는 법: '캐비아 자본주의'　　296
- 이십대와 일하는 법: '귀공자 자본주의'　　307
- 여성과 일하는 법: 마초들의 '주지육림 자본주의'　　315
- 지역과 친하게 지내는 법: 토호들의 '짝패 자본주의'　　321
- 중소기업과 일하는 법: '조폭 자본주의'　　326
- 한국형 국민기업 모델은 가능한가　　330

여는글
K-Firm은 존재할 수 있는가?

조직의 실패

이제는 10년도 더 된 기억이지만, 현대가 삼성보다 더 큰 대기업이던 시절, 그리고 IMF 경제위기 이후 몇 개의 그룹군으로 나뉘어 이른바 '형제의 난'이 일어나기 이전, 나는 현대그룹에서 과장으로서 처음 제대로 된 월급을 받기 시작했다. 그 시절 나는 아주 많은 엔지니어들 사이에 거의 유일한 '문과쟁이'였다. 당시 나의 동료들 중 일부는 박사학위를 가지고 있었고, 또 일부는 기술사 자격증을 가지고 있었는데, 그들은 스스로를 'C급 엔지니어'라 부르곤 했다. 내가 스스로 'C급 경제학자'라 칭하게 된 건 이때 생긴 습관이다.

58개 계열사의 환경문제에 대해 일종의 실무 총괄 역할을 하던 그 시절, 나를 가장 괴롭혔던 건 각종 회의가 주는 시간적 제약이었다. 사장단 회의는 꼭 4시경에 열렸고, 그룹 기획회의는 보통 아침 8시에 열렸다. 그래서 나에게 뭔가를 처리하고 보고하라는 그룹 지시는 6시 퇴근 직전에 날아왔고, 보고서는 다음날 아침 8시 전까지 작성되어야 했다. 계열사에서는 다들 퇴근하고 아무도 없는데, 도대체 어쩌란 말인지……. 맞는지 틀리는지 알 길은 없지만 어쨌든 다음날 아침 8시에 간부들이 무엇인가 논의할 수 있도록 밤새워 이런저런 대책을 세우는 척하고, 몇 장의 보고서를 만들고……. 도대체 일을 왜 이런 식으로 해야 하는지 이유를 알 수는 없었지만, 하여간 박사 3년차와 4년차에 나는 대기업 과장으로서 그런 일들을 했었다.

IMF 경제위기가 한창이던 1999년 에너지관리공단이라는 정부기관으로 옮겨가서는 아예 본격적으로 밤을 새우기 시작했다. 팀장으로서 수많은 장관 보고서와 가끔은 대통령 보고서까지 다른 팀들과 함께 밤을 새워 만들곤 했는데, 그런 일이 한 달에 서너 번은 있었다. 장관이 바뀔 때마다, 청와대 고위직이 바뀔 때마다, 그리고 석유가격이 올라갈 때마다 그렇게 밤을 새웠다. 수없이 만들었던 보고서는 조금씩 포맷을 바꿨고, 간간이 전혀 새로운 형식의 정책도 만들어지기는 했지만, 본디 에너지 정책에는 그렇게 뭔가 새롭게 보여줄 게 많지 않은 법이다. 대부분은 그저 "우리는 최선을 다하고 있습니다"라는 걸 보여주기 위한 장치들이었지, 매번 새로 오는 장관들의 기대에 부응해야 한다는 압박이 그렇게 효과가 있었던 것 같지도 않다.

총리실에서 근무하던 시절에 좋았던 것 하나는, 사무실에서 밤을 새울 필요가 없다는 것이었다. 정책을 모아내는 총리실이 밤을 새우면, 그걸 보고해야 하는 정부부처들과 그 밑의 수많은 산하기관이 그 속도를 따라갈 길이 없기 때문이다. 어차피 어디선가 통계나 자료들이 재집계되어야 다음 작업이 진행되므로, 그때는 보통 9시 전에 퇴근할 수 있었다. 재벌에서 정부기관 그리고 총리실까지 이어지며 내가 했던 그 일들이 모두 효율적인 것이었고, 어떻게든 세상이 좋아지는

데 과연 기여를 했을까? 1%나 될까?

이런 상황을 잘 보여준 게 일본 영화 〈춤추는 대수사선〉 1편이다. 실제 사건을 처리하는 현장 경찰서와 본청 사이의 의사소통 실패, 그리하여 절대 효율적으로 움직일 수 없는 '조직의 실패', 그것을 우리는 이 영화에서 잘 볼 수 있다. 〈춤추는 대수사선〉 2편 역시 조직의 문제를 다루었는데, 리더가 없는 분산형 조직과 리더가 있는 중앙형 조직이 경쟁하면 어느 쪽이 이길까가 그 주제였다. 영화에서는 결국 경찰들도 분산형으로 대응함으로써 분산형 조직을 체포하게 된다.

어쨌든 '시장의 실패'만큼이나 '조직의 실패'라는 것도 발생한다. 사람들이 모여서 하나의 집합을 형성하는 것을 '조직'이라고 정의했을 때, 이 조직은 고유의 작동원리에 의해, 혹은 때때로 그 작동원리를 만들지 못한 이유로 조직의 실패를 낳게 된다. 많은 사람들이 더 좋은 것을 뻔히 알고 있음에도 그 정답을 선택하지 못하는 경우를 조직 실패의 대표적인 예라고 할 수 있다. 이 조직 실패에는 큰 조직도 걸리고, 작은 조직도 걸리고, 정부조직도 걸리고, 시민단체도 걸리고, 심지어는 민간기업도 걸린다. 그뿐이랴! 인류 역사상 가장 안정적인 조직으로 우리가 믿고 있는 대표적인 조직 모델인 가족, 교회 혹은 군대와 같은 조직도 종종 조직 실패의 상황에 빠져들게 된다. 예전에 통했던 방식이 변화된 상황에서 통하지 않는 일이 종종 있는데, 이때 변화된 상황

'시장의 실패'는 경제학 내에서 핵심에 해당하는 내용이고, 정부정책이 존재하는 이유, 공기업이 존재하는 이유에서 재정학이 존재하는 이유에 이르기까지 많은 것들을 설명해주는 개념이다. 극단적으로 말하면, 시장이 실패하지 않는다면 정부가 존재할 이유 자체도 설명하기 어렵고, 영화 〈로보캅〉의 델타시티에서 보듯이 거대 기업이 정부의 역할을 대신할 수도 있을 것이다. 아직 최종본이 개봉되지 않은 영화 〈레지던트 이블〉 역시 엄브렐러 그룹이라는 거대 그룹이 사실상 정부의 역할을 대신하게 되었을 때 발생하는 공포스러운 모습에 대해서 묘사하고 있다. (엄브렐러 그룹은 회사의 비밀을 감추기 위해 도시 하나를 핵폭탄으로 날려버리기도 한다.)

에 맞추어 새로운 '약속'(즉, 제도)을 만드는 게 나을지, 아니면 그래도 기존의 방식을 고수하는 게 나을지, 하는 조직의 구성방식과 새로운 '제도'는 언제나 논란거리가 아닐 수 없다.

 경제학에서 이런 조직 실패 현상 같은 데에 주목하면서 조직론을 재정리하고, 이에 맞추어 기업이라는 조직에 대해 연구하기 시작한 것은 비교적 최근의 일이다. 다행인 건 시장이라는 단 하나의 분석 도구만을 가지고 있던 경제학에서 이런 '주먹구구'의 세계에 수리적·계량적 분석 도구를 들이대기 시작한 것이라고 할 수 있다. 그러나 불행인 것은 '이렇게 하면 된다'는 단 하나의 일반명제 형태를 아직 제시하지 못한 것이다. 하지만 한국 경제, 정확히 말하면 현재의 한국 자본주의가 보이는 '조직 실패'의 양상에 대해서는 경제학이 제공하는 이론들이 전혀 무용하지는 않은 것 같다.

조직론, 블랙박스를 해부하다

 조직론이라는 이론이 경제학의 전면에 등장한 것은 1991년 로널드 코스Ronald Coase에게 노벨경제학상이 수여된 다음부터다. 물론 그 전에도 조직론과 관련된 몇 가지 연구가 있기는 했지만, 무역이론이나 생산이론에 비하면 그야말로 보잘것없는데다 아직까지 하나로 합의된 이론도 존재하지 않는 신생 분야다. 하지만 한 가지 확실한 것은, 경제학자들이 더 이상 기업을 '블랙박스'로 보고, 그 안에서 벌어지는 일은 도저히 모르겠다고 포기해버리진 않는다는 점이다. 1990년대 이전까지 경제학자들은 기업을 단순한 생산함수로 간주했고, 그 안에서 무슨 일이 벌어지는지는 잘 모르지만, 어쨌든 그들은 이윤 극대화를 위해서 최선을 다하고, 그 안에서 최적의 선택들이 벌어지고 있을 것이라고 가정했었다. 그런데 어떻게 최적에 도달하는지는 보여줄 수가 없었기에 기업 내부를 종종 '블랙박스'라고 불렀던 것이다.

그러나 이런 경제학자들이 생각을 바꾸지 않으면 안 되는 일련의 사건들이 벌어졌다. 그중에 가장 충격적인 사건은 아무래도 일본 기업의 적극적인 미국 진출이라고 하지 않을 수 없다. 도요타 자동차로 대표되는 일련의 일본 기업들은 미국 기업과 전혀 다른 방식으로 아주 높은 효율성을 보였다. 1990년대 이전에 경제학자들이 생각하는 방식대로라면 '같은' 자본과 '같은' 규모의 노동자들을 고용한 기업이라면 같은 효율성을 올려야 할 텐데, 현실은 그렇지 않았다. 도대체 무엇이 다른지를 고민하기 시작하면서 아오키 마사히코青木昌彦라는 일본 경제학자가 미국형 기업(A-Firm)과 일본형 기업(J-Firm) 내부에서 정보를 처리하는 방식이 근본적으로 다르다는 점을 지적했고, 유사한 종류의 연구들이 1990년대에 봇물처럼 터져 나오기 시작했다. 그리고 이러한 흐름은 아직도 끝나지 않았는데, 경제학자들이 잠정적으로 내린 결론은 '우리는 조직에 대해서 더 많이 알아야 한다'는 것이다.

학문적 공백 상태이긴 하지만, 실제로 한국의 현실에서도 조직론의 도구들이 작동하는 경우가 있다. 딱 두 가지 경우다. 첫번째는, 기업에서 대규모 감원이 필요하게 될 때다. '누구를', 그리고 '왜' 감원하는지를 자신들이 직접 결정하는 게 부담스럽고 피곤하기 때문에 기업은 외부의 손을 빌리는데, 이때 그 일을 대신해주는 사람들이 바로 컨설팅 회사의 컨설턴트들이다. 차라리 이 조직을 계속해서 운영할 사람들이 결정하면 조금 나은 결정을 할 수도 있지만, 이렇게 '손에 피를 묻히는' 일을 하고 싶은 사장이나 스태프들은 드물기 때문에 많은 경우 외부 컨설턴트의 손을 빌린다. 물론 이런 외부 컨설턴트들이 은밀하게 사장을 비롯한 경영진으로부터 정답을 미리 건네받고 결정을 할 수도 있다.(차라리 이 경우가 조직을 위해서는 나을 수도 있다.) 그러나 많은 경우, 그들은 그 조직의 고유한 작동방식과 의사결정 방식에 대해 숙지하지 않은 상태에서 진단을 내리게 된다. 한 조직이 가지고 있는 조직으로서의 특수성 같은 것들은 잘 기록되지 않고, 또한 존재하더라도 이를 계량화하거나 정형화하는 게 쉽지 않다. 이런 감원 결정이 과연 잘된 것인지, 잘못된 것인지에 대해 도대체 누가 평가할 수 있을까? 이런 종류의 문제에 대해선 조직 내부에 있는 사람과 외부의 시선이 아주 다를 수밖에 없다. 대부분의 외부 평가는 '어려운 문제를 무난히 해결했다'로 나타나고, 내부의 평가는 '생살을 도려냈다'인 경우가 많다. 도대체 조직의 어디에서 어디까지가 필요 없는 '잉여'이고, 어디에서 어디까지가 '생살'일까?

답하기가 쉽지 않다. 이런 질문들에 답하는 것이 조직론이 해야 할 일이기는 하다. 그러나 한국에는 워낙 조직론에 대한 별도의 논의는 물론, 사회적 토론도 없다 보니 그야말로 사주의 사적인 감정이나 기계적인 생산성이라는 두 가지 요소만 작동하게 된다. 그 결과 조직의 생동감 자체가 파괴되는 경우가 많다. 감원을 포함한 조직의 구조조정은 원래 조직을 더 좋게 만들기 위해서 하는 일이다. 그러나 대부분의 경우 이런 일들이 시작되면, 진짜로 조직에서 필요로 했던 사람들은 감원이나 평가가 시작되기 전에 미리 다른 조직으로 빠져나간다. 당연한 일이겠지만 정말로 일을 잘하는 사람은 굳이 자신이 평가받아야 할 필요도 잘 못 느낄뿐더러, 그 이후에 조직의 상황이 더 나빠질 것임을 알기 때문에, 현실적으로는 그야말로 '괜찮은' 사람들이 먼저 빠져나가게 된다. 그렇다면 외부의 컨설턴트들은 정말 조직에서 내보내고 싶었던 사람들을 잘 찾아내서, 더 좋은 조직으로 만들어줄 수 있을까? 그런 사례는 거의 보지 못했다.

감원 이외에 조직론이 우리 사회에서 작동하는 두번째 경우는, 정부기관들 사이에 직제 개편이 일어나는 때다. 극우파 경제학자로 분류되곤 하는 뷰캐넌James M. Buchanan은 자본주의 사회에서 정부기관들이 얼마나 웃기는 일을 하는지 정말 실감나는 관찰을 수행한 바 있다. 각 부처가 정부의 공통 목표를 위해 움직이는 게 아니라 자신들 부처의 권력과 이익을 높이기 위해 움직인다는 것을 하나의 일반이론으로 제시한 것이다. 이를 지대 이론 혹은 지대추구 이론rent-seeking theory이라고 부른다. 시장사회에서 정부의 개입이 최소화되어야 하고, 정부는 작을수록 좋다는 이론들은 대개 이런 뷰캐넌의 이론 위에 서 있다. 뷰캐넌의 분석은 누구라도 수긍하지 않을 수 없을 정도로 명확하고 구체적인 관찰 위에 서 있다. 조직론에 대해서 정부가 공식적으로 연구기금을 대는 경우는 자신의 조직을 키우거나 불릴 때, 다른 부처의 활동을 왜 자신이 흡수해야 하는가를 설명할 때이다. 공격하는 기관이나 방어하는 기관이나 그야말로 자신의 명운을 걸고 영역 다툼을 하게 되는데, 사람들의 일반적인 예상과 달리, 시장에서 기업들이 경쟁하는 것보다 정부기관 내의 이러한 갈등은 더 치밀하고 때로 더 은밀하며 비열하게 전개되기도 한다. 이때에도 조직론이 필요해지고, 많은 경우 그런 연구들은 이미 정답을 가지고 결과에 진단을 거꾸로 맞추는 방식으로 만들어진다.

정부조직을 줄여야 한다는 목소리가 높아져왔던 지난 수년간, 사실 정부조직은 전체적으로 하나도 줄어들지 않고 오히려 커져 갔다. 현대 경제이론에서 정부조직이 커지는 것을 옹호하는 거의 유일한 경우는 유럽형 사회로 전환하기 위해 복지에 대한 공공의 개입이 높아져야 한다고 주장할 때 정도이다. 그러나 지난 수년 동안 우리나라에서 정부조직이 실제로 커진 이유는 이런 것들과는 별 상관이 없다. 왜 커졌을까? 한국에서 이 과정은 민간부문의 조직들이 생동감을 잃는 동안에 거기서 탈출한 인자들이 정부부문으로 들어가는 과정에 가깝다. 이렇게 이상하게 비대해진 공공부문은 시장의 효율성과도 상관없고 사회 전체적인 구조조정과도 상관없다. 그냥 전형적인 후진국 현상이라 할 수 있다. 케인스는 이를 '구축 효과crowding out effect'라고 불렀다. 사실 지금 한국의 경우가 그렇다.

조직의 관점으로 봐야 드러나는 문제들

어떤 조직이든지 해결해야 할 일들이 있는 법인데, 최종 단계에서의 결정을 어떤 식으로 내릴 것인가, 예전의 기억들을 어떻게 보존할 것인가, 그리고 새로운 요소들을 어떻게 도입할 것인가와 같은 문제들이다. 생명체들은 뇌가 모든 것을 결정할 것 같지만, 많은 경우 흔히 '육체가 기억한다'라고 표현하듯이, 패턴화한 행위들을 통해서 이런 일들을 대체하기도 한다. 인간이 만들어낸 대부분의 조직에선 상층의 의사결정기구를 만들어내서 여기에 '최종 심급'을 맡기는 경우가 많다. 일반인들도 짐작할 수 있듯이, 기업에서는 CEO가 이런 최종 심급에 해당할 것이다. 그렇다고 해서 CEO가 아주 많은 결정을 내린다고 여기는 건 지나친 상상이다. 막상 CEO들이 결정할 게 그리 많지는 않다는 말이다. 만약 CEO가 모든 것을 결정하려 한다면? 그 결과는, 최근 우리가 보고 있는 이명박 정부의 '조직 실패' 현상을 관찰하면 알 수 있을 것이다. 기억을 처리하는 방식, 새로운 것들을 받아들이는 방식 역시 많은 조직들이 그러하듯이, 기업들도 자기 고유의 방식을 가지고 있다. 만약 이런 것들을 효율적으로 만들어내지 못하면, 습관적 기억상실증에 걸리듯이 중요한 걸 깜박깜박 까먹고, 기업 내부에 있는 자산들마저 제대로 활용하지 못하게 된다.

사람들이 만든 조직들, 특히 기업의 경우에는 조직의 일부가 반드시 전체의 명령을 따르지는 않는다. 이를 '동기motivation'의 문제라고 부르는데, 사람은 돈만 주면 최선을 다해서 일하는 그런 단순한 기계가 아니기 때문이다. 따라서 어떻게 해야 조직 구성원들이 최선을 다하는가와 같은 문제들을 끊임없이 해결해야 한다. 모든 직원이 정위치에 있고, 정상적인 근태勤怠 관리가 이뤄지면, 아무 문제도 없는 걸까? 포디즘 시절에는 생산량과 불량률이라는 두 가지 변수를 관리하는 것만으로도 기본적으로 조직이 제대로 돌아가고 있는지 아닌지는 알 수 있었다. 그러나 '대량생산 대량소비' 방식을 넘어선 탈포디즘 시대에는 조직이 제대로 돌아가고 있는지, 실제로 조직원들이 최선을 다하고 있는지를 제대로 알기란 매우 어렵다. 가능한 혁신들이 제대로 발생하고 있는지, 공정관리가 정상적인지를 조직 관리자의 입장으로 본다 하더라도 실제 '동기'는 물론, 그런 동기 부여와 함께 다양한 '루틴routine(기억장치에 해당하는 조직의 유전자)'들이 제대로 조절되고 있는지 이해하기가 아주 어렵다. 또한 조직이 어떤 방식으로든 구성원들로 하여금 조직에 '연루implication' 되도록 최선을 다하는 만큼, 구성원들 역시 조직을 속이기 위한—생태계의 '의태擬態' 행위처럼—의태 전략을 가지고 있다.

이런 복잡한 일들을 시장에서 제공하는 간단한 '가격'과 '품질', 혹은 이 두 변수의 결합으로 나타나는 '경쟁력'이라는 지수만으로 환원시킬 수 있을까? 그렇게 접근하려는 기업은 21세기라는 공간에서—모든 구성원들의 기여도를 기계적으로 측정할 수 있는 특수한 몇 개의 업종을 제외하고—아주 빠른 시간 내에 '조직 실패'에 부딪히게 될 것이다. 정말로 무서운 것은, 조직 실패가 발생한 곳에서는 시장 실패와는 달리, 조직 내에서 중대한 실패가 발생하고 있다는 걸 제대로 알기 어렵다는 점이다. 일종의 동어반복 상황인데, 자신을 정확하게 진단하고 문제점을 이해하고 있는 조직에서는 조직 실패가 발생하지 않는데, 그 반대의 경우에는 마지막 순간까지도 실패가 발생했다는 걸 알기 어렵기 때문이다. 그리고 실제로 그 문제를 알았을 때에는? 이미 너무 늦은 경우가 허다하다.

한국 자본주의를 조직의 역사라는 관점에서 본다면, 유신시대의 군대 모델이 위기에 봉착한 이후에 새로운 조직 모델의 대안을 찾지 못해서 방황하는 중이라고 할 수 있다. 물론 이런 개별 조직의 미시적 차원에서 발생하는 문제들은 때로 거시경제 혹은 국민경제에도 영향을 미친다. 만약 조직이 구성원 내부에 지나치게 불평등을 많이 만드는 형태로 진화한다면, 당연히 국민경제 내에서도 불평등도가 높아질 것이다. 노동과 자본, 혹은 기술이나 금융이라는 통상적인 시각들 외에 조직론이라는 눈으로 본다면, 한국 자본주의를 전혀 다른 각도에서 볼 수 있게 된다. 과연 우리나라의 경제조직들은 정상적인 '조정'을 조직 내에서 성공적으로 수행하고 있고, 이른바 세계화 국면에서의 변화들에 적응하거나 적극적으로 대응하기에 적절한 조직의 형태들을 갖추고 있을까? 별로 그런 것 같지는 않다.

조직에서 생겨난 비효율성이 금융자본의 순환에 문제를 끼치고 있거나, 아니면 최근 완전히 별도로 독립된 하나의 생산변수로 간주되고 있는 기술변수에 영향을 미치고 있다면, 조직에 대한 본격적인 검토 없이 한국 자본주의의 문제점을 제대로 이해하기란 불가능하다. 이런 종류의 문제는, 단순히 기업 지배구조와 관련된 경제정의의 문제(예컨대 재벌의 소유주가 너무 적은 주식지분으로 기업을 지배하고 있는 것)와는 조금 차원을 달리한다. 그리고 물론, 회계장부 및 기업 운영에 대한 '투명성' 문제와도 구분되는 질문이다. 마찬가지로 조직의 운용방식이나 조정 메커니즘에서 생겨난 문제들이 별로 바람직하지 않은 방식으로 부당하게 노동자의 책임으로 전가되지는 않는지 생각해봐야 한다. 특정한 작업에 오랫동안 특화되어 숙련된 지식을 가지고 있는 노동자들이 집단으로 해고되었을 때, 이는 당연히 불량률의 증가나 숙달도의 하락에 따른 생산성 하락 등의 경제적 결과를 낳게 된다. 그런데 과연 이러한 효율성에 대한 하락의 책임이 비정규직으로 생소한 작업 과정에 투입된 저임금 노동자들에게 있는 것일까, 아니면 비효율적인 방식으로 노동과정을 구성한 회사의 조직 담당자에게 있는 것일까? 그리고 비숙련 노동자들의 비율 증가로 노동과정에서의 '소프트 이노베이션'이라고 부르는 연성혁신들이 지체되거나 실종되었을 때, 이러한 문제점을 어떻게 극복할 수 있을까?

이렇게 조직이라는 관점에서 생겨나는 문제들은 수없이 많은데, 이런 것들은 단순히 어떤 기업 혹은 정부기관의 어느 한 작은 부서에서 일어나는 에피소드에 불과한 것으로 치부되는 경우가 많다. 그런데 이런 것들이 한 지역경제 단위 혹은 국민경제 단위에서 모이면 어떤 일이 벌어질까? 도대체 문제가 뭔지도 모르면서 노동자와 회사 즉이 갈등하는 일은 물론이고, 별로 상관도 없는 금융자본의 흐름이 문제라느니 하는 식의 잘못된 진단이 내려진다. 기업이나 경제조직의 내부에서 벌어지는 일들에 대해 일일이 법률을 만들어 공식적이고 공개적인 절차를 만들기는 어렵다. 많은 경우 내부에서 적절하게 대응을 해야 하는데, 이런 일들이 제대로 이루어지지 않을 때 지역경제나 국민경제가 심각한 곤란을 겪게 될 것임을 상상하는 건 그리 어려운 일이 아니다. 한국 자본주의가 지금 이러한 '조직의 덫'에 빠져 있는 것은 아닐까? '개혁' 혹은 '시장경제'와 같은 커다랗고 큼직한 개념들은 은밀한 곳에서 살짝, 그리고 많은 경우 암묵적으로 결정되는 조직 및 이와 관련된 제도나 흐름들을 잘 포착해내지 못한다.

해법은 기업 스스로 내부에서 찾아야

『88만원 세대』에서 이미 포디즘과 탈포디즘 사이의 국제적 경쟁관계의 변화와 국내 경제에서의 노동관계 변화를 다룬 바 있다. 결국 이 문제의 상당 부분은—결코 전부는 아니다—일반적으로 대기업이라고 불리고, 때때로 '재벌', 가끔은 '기업집단'이라고 불리는 그런 곳에서 해법이 찾아져야 한다는 것은 의심할 여지가 없다. 이를 염두에 둔다면, 한국에서 대기업들이 가지고 있는 몇 가지 비효율성, 특히 조직론적 의미에서의 문제점은 당연히 한국 경제가 풀어야 할 대안의 실질적 내용이어야 한다. 그러나 과연 '규제'만 풀어주고, 왈라스Léon Walras가 주장했듯이 "내버려두어라Laissez-faire!"라는 의미의 자유방임을 구현하면 모든 문제가 해소될까? 물론 미국처럼 법원이 강력한 원칙을 가지고서—스탠더드 오일사나 AT&T사의 독과점 해소를 명령

하고 마이크로소프트사가 법원에서 독과점 판정을 받을 것을 두려워할 정도로—왈라스 일반균형 모델에서 말하는 '경매자commissaire-priseur'의 역할을 해준다면, 한국도 어느 정도의 사회적 균형을 찾아갈 수 있을지는 모른다. 그러나 불행히도 우리의 경우는 그렇지 못한 것 같다.

OECD 국가는 물론이고, 뉴델리의 대기오염 문제를 해결한 인도의 법원과 비교하더라도 최소한 기업조직의 문제에 대해 한국의 사법부는, 중남미와 동남아시아 혹은 인도 사법부 수준 정도라도 가려면 아직 수십 년은 더 남은 것 같다. 미국 최대의 에너지 관련 기업 중 하나였던 엔론사가 분식회계 건으로 파산했던 데에 비교하면, 미국 법원과 한국 법원의 역사적 격차는 30년 정도는 될 듯하다.(30년을 보통 한 세대로 치는데, 지금 있는 법조인들이 모두 은퇴하고 다음 세대가 등장했을 때를 기준으로 하면 30년 정도겠다.) 물론 스탠더드 오일사의 분할이 결정됐을 때를 기준으로 하면, 1세기 정도 차이가 난다. 자본주의 운용의 역사와 비교해보면, 사실 그 정도 차이가 나는 게 무리는 아니다.

그렇다고 다른 나라가 하듯이 정부에 무엇을 기대할 수는 있을까? "시장에게 권력은 이미 넘어갔다"라고 했던 노무현 정부는 물론이고, 현 정부에서도, 그리고 아마도 누가 될지는 모르지만 다음 정부에서도 한국에서 최근 노정된 기업조직의 문제를 정부의 조율을 통해서 풀기는 어려울 것 같다. 그렇다면 유럽에서 그랬듯이, 강력한 시민사회가 기업과 소비자들의 긴장관계를 통해 기업으로 하여금 새로운 모

——— 경매자라는 용어는, 왈라스가 '일반균형 모델을 만들 때, 수요와 공급이 만나서 균형가격을 발생시키는 전제조건으로 삽입된 것이다. 이때 경매자는 첫 번째 가격을 부르는 역할을 하는데, 이 순간부터 수요자와 공급자가 자신이 원하는 가격을 조정해서 결국 균형점에 도달하게 된다. 나중에 이 경매자는 국가, 제도, 시스템 등으로 다양하게 해석되었다. 아무리 시장경제라고 하더라도 국가의 존재가 사라질 수 없다는 걸 증명할 때에 이 개념이 종종 사용된다. ———

넬을 찾아가도록 할 수 있을까? 이 역시, 한국의 시민사회가 기업의 조직문제에 충격을 줄 정도로 충분히 성숙하지는 않은 것 같다.

조금 냉정하게 말하자면, 한국의 기업조직, 특히 대기업들은 아직 이론적으로나 실천적으로나 자신들이 어떠한 문제에 봉착해 있는지 잘 모르는 것 같다. 정부의 상층부를 비밀스럽게 움직여서 '결탁 방식'으로 문제를 푸는 과거의 패턴에 더 익숙한 듯하다. 물론 한국 자본주의가 '영광의 30년'에 걸쳐져 있던 고성장 국면에서는, 이렇게 하든 저렇게 하든 문제가 근본적으로 해결되지는 않더라도 다음 단계로 넘길 수는 있었을 텐데, 불행히도 지금 한국 자본주의는 위기 국면으로 들어가는 중이다. 그리고 그 위기는 심각하면서도 본질적이다. 즉, 한국 자본주의의 중대한 형질 변경을 하지 않으면 기업과 함께 국민경제 자체가 심각하게 어려워질 수밖에 없는 상황이다.

약간 비유적으로 말하면, 쉽고 간편하고 단기적 효과는 있지만 장기적으로는 치명적인 해법과, 어렵고 단기적인 효과는 잘 드러나지 않지만 장기적으로는 거의 유일한 해법이라는 두 가지가 우리 앞에 놓여 있는 셈이다. 이 두번째 해법은, 결국 기업이 스스로, 그리고 자기 조직구조 내에서 찾아야 한다는 게 내 생각이다. 한국의 대기업들도 이미 대부분 다국적기업인데 한국 자본주의와 무슨 상관이냐고 여긴다면, 스웨덴과 스위스 혹은 프랑스나 독일의 사례들을 보시기 바란다. 역사적으로 입증된 것은, 대기업의 운명 역시 자신이 출발한 모국 국민경제의 운명, 그리고 본질적으로는 그 국민들의 경제적 운명과 분리되어 있지 않다는 사실이다. 세계 최대 규모를 자랑하던 GM을 비롯한 미국의 자동차 회사들을 일본의 도요타가 최근에 따라잡았다. 일본과 일본 자동차 기업들의 관계가 한국에만 예외적일 수 있을까? 그렇게 된 적은 거의 없다.

한국형 국민기업 모델

역사적으로 보면, 한국의 기업인들은 '정부의 방해에도 불구하고' 기업인들의 우수한 선택으로 이 정도 왔다고 생각하는 경향이 있다. 부분적으로는 옳다. 노무현 시대에는 그랬다고 말할 수 있고, 이명박 시대에는 더더욱 그럴 것이다. 그러나 현실은 결코 그렇지가 않다. '압축성장' 시대에 세계은행을 비롯하여 외부에서 유입된 차관이 한국 기업들의 최초 '도약'을 가능하게 해주었고, '동원경제'라는 장치를 통해서 낮은 임금, 질 좋은 노동력, 그리고 사회적 지지를 특정 기업들에게 몰아주었으며, 그렇게 해서 '재벌'이라는 순환형 출자구조에 의한 '강화된 콘체른'이 탄생하게 되었다는 게 상식적인 시각이다. 간단히 말하면, 특수 상황에서 특수 조직이 생겨난 것이다.

이를 정상화하는 게 지금 한국 경제가 다음 단계로 나아가기 위해 필요한 일인데, 불행히도 이 변화를 외부에서 강요하거나 이끌어줄 사회적·정치적 주체가 한국에서는 미성숙하거나 퇴행했다. 일반 국민들이나 정부에게는 '샌드위치 위기론'을 비롯한 어떤 핑계를 대도 좋다. 이익을 추구하는 것이 본질인 영리기업이 반드시 대중에게 진실을 말해야 할 필요는 없으니까. 그리고 그 감추어진 진실 너머를 들여다보면서 실체를 찾아가는 것도 경제학자들이나 경영학자들이 함께 해야 할 학문의 몫이다. 그러나 그냥 외부에다 하는 말이 아니라 자기 스스로도 그렇게 생각한다면, 그건 정말 위기를 낳는다.

이 책의 초판을 출간했을 당시, 삼성전사의 조직을 여러 자료로 분석하면서 조만간 심각한 문제가 생기리라 여긴 적이 있다. 그 이후 삼성에는 조직론적 관점에서 세 가지 위기가 발생했다. 두 가지는 짐작했던 바이고, 한 가지는 전혀 짐작하지 못한 것이었다. 기술의 외부 유출 사건과 양심선언 사건은 어느 정도 예상했는데, 반도체 공장의 정전 사태는 전혀 예상하지 못했다. 예전에 내가 하던 일에는 공기조절 장치에서의 에너지 절약 문제도 포함되어 있어서, 실제로 내가 그 공정도 몇 번 살펴본 적이 있다. 삼성 사람들과 그 공정에 대해 회의도 몇 번 한 적이 있던 바로 그 공장에서 정전이 발생하리라곤 예상치 못했는데, 나는 이 사건을 좀 심각한 것으로 받아들이고 있다. 차이와 양상만 다를 뿐, 다른 대기업의 경우도 크고 작은 '증상'들에 시달리고 있는 것으로 알고 있다. 이걸 누가 해결해줄까? 아무도 해결해주지 못한다. 특히 지금처럼 정부가 겉으로는 기업을 위하는 것처럼 보이지만 현실적으로는 대기업을 정치적 병풍 정도로 이용하고 있는 시기에는 말이다.

정부와 긴밀한 정책 협의를 하라거나 시민단체와 끊임없이 소통하라는 얘기는, 듣기는 좋은데 구체적인 상황에서는 대개는 하나 마나 한 소리에 불과한 경우가 많다. 지금 한국 대기업이 부딪히고 있는 조직 내부에서의 '종양'이 딱 그런 경우다. 선의와 악의, 고의와 의도 같은 것들이 온통 하나로 섞여 있는 2008년의 기업 담론에서 유일하게 장기적으로 유효한 얘기는, 스스로 조직 내부를 들여다봐야 한다는 것이다. 그리고 일본의 대기업들이 1990년대의 10년짜리 장기공황을 헤쳐 나온 과정이 지금 한국의 대기업들에겐 가장 주의 깊게 보아야 할 참고 사례가 될 것이다. 지금 한국이 맞이하고 있는 경제적 위기는 아마 그보다 기간은 짧지만 낙폭은 더욱 클 것이라는 게, 경제학자로서 내가 13년간 한국의 실물경제를 지켜보면서 갖게 된 생각이다.

한국의 많은 국민들은 현재 '삼성'을 두려워한다. 이 상황은 좋은 상황이 아니다. '무서운 존재'라는 상황은 해소되어야 하는데, 이를 이론적으로 표현한다면 '정상 기업normal firm'이 되는 과정이라고 할 수 있다. 여기엔 일반적으로 정상적인 기업이 되는 길 하나와, 조금 적극적으로 해석한다면 '한국형 국민기업'(K-Firm)이 되는 또 다른 길 하나가 열려 있다. 이 책은 이 두번째 길을 열기 위한 이론적 요소들과 현실적 분석과 그 대안으로 구성되어 있다. 정확히 말하면, 국민 혹은 소비자와 대기업 사이의 일종의 '공진화共進化'가 과연 가능할 것인가 하는 질문이 이 책의 핵심 요지라고 할 수 있다. 아직 한국에서는 익숙하지 않지만, 이를 통해 조직론이라는, 기업을 바라보는 경제이론에 사람들이 조금 익숙해졌으면 하는 바람도 있다.

1장
절이 싫으면 중이 떠나라

★ 1장에선 경제학 내에서 조직론이 등장하게 된 배경과, 기업에 대해 조직론으로 접근하는 다양한 이론들을 먼저 살펴볼 것이다. 그리고 이런 이론들을 통해 한국의 맥락에서 맞닥뜨린 지독한 현실을 이해하기 위한 장치들이 소개될 것이다. ★

1992년 이전에
경제학자들이 생각한 기업

조직에 관한 이론들이 1992년 이전에도 경제학 내에서 아주 없었던 것은 아니다. 현대적인 조직론의 출발점을 제시한 로널드 코스Ronald Coase의 기념비적인 저서 『기업의 본질The Nature of the Firm』이 발간된 것은 이미 1937년의 일이었다. 그는 이 책에서 '거래비용' 이론을 제시했다. 그러나 여러 학파들을 통해 기업과 조직에 관한 이야기가 본격적으로 나오기 시작한 것은 1991년 코스의 노벨경제학상 수상 이후라고 할 수 있다. 이 이전에 있었던 얘기들의 골자를 잠깐 정리해보자.

기업에 대해 가장 독특한 생각을 제시한 사람은 역시 『국부론』의 애덤 스미스라고 할 수 있다. 애덤 스미스는 핀 공장을 방문했을 때 자본주의라는 전혀 새로운 세상이 중세라는 공간을 뚫고 등장했다는 것을 즉각 예감했다. 이 핀 공장에서 느꼈던 충격적인 사건이 그를 사로잡았고, 결국 그는 '경제학'이라고 불리게 될 전혀 새로운 학문의 아버지가 된다. 공장의 노동자들이 분업이라는 것을 통해서, 그 전에 핀을 만들던 숙련된 장인들보다 수십 배 많은 핀을 더 적은 노력으로 만들고 있다는 그의 관찰은 이후 왜 자본주의가 엄청난 생산성을 보이며 성공하게 되었는가를 설명하는 첫 출발점이 되었다. 그에게 기업은 분업이 시작된 곳이었는데, 오랫동안 스미스의 이러한 관찰에 대해 의심하는 사람은 거의 없었다.

코스의 논의는 바로 이 애덤 스미스의 핀 공장에 대한 분석에서 출발한다. 코스의 질문은 왜 시장사회에서 핀 '공장'이라는 것이 생겨나는가로 요약할 수 있다. 진짜 시장대로 움직인다면 첫번째 사람이 핀을 만들기 위해 쇠를 사와서 옆 사람에게 팔고, 그 옆 사람이 이 쇠를 두드려서 다시 옆 사람에게 팔게 된다. 그리고 맨 마지막에 있는 사람이 핀을 완성하면, 다시 이걸 판매를 맡은 사람에게 파는 형태로 진행되어야, 이것이 진짜로 시장이라고 할 수 있지 않은가? 이게 바로 코스의 질문이었다. 진짜로 시장이 움직이고, 생산자와 소비자가 수요와 공급에 의해 움직인다면, 공장 내에서도 판매와 구매라는 거래가 이뤄져야 하는 것 아닌가? 그들이 진정한 거래자라면 도대체 왜 공장에 들어가서 다른 사람에게 임금을 받고 일할 필요가 있겠는가? 실제로 타이완의 신발 공장들이 있는 어느 마을에서는 이런 방식으로 나이키 운동화를 만든다. 각 집마다 하나씩 생산공정을 맡고, 집마다 앞에서 넘어온 신발 중간가공품을 사고, 맨 마지막 집에서는 나이키 본사에 운동화 완제품을 납품한다. 사실 코스가 얘기한 방식대로 상품을 만들지 못할 이유는 별로 없다. 아니, 도대체 자유로운 소비자이며 또한 생산자인 사람들이 왜 귀찮게 자기 자유의 일부를 시장한테 내주고 자신은 공장에서 노동자가 되는 걸까?

코스보다 70년 먼저 이 질문에 접근했던 마르크스는 세상이 자본가와 노동자로 나뉘어 있다고 쉽게 내답했는데, 이는 자본가들이 사회

구조적으로 '나쁜 사람의 역할'을 한다는 걸 전제로 한 것이다. 세상이 좋은 사람과 나쁜 사람으로 나뉘어 있다고 간단히 정의하면, 사실 많은 문제의 답변이 쉬워지기는 한다. 나쁜 기업가들이 착한 노동자들을 마치 중세 때 귀족들이 농노에게 그랬던 것처럼 강제로 잡아다가 노동자로 만들었다는 마르크스의 설명에서, 농노들이 일하던 농장을 닫아버리고 소와 양을 키우는 목장으로 전환시킨 '인클로저' 같은 것들은 자본주의 본원적 축적의 결정적인 사건이 된다. 이를 우리식으로 표현하자면, 박정희 대통령이 새마을운동을 통해서 화학농업 및 기계농업으로 상징되는 소위 '녹색혁명'을 도입해 농업생산성을 높이고, 더 이상 필요 없게 된 농촌의 수많은 선량한 청년들을 도시로 내보내서 어쩔 수 없이 노동자가 되게 했다는 설명방식과 다를 바 없는 것이다. 역사적인 설득력은 있지만, 그처럼 간단히 기업이 좋은 노동자와 나쁜 기업가로 구성되어 있다고 한다면 아마 경제학자들은 먹고살기가 어려워질 것이다.

이런 마르크스의 간결하면서도 산뜻한 설명과 달리, 코스는 조금 더 어려운 방식을 택했다. 그게 바로 나중에 '거래비용'이라는 아주 고상한 이름으로 불리게 되는 이론이다. 코스의 설명을 풀어보자. 핀을 생산할 때 공장에서 핀을 만들기 위한 부품을 매번 공장 옆 가게에서 산다면 불필요하게 '거래비용'이라는 것이 발생한다. 그러므로 열 명의 사장들이 독립적으로 하나의 물건을 만들기보다는 한 명의 사장을 두고 열 명이 노동자가 된 것이라고 설명한 셈이다. 이를테면 망치질 한 번 할 때마다 옆의 동료, 아니 옆 자리 사장에게 1000원을 주고 그때마다 잔돈을 거슬러 받기가 귀찮아서, 이런 거래비용을 줄이기 위해 그들이 노동자가 되었다는 게 코스의 설명이다. 즉, 시장 메커니즘을 직접 이용하면 거래비용이 발생하므로, 이를 줄이기 위해 도입된 게 바로 조직이라는 얘기다. 한국의 많은 4~5년차 월급쟁이들이 사장이나 상사 눈치 보는 게 싫어서, 훨씬 힘들 게 분명한 창업을 고민하는 것과는 정반대 상황이다. 이러한 코스의 설명은 논리적이긴 한데 역사적으로 왜 기업이라는 것이 등장하게 되었는지를 잘 설명해주지는 못한다. 그러나 코스의 설명은 수요와 공급만으로 설명할 수 없는 독특한 또 하나의 차원을 받아들이게 만든다.

여기서 코스가 사용한 '조직'의 작동방식은 시장 메커니즘과 같은 걸까, 다른 걸까? 경제학자들은 조직 내부에서 도무지 어떤 법칙이 작용하는지 알 수가 없다고 하여 '블랙박스'라는 단어를 사용했는데, 이것은 후에 기업을 표현할 때 표준적인 정답에 가까운 이론이 된다.

이외에도 조직론에서 중요한 이론으로 거론되는 것은 역시 1980년대 이후 새롭게 각광받은 슘페터의 저작 『자본주의, 사회주의, 민주주의』(1942)일 것이다. 이 책에 바로 '자본가 정신'이라는 유명한 개념이 나온다. 슘페터의 스승 격인 베블런Thorstein Veblen이 얘기했던 '엔지니어 본능'의 연장선상에 있는 개념이다. 1990년대 이후 전세계적으로 그야말로 공전의 히트를 친 '창조적 파괴'라는 단어 역시 이 책에 들어 있다. 기업을 만드는 창업의 정신, 그리고 기업가가 살아남기 위해서 하는 여러 가지 다양한 활동을 강조하는 이런 이론들을 요즘은 '신오스트리아학파의 접근'이라고 부르기도 하고, '진화경제학' 혹은 '생물학적 접근'이라 부르기도 한다.(1898년 베블런이 쓴 「왜 경제학은 생물학적 과학이 아닌가?」라는 논문은 이런 흐름의 기념비적인 전환점이라 할 수 있다.) 기업가가 서로 경쟁하면서 만들어내는 구질서의 파괴와 새로운 흐름이라는 슘페터의 시각은 기업 내부에서 벌어지는 일들을 기업가의 눈으로 조금 더 긴밀하게 보게 만들어준 장점이 있다. 그러나 이 흐름 역시 1990년대 이전에는 수면 밑에서 폭발을 기다리는 대기 상태였다고 할 수 있다.

같은 오스트리아 출신이지만 조금 더 이데올로기적인 성격이 짙은 설명은 프리드리히 하이에크에 의해 제시되었다. 하이에크가 평생의 적으로 삼았던 것은 사람들이 흔히 상상하듯이 동구의 사회주의자들이라기보다 오히려 현재 우리가 사용하는 경제학원론 교과서의 원형을 만든 폴 새뮤얼슨 등과 같은 일반균형 이론의 지지자들이라고 할 수 있다. 현대 경제학의 핵심적인 이론의 토대를 쌓은 스위스 로잔학파의 개척자 왈라스도 그런 경우이다. 왈라스는 모든 재화가 동시에 수요와 공급이 일괄적으로 균형에 도달하는 일반균형 모델을 만들었다. 하이에크가 불만이었던 것은, 이런 방식의 설명틀에서는 사회주의와 자본주의가 사회적으로 똑같이 효율적인 균형점에 도달할 수 있다는 사실이었다.

실제로 사회주의자이기도 했던 왈라스를 매우 싫어한 하이에크는 '시장과정market process'이라는 개념을 통해, 자본주의가 사회주의 경제보다 우수한 건 균형가격의 존재 자체 때문이 아니라 이러한 경쟁을 통해 시장에서 혁신이나 효율성이 생겨나기 때문이라는 점을 일생 동안 주장했다. 이런 논쟁을 두고, 단순히 정부위원회에서 균형가격을 계산하는 것이 시장과정의 전부가 아니라는 측면에서 '계산 논쟁' 또는 '혁신 논쟁'이라 하기도 한다. 하이에크의 이러한 관점이 상

─── 하이에크가 이 개념을 주장할 당시 주류 경제학계에서는 시장을 과정으로 보지 않고 정형화된 상태로 보았다. 그러나 하이에크는 '시장과정'이라는 개념을 통해 시장을 하나의 역동적인 과정 자체로 보아야 한다고 주장했다. 그는 당시 경제학계에서 전제하던 '시장이 가진 완전한 정보'들은 실제로 불완전하므로 다각도로 분석해야 한다고 주장한 것이다. 이를 해결하는 방도로 그가 제시한 것은 '자유시장'이었다. ───

당히 멋지기는 한데, 그렇다고 코스가 고민한 블랙박스를 직접 열어 보인 것은 아니고, 때로 기업을 지나치게 신비스럽게 보이게 만드는 편향이 있다. 그리고 조직으로서의 기업 안에서 도대체 어떤 일이 벌어지는지에 대해서 알아보기에는 하이에크의 '시장과정' 이론이 상당히 추상적이라서 현대 조직론에서 주요하게 다루어지지는 않는다.

그렇지만 저자로서의 하이에크는 상당히 매력적인 사람이고, 그를 지지하는 우리나라의 극우파들과는 비교할 수 없을 정도로 학식과 교양이 넘칠뿐더러, 논쟁을 아주 우아한 스타일로 끌고 간 사람이다. 나중에 하이에크의 시장과정은 시스템 이론을 통해 다시 부활한다. 미국 네오콘의 경우는 하이에크의 제자인 프리드먼Milton Friedman을 더 중요한 저자로 취급하는 경우가 많은데, 우리나라에서는 특이하게도 하이에크가 가장 중요한 기업이론가로 다루어지는 경우가 많다. 그러나 하이에크는 경쟁이 중요하다고 말하기는 했어도, 특별한 기업이론이나 조직이론을 만들지는 않았다. 그럼에도 우리나라의 전경련이나 전경련 산하기관에서 하이에크가 신처럼 받들어지고, 마치 최고의 예언가처럼 취급받는 경향이 종종 있기는 하다.

이와는 또 다른 흐름으로, 경영학자 출신으로 어떤 경제학자보다 수학과 컴퓨터를 잘 다루어 사이버네틱스cybernetics(생물 및 기계를 포함하는 계系에서 제어와 통신 문제를 종합적으로 연구하는 학문)와 인공지능 이론의 선두주자로도 잘 알려진 허버트 사이먼Herbert Simon을 언급하지 않을 수 없다. 노벨경제학상 수상자인 사이먼은 정보가 부족하기 때문에 합리적으로 행위할 수 없게 된 '제한적 합리성'을 비롯해 인지심리학과 사이버네틱스의 주요 개념들을 조직행위를 설명하는 데 적극 도입했다. 케네스 애로Kenneth Arrow가 얘기해서 유명해진 '러닝 바이 두잉Learning by Doing(생산량을 늘리면서 학습효과에 의해 생산력이 향상되는 것)'같은 인지심리학의 개념들이 사이먼에 의해 경제학 속으로 깊숙이 들어왔다. 그리하여 사이먼은 현대 경제학에서 조직론을 다룰 때도 절대 빠지지 않는 학자가 되었다. '어떻게 하나의 조직이 정보를 습득하고 이것을 처리하는가', 혹은 '정보가 부족한 불확실성 속에서 조직이 어떻게 결정을 내리는가'와 같은 본격적인 조직론 알고리즘에 대한 연구의 길을 그가 선구적으로 열었기 때문이다.

그러나 정말로 1990년대 이전에 기업 내부의 조직 문제에 대해 심각하게 접근했던 사람을 거론하라면 하버드대학의 젊은 경제학 박사들이었던 리처드 넬슨Richard Nelson과 시드니 윈터Sydney Winter이다. 1970년대 초반, 두 젊은 경제학자에게 하버드대학은 경제학이 생물학과 연결될 수 있는 방법에 대한 10년짜리 연구 프로젝트를 지원했는데, 이렇게 해서 세상에 나온 책이 바로 『경제적 변화의 진화경제학An Evolutionary Economics of Economic Change』(1982)이라는 책이다. 이 젊은 연구자들이 얘기했던 핵심은 기업 내에도 기억을 담당하는 '루틴'이라는 장치가 존재하고, 좋은 루틴을 가진 기업이 그렇지 않은 기업에 비해 더 많이 살아남게 된다는 것이었다. 그리고 마치 다윈의 세계가 외부 변화에 의한 생명체의 적응 과정으로 이해되듯이, 변화된 상황에서 새로운 루틴을 가지게 된 소위 '뮤턴트mutunt'라는 돌연변이들이 나타나서 이러한 조직 차원에서의 적응과 진화가 계속된다고, 그들은 설명한다.

넬슨과 윈터가 기업을 일종의 조직으로 바라보고 유전자에 해당하는 루틴이라는 개념을 적용한 데 대한 과학적 정합성과 일관성 문제는 여전히 논란거리이기는 하다. 그러나 사회학에서 오랫동안 기업과 관련해 주장했던 문화나 제도의 역할, 혹은 '조직화'와 같은 개념들이 이러한 진화경제학의 틀을 통해서 비로소 경제학 내에서 연구될 수 있는 길이 열리게 되었다는 것도 사실이다. 특히 이 분야에서 아직 노벨경제학상이 수여된 적이 없기 때문에, 오늘날 많은 젊은 학자들이 '진화경제학' 혹은 '비선형경제학'과 같은 다양한 이름으로 독특하고 특화된 연구들을 진행하고 있다.

이런 경제학 내부에서의 연구와는 약간 거리가 있지만, 심리학자 에이브러햄 매슬로Abraham Maslow의 '동기 이론'이 1990년대 이전 조직에 대한 연구의 주요 분야를 형성하고 있던 것은 확실하다. 특히 조직 내에서 개인이 단순하게 자신의 수익 극대화와 같은 기본적이고 기초적인 경제적 동기만을 추구하는 것이 아니라, 일차적 욕구가 충족될수록 자기실현의 욕구와 같은 상급의 동기들을 추구하게 된다는, 약간은 고상한 얘기를 할 때 빠지지 않고 등장하는 것이 바로 매슬로라는 학자다.

윌리엄슨의 이분법 체계와 신제도학파의 위계론

올리버 윌리엄슨은 코스의 이름에 가려지는 경향이 있기는 하지만, 사실 조직으로 본 기업이론을 본격적으로 분석한 첫번째 학자라고 할 수 있다. 윌리엄슨이 바라보았던 기업을 쉽게 표현하면, 일종의 이분법 체계라고 할 수 있다. 윌리엄슨은 세상을 '시장'과 '시장이 아닌 것'으로 구분했으며, 시장이 아닌 것을 위계hierarchy가 작동하는 '조직'으로 정의하고 두 개의 세계를 전혀 별개로 간주했다. 윌리엄슨이 등장하기 이전의 제도학파를 '구제도학파'라고 부르고, 윌리엄슨 이후의 제도학파를 '신제도학파'로 구분하는 것은 그의 영향이 얼마나 강력했는지를 잘 보여준다. 이런 구분은 단순히 시기에 따른 구분만은 아니고, 조직에 대한 근본적인 이해의 차이와 관련된다. 제도는 개인들이 선택할 수 있는 것이 아니라 마치 언어처럼 개인들을 초월해서 존재하는 구조적 성격을 가지고 있다고 생각한 것이 구제도학파라면, 제도 역시 개인들의 약속에 의해 만들어진 것이고 그 약속은 그것이 '더 효율적이기 때문에' 생겨났다고 설명하는 것이 신제도학파의 접근이다. 거래비용을 낮추기 위해 기업이 등장했다는 코스의 설명은 결국 비용 최소화를 위한 개인들의 계산과 판단을 전제로 한다. 신제도학파에 의하면, 존재하는 모든 제도는 개인들의 약속이고, 자유로운 의지를 가진 개인들이 그러한 제도가 효율적으로 비용을 낮추어주기 때문에 선택한 것이라고 설명한다. 반면에 구제도학파에 따르면, 제도가 존재하는 이유는 반드시 그런 제도가 더 효율적이기 때문만이 아니다.

이 문제를 기업가의 눈으로 한번 보자. 일단 창업을 하기로 결정했다면, 도대체 몇 명을 고용해서 얼마짜리 회사를 만들 것인가가 첫번째 질문이 될 것이다. 전통적인 시각으로 본다면, 마치 애덤 스미스의 핀 공장에서 그랬던 것처럼 재료를 사오고, 제품을 만들고, 판매하는 데까지 일련의 모든 과정을 다 자신의 위계位階, 즉 사장이 권한을 가지고 통제할 수 있는 범위 내에 두고자 할 것이다. 그런데 사업체의 범위란 좀처럼 결정하기가 어려운 대상이다. 점차 한 제품을 생산하는 데에 관련된 부가활동이 많아지기 시작하고, 게다가 요즘같이 복잡한 세상에서 한 제품만 만들어서 팔았다가는 망하기 딱 좋다. '결합제품'이라고 부르는 부산물들도 전부 제품으로 만들어서 부가수익을 올리지 못하면 그야말로 월급 주느라고 볼일 다 볼 가능성도 높다. 그리하여 사장의 명령이 통하는 '내부 조직'의 범위를 어디까지 할 것인가 하는 질문이 등장하면서, 윌리엄슨의 '내부화'와 '외부화' 이론이 움직일 공간이 생겨난다. 재료를 직접 만들 것인가, 아니면 사올 것인가? 만약 이미 재료를 다듬어서 만들어주는 회사가 있고, 이게 자신이 직접 사람들을 고용해서 만드는 것보다 싸다면 외부에서 사오는 게 유리할 것이다. 그 반대의 경우라면 필요한 사람들을 자신이 직접 고용하는 소위 '내부화' 방식을 선택할 것이다.(요즘 우리나라 기업들은 생산공정은 외부화하고, 오히려 경호원들이나 경비회사와 같이 생산과 직접 관계없는 활동을 내부화하는 이상한 흐름을 보여주기도 한다.)

도요타 자동차의 경우를 비롯해서, 우리가 많이 보는 '협력업체'들과 '본사'와의 관계는 대체로 이러한 윌리엄슨의 틀 내에서 설명될 수 있다. 밖에서 사오는 게 싸다면 밖에서 사고, 안에서 직접 하는 게 싸다면 안에서 한다는 윌리엄슨의 신제도학파 이론은, 사실 좀 허탈한 동어반복이기는 하다. 윌리엄슨의 생각을 극단적으로 밀고 가 차라리 사장 혼자서 비서실만 운영하고 나머지는 전부 다 계약을 통해 외부에서 하면 안 되는 걸까? 이론적으로 안 된다는 법은 없지만, 많은 경우에 그래도 사람을 고용해서 하는 편이 더 싸기 때문에 현재의 기업 형태를 유지하게 된다는 논리이다. 그러나 이 간단한 설명이 등장하는 데 수백 년이 걸렸다는 점을 간과해서는 안 된다.

실제로 이런 이론틀을 가지고 설명하면 하청과 아웃소싱, 기업의 인수합병 같은 현상들이 매우 잘 설명된다. 윌리엄슨류의 신제도학파 이론은 "시장이 더 싸면 시장에서, 조직이 더 싸면 조직에서"라는 한 문장의 테제가 남는 셈인데, 현실에서는 특정 부서나 본부를 독립시키고 생산결과물만 납품받아 비용을 지불하는 것이 조직을 운용하는 비용보다 더 저렴한 경우가 많다. 그런데 특정 제품을 만드는 과정에서 특별한 기술이나 지적재산권 혹은 노하우 등 시장에서 쉽게 살 수 없는 특수한 무엇인가가 존재한다면, 거꾸로 이런 요소들을 가진 외부의 회사나 팀 전체를 사서 조직의 위계 속에 집어넣는 것이 유리할 수도 있다. 이것이 '내부화'의 존재 이유다. 예를 들면, 출판사에서 디자인 전문가들을 고용하는 게 좋을지, 아니면 외부에서 건별로 계약하는 게 좋을지에 관한 문제는 내부화와 외부화 사이의 비용관계 문제로 볼 수 있다. 조직비용과 시장가격을 비교한다는 말 역시 이런 이론틀에서 나온 얘기이다. 해당 부서의 생산물을 시장에서 구매하는 것보다 해당 부서를 유지하는 데 더 많은 비용이 들어가는 부서는 굳이 조직 내부에 남겨둘 필요가 없기 때문이다.

말은 시장과 조직 사이의 이분법적 체계라고 부드럽지만, 윌리엄슨의 이론들이 상상하는 조직의 세계는 끔찍하도록 무서운 세계이다. 그야말로 조직이 의리를 지킨다거나 조직 구성원이 조직에 대해 의리를 지킨다거나 하는 일은 이 세계에서는 정말 바보 같은 일이다. 그냥 시장에서 사오는 것보다 더 싸니까 종업원을 고용하는 것이고, 만약 그렇지 않다면 조직은 언제든지 그 구성원은 물론이고 업무 영역 전체를 아웃소싱하게 된다는 걸 윌리엄슨만큼 화끈하게 설명한 사람은 일찍이 없었다. 말 그대로 약육강식의 세계가 아닐 수 없다.

아주 잘 알려진 사례 하나를 들어보겠다. 한국 기업에서 휴대전화를 개발하면서 '퀄컴'라는 회사에서 CDMA 칩을 사왔는데, 결국 한국 휴대전화 개발 방식과 관련된 핵심부품을 제공하던 퀄컴이 나중에 엄청나게 큰 독점적 회사가 되어 칩을 외국에서 사오느라 우리의 국제 수지 적자 폭이 상당했다. 이 경우가 아예 퀄컴을 인수해서 소위 '내부화'하는 전략을 사용했어야 했던 경우다. 물론 이런 결과론적인 얘기는 사후적으로 당연할 뿐이다. 그런데 과연 CDMA를 부품으로 사오던 시절에도 그렇게 자신 있게 말할 수 있었을까? 당시엔 오히려 부품으로 사오는 게 회사 전체를 사는 것보다 싸다고 생각했으니 그렇게 했을 것이고, 이 회사가 나중에 독점적 공급업체가 되어서 시장가격을 높이리라고는 예상하지 못했을 것이다. 의사결정을 해야 했던

★ 특정 조직을 내부화할 것인지, 외부화할 것인지를 결정하는 건 조직비용과 시장가격의 문제지만, 퀄컴의 예에서 보듯 사후적으로 이 판단이 쉬워 보이도 결정 당시에는 매우 어려운 문제이다. (《한국일보》, 2006년 4월 6일자)

당시에 한국 기업이나 정보통신부 관료로서는 정말 상상도 못했던 일이다. 설령 선견지명이 있는 인물이 "차라리 이 회사를 삽시다"라고 말했다고 하더라도 그런 건의가 받아들여졌을 가능성은 별로 없다. 이런 것을 '동태적 상황'이라고 표현하기도 하고, '불확실성 하에서의 의사결정론'이라고 부르기도 한다. 말은 멋지지만 결정을 해야 하는 시점에서는 미래가 어떻게 될지 전혀 몰랐다는 말을 경제학에서는 이렇게 표현한다.

윌리엄슨을 비판하는 사람들, 특히 신오스트리아학파에 속한 사람들은 이렇게 불확실한 상황이 바로 기업가가 감수하는 위험이고, 요즘 유행하는 말대로 'CEO의 직관'에 해당하는 영역이라고 지적한다. 미래가 불투명한데 단순하게 비용을 기준으로 시장과 조직 중에 하나를 선택한다는 말이, 사후적으로는 그럴듯해도, 사전에는 별 도움을 주지 못한다는 게 윌리엄슨에 대한 비판이기도 하다. 사후에 상황을 설명할 수는 있겠지만, 사전에 판단에 도움이 되는 의사결정 수단으로서 신제도학파의 이론은 분명히 약점이 있다.

그러나 이러한 윌리엄슨류의 신제도학파가 정말 비판을 받는 지점은 이러한 방법론적 문제나 인식론적 측면이 아니다. 즉, 조직이 '있다'고만 할 뿐이지, 실제로 조직이 어떻게 움직이는지에 대해서는 아무런 구체적 설명이 없다는 것이다. 블랙박스로 비유되는 기업이 있고 이 옆에 시장이 있는 건 알겠는데, 정작 블랙박스 안은 어떻게 생겼단 말인가? 이에 대해 윌리엄슨은 설명을 미처 하지 못한 셈이다. 그의 이론에는 멋지고 아름다운 그래프가 많이 등장하지만, 조직에서는 '위계'라는 게 작동한다는 말 외에는 사실 거기서 우리가 추가로 알게 된 건 별로 없다. 흔히 하는 말로 "회사는 사장 마음이다"라는 것과 비슷한 셈이다. 도대체 조직의 작동원리란 무엇이란 말이냐? 윌리엄슨의 이분법 체계는 여기에 대해 아무 말이 없다.

일본형 기업과 일본 자본주의

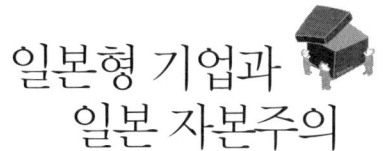

기업에 대해 윌리엄슨과 좀 다른 방식으로 접근한 흐름 가운데 대표적인 사람으로는 일본인 출신 거시경제학자 아오키 마사히코靑木昌彦를 거론하지 않을 수 없다. 1990년대 초반은 그 어느 시기보다 일본 기업에 대해 세계적으로 관심이 높았던 상황이고, 오스트리아 빈 출신의 경영학자 피터 드러커를 비롯한 많은 기업 전문가들이 미국 기업은 일본 기업에서 더 많이 배워야 한다고 말하던 시절이다. 레이건 시대에 해당하는 이 시기에 서구 사회는 드디어 동구권 국가들과의 오랜 냉전체제에서 승리했고, 거대한 블록이었던 소비에트 연방이 무너져 내렸으며, 미국은 자기 외에는 적이 없는 유일한 초강국이 되었다. 그러나 동구권의 붕괴 직후에 당선된 아버지 부시 대통령 시기에 미국의 경제상황은 그다지 좋지 않았다. 미국에서 제3세계로 흘러간 해외직접투자FDI의 총액보다 미국으로 들어온 다른 나라의 투자총액이 많아진 자금 흐름도 바로 이 시기에 나타났다. 그때 미국 기업들은 전세계에 투자한다는 구호를 내걸고 있었지만, 실제로는 전세계가 미국에 투자하고 있었던 셈이다.

미국이 투자국에서 투자유치국으로 바뀐 이 시기 국제경제의 변화에 대해서는 아직 끝나지 않은 몇 가지 논쟁이 있다. 금융자본이나 국제투자라는 눈으로만 보면, 분명히 오랜 투자유치를 통한 생산성 향상이란 가설에 따라 미국 경제에 좋은 흐름이 생겼어야 한다. 그러나 아버지 부시 대통령 시기의 미국 경제는 그 어느 때보다 위기를 겪었다. 정부의 대외적자가 누적되고 있었고, 경상수지 적자도 미국인들이 감당하기 힘들 정도로 악화되고 있었다. 또한 당시는 '잃어버린 10년'으로 표현되는 헤이세이 平成 공황 직전의 일본 자금이 미국에 진출해서 미국의 자존심이 된 주요 업체들을 사들이고 있었으며, 미국 사람들은 물론이고 전세계 사람들이 일본 기업과 일본의 연기금 등 각종 펀드의 공격적 진출을 두려워하던 시기였다. 다른 나라 기업들의 관심이 집중되었던 도요타사가 실제로 세계 자동차 업계에서 최대 업체가 된 것은 그로부터 10년이나 더 지난 2007년 상반기의 일이지만, 1980년대부터 1990년대까지 이어져온 일본 기업의 세계적 약진은 적어도 '기업'이라는 관점에서 한 번도 해보지 않은 질문들을 하게 만든 셈이다.

확실히 많은 일본 기업들은 여러 가지 측면에서 서구의 기업들과 뭔가 달랐고, 특히 미국 기업과는 달라도 아주 많이 달랐다. 물론 일본에서

―― 헤이세이는 1989년부터 일본 왕실에서 사용하기 시작한 연호로, 이 기간에 생긴 공황이라 해서 '헤이세이 공황'이라 부른다. 당시 일본은 경제호황을 누리고 있었고 부동산 시장 역시 대호황을 누리고 있었다. 기업들은 제품 투자보다 부동산을 사들이는 데 주력했고 돈이 없는 사람은 은행에서 대출을 받아 부동산을 살 정도였으며, 미국의 부동산 시장까지 공략하기에 이르렀다. 그런데 1991년경부터 일본 부동산 시장의 거품이 걷히기 시작하면서 일본 경제 전체에 불황이 닥쳐왔다. 부동산 가격이 폭락하기 시작하자 사태는 걷잡을 수 없게 된다. 부동산 시장의 거품이 꺼지면서 기업이나 개인이 투자했던 돈도 거품처럼 사라져버렸다. 대출을 얻어 부동산을 샀던 사람이나 기업은 파산하고 대출금을 회수하지 못한 은행들이 문을 닫는 사태가 연이어 벌어졌다. ――

도 1990년대 중반부터 버블 경제의 붕괴와 함께 10년간 헤이세이 공황이 이어졌고, 일본식 순환형 출자구조에 의한 금융구조의 불안전성과 불투명한 지배구조 등 일본 경제의 구조적 문제점이 지적되기도 했다. 그렇더라도 일본 기업이 1980~90년대에 세계 시장에서 보여준 모습은 여전히 경외의 대상이었다. 아직도 많은 경제학자들은 이 시절의 일본 경제를 생각할 때 '도요타주의'를 떠올리고, 그 시절에 이들이 시도했던 '항상적 개선'이나 '저스트 인 타임Just in Time(도요타의 창업자인 기이치로가 구상한 유통생산 방식으로, 매일 필요한 부품을 필요한 만큼만 만든다는 원칙)' 같은 방식은 이미 경영학 교과서에 중심 개념으로 들어가 있을 정도이다.

수학이나 게임 이론처럼 일반인들에게 전혀 친숙하지 않은 분야에서 나름대로 이름을 알렸던 아오키라는 일본인 거시경제학자는 이러한 시대적 배경에서 등장했다. 1988년 아오키는 경제학계에서 최고의 저널로 오랫동안 군림해오던 『미국경제학회지AER』에 「기업의 수직적 정보구조와 수평적 정보구조」라는 논문을 제출했는데, 여기에서 경제학계는 물론이고 거의 전세계 일반인들조차 10년 동안 입에 달고 다녔던 '일본형 기업J-Firm'과 '미국형 기업A-Firm'이라는 개념이 제시되었다. 아오키의 논문은 비경제학자가 쉽게 이해할 정도의 만만한 얘기는 아니지만, 피터 드러커 같은 사람들이 여기에 '독일형 기업G-Firm'을 추가하는 등 매우 다양한 맥락에서 응용되었다. 이 논문을 직접 읽는 것이 벅찰 독자들을 위해 간단하게 내용을 요약해보자.

미국의 기업들은 CEO를 정점으로 해서 말단 사원들까지 내려오는, 수직적으로 분화된 조직구조를 가지고 있다. 이런 조직은 모든 정보가 CEO에게 집중되는 장점이 있는 반면, 의사결정 라인의 중간에서 문제가 생기거나 CEO의 판단능력에 문제가 생기면 조직에 심각한 문제가 생긴다. 그리고 맨 마지막 분기점에 있는 일반 사원들은 부서가 서로 다르면 인적 교환뿐 아니라 정보소통이 거의 불가능해진다. 그러나 일본형 기업들은 팀이라고 부르는—실제 일본에서의 명칭은 조組나 반班—실무 단위로 움직이고, 조장이나 반장의 의사결정을 따른다. 조원이나 반원들은 순환보직에 의해 수평적인 방식으로, 또 주기적으로 서로의 업무를 교환한다. 이러한 수평적 조직에도 형식적으로는 CEO가 존재하지만, 중요한 방향에 대해서만 개입할 뿐이다. 대부분의 사항은 수평적으로 협조하는 수많은 조나 반과 같은 팀 단위로 결정한다. 아오키는 미국식을 '수직적 정보구조'로, 일본식을 '수평적 정보구조'로 구분했는데, 여기에서 많은 이론가들을 매혹시킨 대목은 바로 일본식 기업구조에서 기술혁신을 비롯한 새로운 방식이 발생할 가능성이 더 높다는 점이었다. 10년이 지난 지금 돌아보면 엄청난 얘기도 아니지만, 아오키의 이러한 지적이 당시로서는 충격이었다.

정보가 움직이는 방향을 어떻게 만드느냐에 따라 전혀 다른 성과나 효율이 나올 수 있다는 말은 기업 내부가 어떻게 구성되느냐, 즉 어떻게 조직되느냐에 따라 전혀 다른 양상이 나온다는 말과 같다. 여기에 "정보는 권력을 만든다"라는 오래된 경구를 결합하면, 기업 내부의 권력구조 같은 것도 기업의 경영성과에 영향을 미친다는 결론을 쉽게 얻어낼 수 있다. 이 이론 덕에 지배구조에 의한 미국식의 극단적 주주 자본주의로 갈 것인지, 아니면 일본식의 단단한 내부 조직구조를 갖춘 '신뢰의 자본주의'로 갈 것인지, 혹은 독일식 사회적 자본주의로 갈 것인지 등의 얘기들이 설 공간을 비로소 찾게 되는 것이다.

그럼에도 불구하고 여전히 이론적인 문제점들은 남는다. 왜 미국형 기업들은 이러한 독특한 기업구조를 가지게 되었고, 일본형 기업들은 또 그런 방식의 기업구조를 가지게 되었을까? 그 '기원'은 뭘까? 물론 모든 미국 기업이, 또 모든 일본 기업이 각기 동일한 형태를 가지고 있는가 하는 질문도 여전히 해소되지 않은 질문거리지만, 문제는 이런 다른 구조들이 도대체 어디에서부터, 혹은 어떠한 이유로 유래한 것인가라는 점이다. 이런 문제들은 경제학자들이 다루기에는 아주 까다로운 질문이 아닐 수 없다. 이걸 가장 편하게 설명하는 방식은 미국 자본주의와 일본 자본주의가 다르다고 설명하는 것이다. 그래도 질문은 또 남는다. 그렇다면 왜 두 자본주의는 다른가? 이런 질문에 답하기 위해 독일 사회학자인 막스 베버가 청교도와 미국 자본주의의 특수성을 설명했던 방식의 연장선에서, 일본의 또 다른 경제학자인 모리시마 미치오森嶋通夫는 '유교와 일본 자본주의'라는 오래된 설명방식을 다시 꺼내 들기도 했다. 유교 전통 위에 세워진 일본 자본주의는 당연히 미국과는 다르게 진화했을 것이고, 그래서 뭔가 근본적으로 다르다는 모리시마의 설명은 일본의 차이를 설명하는 데는 상당히 그럴듯해 보이기도 한다. 그렇지만 역시 뭔가가 어색하다. 그렇다면 똑같은 유교사회인 한국 자본주의는 도대체 왜 이렇게 생겼고, 왜 한국 기업은 일본 기업과 같은 길을 걷지 않은 걸까?

현재 두 기업 형태의 차이점에 대한 가장 설득력 있는 설명은, 일본식 종신고용제가 가지고 온 조직이 구성원을 대하는 방식과 주주자본주의로 진화한 미국의 조직이 구성원을 대하는 방식이 다르다는 것이다. 이런 설명틀은 '일자리 나누기'를 전격적으로 도입하면서 볼보주의라고 불린 스웨덴 기업조직의 특징, 혹은 피터 드러커가 설명한 독일식 기업의 특징이 발생한 이유를 부분적으로 해명해준다. 이러한 해석들이 1980년대 이후 '대량생산 대량소비'의 포디즘이 해체되고 기술의 우위가 가장 큰 경쟁력 요소가 된 포스트 포디즘이 등장하는 시대적 변화와 결합되면 상당히 일관된 설명틀을 갖추게 된다. 일본식 경영방침의 가장 큰 특징인 '일단 들어온 종업원은 결코 해고하지 않는다'는 종신고용 방식은 세계에서 가장 튼튼한 자본주의의 모습으로 나타났고, 일본 기업들은 내부 경쟁을 제어하면서 시장에서 절대 강자의 모습을 갖추게 되었다. 이 시절에 이루어진 많은 연구들은 일본 자본주의를 '신뢰의 자본주의'라고 부르고, 기업과 조직원 사이에 생겨난 특수한 관계를 일종의 기업 '자산'으로 규정하면서, 이러한 힘들이 어떻게 새로운 기술혁신과 같은 기업의 성과로 연결되는가를 보여주려고 시도했다.

그러나 어쨌든 일본 경제에도 위기는 닥쳤고, 이런 방식의 설명이 과연 타당한가에 대해 실증적으로 의심받는 상황이 왔다. 일본의 기업들도 헤이세이 공황을 버티지 못하고 종업원들을 내보내기 시작했고, 일본식 종신고용제의 미래는 불투명해졌다. 최근의 몇 가지 연구 결과들은 일본에서 종신고용제를 포기하지 않은 기업들이 결국엔 공황을 이겨냈고, 먼저 종업원을 내보낸 기업들은 오히려 도산했다는 걸 보여주기는 한다. 그렇다 하더라도 세계화와 주주자본주의가 일반화되는 현재 시점에서 일본식 자본주의의 종신고용제가 전세계 모든 기업에게 복음이 되지는 못할 것이다. 일본식 자본주의가 '영원한 번영'과 '언제나 승리'를 보장해주지는 않을 것이라는 점이 어느 정도 명확해졌기 때문이다. 조직이론에서는 모든 것이 상대적일 뿐이다.

2004년, 아오키는 기업 내부에서 높은 혁신을 이루려면 정보구조만 필요한 것이 아니라 조직의 다양한 내부 협약convention과 같은 여러 가지 장치가 필요하다는 논문을 발표했지만, 10년 전에 비하면 이 논문에 주목하는 학자들은 많지 않았다. 많은 기업이론과 조직론 전공자들이 지금도 미국형 기업과 일본형 기업이라는 단어를 사용하지만, 정작 이러한 개념을 제시한 이 일본인 연구자에게 별로 귀 기울이지 않는 것은 일본 자본주의의 쇠락과 관련이 있을 것이다. 지금은 1990년대에 그랬던 것처럼, 일본 자본주의에 대해 근본적으로 두려움을 가진 서구 기업들은 별로 없다.

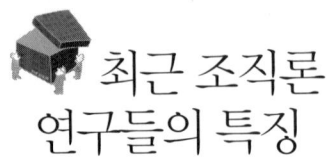
최근 조직론 연구들의 특징

1990년대 이후에 기업이론을 중심으로 전면화된 조직론에 대한 연구를 한마디로 규정한다면, 결국 시장 메커니즘으로 환원해서 조직을 설명할 수 있는가, 아니면 비용으로 환원되지 않는 특수성이 존재한다고 볼 것인가로 나뉜다. 최근의 연구들은 분류 방식에 따라 세 가지, 혹은 열 가지 정도의 다른 접근이 있다고 할 수 있다. 이걸 다시 쉽게 분류하면, 시장에 따라 경쟁을 시키면 알아서 최적의 모습이 된다는 이론과 그렇지 않다는 이론으로 구분된다고 할 수 있다. 사실 윌리엄슨의 경우는 양쪽에 다 발을 걸치고 있다고 할 수 있다. 조직에 많은 강조점을 두었음에도 그에게서 조직이란 시장보다 비용이 저렴할 때에만 존재하는 것이었다. 시장에 그냥 맡겨두면 모든 게 다 잘된다는 얘기를 최근에 조직론에서 하는 학자는 거의 없다. 기업의 규모나 기업이 주로 활동하는 영역의 특성, 그리고 내부 조직의 특수성과 기업의 역사성 같은 것들에 의해 분명히 경쟁의 양상이 바뀌고, 또 기업이 채택하는 전략도 달라지기 때문이다.

게다가 공기업이나 정부기관 또는 협동조합처럼 일반적 기업과는 다른 방식으로 움직이는 경제조직들의 의사결정 과정과 작동원리는 단순히 시장으로만 환원하기 어려운 특수성들을 지니고 있는데, 이런 조직들이 경제에서 차지하는 비중이 무시할 정도로 줄어들지는 않았다. 더구나 세계적 무역구조를 지탱하는 국제통화기금IMF이나 세계은행IBRD 혹은 유엔의 여러 기관을 포함한 국제기구들이 시장원리에 따라 기계적으로 움직인다고 하기는 어렵다. 이런 점들을 염두에 둔다면, 1990년대에 기업이론이 만개했음에도 우리는 아직도 조직을 충분히 이해하지 못하고 있고, 조직은 여전히 많은 비밀을 가지고 있다고 하겠다.

최근의 주요 연구 흐름을 간단히 구분하자면 다음과 같다.

① 윌리엄슨 이후, 거래비용에 의해 조직을 위계로 설명하려는 신제도학파의 흐름

② 정보의 흐름으로 파악하려고 하는 정보경제학의 흐름

③ 조정coordination 과정의 연속이며 일종의 역사적 결과물로 보려는 진화경제학의 흐름

④ 연관된 산업 사이에 발생하는 자산 특수성 등 국민경제의 틀 내에서 접근하려는 산업조직론의 흐름

물론 위와 다르게 각 학파를 구분하는 방식도, 예컨대 국가별 연구로 특화된 신오스트리아학파와 프랑스의 협약주의자conventionist, 시카고학파 등으로 구분하는 방식도 가능하지만, 확실한 것은 경제학의 조직론에 관한 연구에서 일반적으로 발생하는 신고전학파와 비非신고전학파 사이의 잘 구획된 '칼 같은' 경계는 존재하지 않는다는 점이다. 그리고 학파나 접근방식의 차이로써 상대방 진영의 논리적 모순

점을 찾아내 자신들의 이론적 정합성을 입증하려는 일도 잘 벌어지지 않는다. 게다가 좌파와 우파 사이의 칼 같은 대치 전선도 조직론에서는 잘 나타나지 않는다.

예를 들어보자. 정부가 세금을 줄여야 할 것인가, 아니면 오히려 늘려야 할 것인가 하는 논쟁이 붙었다고 하자. 이러한 논쟁은 이 문제에 대해 어떤 학파와 어떤 이론이 어떤 입장을 취하게 될지가 워낙 뻔한 논쟁이다. 현실적으로는 이론의 우수성이나 정합성 혹은 일관성 같은 학문적 기준으로 학계의 승자가 결정되는 게 아니라, 국민 대다수가 어떤 정당을 지지하는지, 혹은 누가 국회를 장악하거나 집권당이 되는지와 같은 정치적 상황에 따라 결정되는 게 일반적이다. 이론? 이론과는 아무런 상관없이 어느 쪽이 정치적 우위를 점하느냐에 따라 결정되는 양상을 보인다는 말이다. 일반적으로 감세와 증세를 동시에 추진하는 일은 정의상 불가능하고 둘 중 하나를 선택해야 한다. 그러나 이런 논쟁에서 경제학은 별로 과학적이지 않다. 이런 논쟁에선 시차時差가 존재하므로, 부문별 효과의 차이나 계량화하기 쉽지 않은 집단별·계층별 소득 효과가 다르게 나타날 수밖에 없다. 이러한 이유로 논쟁이 때로 매우 격렬한 양상을 띠게 되지만, 그야말로 "외치는 자의 외침이 진리가 되게 하라"는 식의 소피스트 시대 논쟁 비슷하게 되어버리고 만다.

그러나 조직에 대한 논의의 전개 양상은 감세 논의의 경우와는 전혀 다르다. 물론 "내버려두면 잘 된다"라고 고장 난 축음기 같은 소리를 반복하는 사람이 있기는 하지만, 이런 사람들은 경제학자라기보다는 정치가에 가깝고, 경제학 내부에서 이런 목소리에 귀를 기울이는 사람은 별로 없다. 그보다는 조직이라는, 아직도 신비에 가깝고 합의

할 만한 일반이론이 잘 등장하지 않은 블랙박스 안을 열어보려는 열망을 가진 연구 흐름이 더 강하다. 현재로서는 어떤 이론적 접근방식도 다른 접근방식에 비해 월등하게 우월하지는 않아 보인다. 그야말로 백가쟁명의 시대인 셈인데, 아마 조직의 특성 자체가 그래서일지도 모른다. 그래서 일반인들이 『국부론』이 등장한 지 200년이 넘었는데 아직도 기업을 제대로 이해하고 있지 못하느냐고 경제학자들을 질타한다면 변명할 말을 못 찾아 전전긍긍할 수밖에 없는 상황이긴 하다. 그렇다고 다시 "기업은 블랙박스이다"라며 1990년대 이전의 설명 방식으로 돌아갈 수는 없는 노릇 아닌가.

이질적인 여러 설명방식이 어우러진 게 지난 10년 동안 조직론의 흐름에서 나타난 하나의 특징이라면, 조직론의 또 다른 특징은 분석방법은 물론이고 설명 패러다임에 있어서도 대단히 개방적이라는 사실이다. 시스템 공학과 사이버네틱스를 전격적으로 받아들인 사이먼은 물론이고, 분자생물학의 개념을 받아들인 진화경제학의 흐름도 조직론에서는 전혀 어색하지 않다. 신제도학파의 틀을 정형화한 윌리엄슨은 법학자 출신이었으며, 인류학과 인지심리학의 성과들을 받아들이는 데에도 경제학의 조직이론들은 전혀 거리낌이 없었다. 그뿐인가? 스탠퍼드의 수학자인 존 내시John Nash 이후로 대성공을 거둔 게임 이론은 물론, 몹시 난해한 수학이론 가운데 하나로 남아 있는 그래프 이론도 네트워크 현상을 이해하기 위한 주요한 분석틀로 원용된다. 여기에 문화다양성이나 산업다양성과 같이 생태학에서 유래한 개념들도 기업에 대한 이론의 도구로 진입하기 위해 적절한 연구자를 기다리고 있는 상황이다. 만약 가능하기만 하다면 문학이론이나 미학이론을 비롯해서 사용할 수 있는 것은 모두 끌어다 쓰고 싶다는 게 현재의 조직론 이론가들의 심정이라고 할 수 있다. 그 정도로 경제학자들이 조직 현상에 대해서 설명하려는 욕구는 엄청나지만, 현실적으로 설명하는 대상의 변화가 설명수단의 발전보다 더 빠르기 때문에도 아직 "바로 이것이다"라고 할 일반이론은 없다.

게다가 현실적으로 특히 기업에 관한 얘기에서 어떤 형태, 혹은 어떤 특징을 가진 조직이 '최적'이라고 말하는 것은 위험하다. 왜냐하면 아무리 튼튼해 보이거나 영원할 것 같아 보이는 기업에게도 도산의 위험은 늘 도사리고 있고, 실제 그런 일이 발생했을 때 해당 기업을 최적이라고 평가했던 연구자가 받게 될 타격이 심각하기 때문이다. 그래서 기업이라는 용어 대신 '생산자'라고 말하는 것이 더 편하고, 특정 기업을 지목해 말하기보다는 그냥 '기업'이라고 말하는 것이 더 안전하기는 하다. 이런 면에서는 우리나라 극우파에 속하는 경제학자들은 조직론 연구자 중에서는 상대적으로 안전한 지역에 이론의 둥지를 틀고 있는 셈이다. "기업들이 알아서 한다"라고 말하면 되기 때문이다. 만약 망한다면? 물론 그것은 시장의 작동원리에 의해 도산한 것이므로 연구자가 책임지지 않아도 상관없다고 빠져나갈 수 있다. 물론 이 말은 언제나 반은 맞고 반은 틀린 명제이다. 어떤 시기든지 그 해에 매출액이 가장 올라간 기업이나, 특이한 연구개발 성과를 내거나, 수출을 많이 한 기업이 등장한다. 특별히 특정 기업을 지칭하지 않는 한, 기업에 대한 우리나라 극우파들의 주장은 그야말로 칼 포퍼가 얘기한 것처럼 '반박하기 곤란한' 명제를 만들어낸다. 늘 잘하는 기업이 새로 등장하게 마련이니까.

1990년대 초반, 화려하게 기업론의 르네상스를 이뤘지만 그럼에도 아직 일반이론으로 전환되지 못한 조직론이 지난 10년 동안 배운 교훈이 있다. 그건 우리가 뭘 잘 모르는지 이제야 조금 알게 되었다는 점이다. 조직 내부의 위계나 조정 양상, 혹은 공유된 경험이나 역사적 경로에 의한 특징들, 그리고 정보 흐름 같은 것들에 대해서 비록 우리가 충분히 알고 있지는 않지만, 이런 것들이 결국 조직을 움직이는 의사결정 및 전략 수립, 기술혁신과 새로운 창조능력 등 많은 것들에 대해 영향을 미치게 될 것이라는 점 말이다. 똑같은 자본과 똑같은 노동력이면—즉, 총자본이나 운용자금, 고용인雇傭人 수가 같다면—다양한 기업들이 같은 선택을 하고 같은 효율을 보일까? 그렇게 얘기하면 1992년 이전의 상황으로 돌아가는 거나 마찬가지라는 점을 지금 경제학자들은 알고 있다. 그야말로 뭘 모르는지에 대해 이제 조금 안 셈이라고 할 수 있다.

그리고 아직 완벽한 이론 형태가 된 것은 아니지만, 경제학자들이 깨달은 것이 한 가지 더 있다. 조직이라는 눈으로 바라본 많은 기업의 목표가 1세기 전에 앨프레드 마셜Alfred Marshall이 말했던 것처럼 '이윤 극대화'가 아니라 '영원히 살아남는 것', 즉 '문 닫지 않고 버티는 것'이라는 사실은 조직론 분야의 연구자들이 모두 공감하는 점이기도 하다. '영속성'이라고 표현되는 이러한 개념은 계속기업going concern, 항구성permanence, 지속성sustainability이라는 다양한 단어로 불리지만, 이런 개념들이 의미하는 내용은 사실, 같다.

"오래 가는 것이 강한 것이다."

기업은 이익을 늘려서 새로운 투자를 통해 몸집을 키우거나, 아니면 오히려 아웃소싱 같은 것을 통해 몸집을 줄인다. 그리고 이 모든 것에 내포된 기업활동의 핵심은 '영원히 존재하고 싶다'라는 아주 철학적인 속성이다. 물론 가끔 자기 아들에게 기업을 물려줄 수 없다면 차라리 문을 닫겠다는 사장이 없는 건 아니지만—실제로 1990년대 초반 프랑스에서 절반 이상 되는 가족형 기업의 사장들은 이렇게 대답했다—현재의 주식회사는 사장이 문을 닫고 싶다고 그냥 문을 닫을 수 있는 성격의 것이 아니다. 만약 조직으로서의 기업에 영혼이 있다면 그 꿈은 그야말로 영원히 사는 것이라고 할 수 있는데, 인간은 이 꿈을 이룰 수 없지만 조직은 그 꿈을 이룰 수 있다.

이러한 영속성의 가정은 지금까지 논의된 여러 측면의 조직론들을 하나로 묶어준다는 특징이 있다. 자신이 죽지 않기 위해 기업은 못할 일이 없는데, 그렇다고 해서 언제나 최적의 모습으로 적응하는 게 아니라 때때로 잘못된 모습으로 진화해서 스스로 죽기도 한다고 생각하면, 그동안에 나뉘어 있던 많은 조직이론들이 하나로 통합될 수 있는 가능성이 있다. 이전의 신고전학파나 신제도학파의 기업이론과 비교해볼 때, 가장 달라진 측면은 기업이 궁극적으로는 이윤 극대화를 위해 움직이는 게 아니란 것이다. 즉, 이윤 극대화 역시 영속성을 위한 여러 수단 중 하나에 불과하다는 얘기이다. 이런 영속성 가설은 기업이 착한 존재인가, 아니면 나쁜 존재인가와 같은 어려운 질문을 피해갈 수 있게 해준다. 자신이 죽지 않기 위해서 기업은 무엇이든 할 수 있는 존재이기 때문이다.

어떻게 하면 기업이 영원히 존재할 수 있는가? 그야말로 '그때그때 다르다'라는 상황논리로 설명할 수밖에 없다. 일반이론에 더 가까워질 것인가, 아니면 몇 가지 테제를 정확히 제시하고 더욱더 특수이론으로 갈 것인가? 지금의 조직론은 그 갈림길에 서 있다.

좌파 경제학과 조직론

우파 경제학에서의 조직론은 기업이론에 집중되어 있고, 극우파 계열의 일부 경제학자들이 "기업은 무조건 승리한다"라는 고전적 테제에 집착하고 있는 것이 현 상황이다. 간단히 요약한다면, 대부분의 정상적인 우파, 혹은 보수주의 경제학에서는 "우린 기업에 대해서 아직 충분히 모른다"라고 말하고 있는 셈이다. 이런 명제를 내세움에도 불구하고 사실 경제학은 기업에 대해 생각보다 많이 알고 있는 편이다. 1세기 전이나 1960~70년대의 냉전시대에 "공산당이 싫어요"라는 말밖에 할 줄 몰랐던 사람들이 경제학계의 최전선에 있던 시절에 비해, 조직과 위계, 신뢰 같은 것들이 이론틀의 한가운데로 들어온 것을 생각하면, 정말 격세지감이라는 말이 이상하지 않을 정도로 엄청나게 발전한 셈이다.

그렇다면 이러한 조직론의 발전에 좌파 이론이 기여한 점은 없는가, 혹은 좌파 경제학은 별도의 이론을 가지고 있는가 하는 질문이 당연히 생길 법하다. 결론부터 말하면, 지금의 논의 구도가 형성된 데에는 좌파와 우파 모두 상당히 기여했다고 할 수 있다.

한 가지 짚고 넘어가자면, 왈라스의 일반균형 이론 지지자들이 실제 경제학에서는 우파라는 점을 환기하지 않을 수 없다. 아무 경제원론 책이나 딱 펴면 보통 1부와 2부로 나뉘어 있는데, 이때 1부의 맨 마지막 장의 내용이 대개 왈라스의 일반균형 이론에 해당한다. 대부분의 경제이론은 왈라스의 일반균형을 인정하는지, 인정하지 않는지로 분류될 수 있다. 케인스는 이걸 받아들이지 않았고, 그래서 그는 "장기적으로는 우리 모두 죽는다"라는 유명한 말을 통해 왈라스의 세계와 단절했다. 그리고 지금의 시카고학파는 다시 케인스와 단절하고, 왈라스의 세계를 현대적 시각에서 복원하려는 사람들이라고 할 수 있다. 이런 시각에서 볼 때 코스와 윌리엄슨의 신제도학파는 다시 왈라스의 세계로 돌아가려는 사람들이고, 구제도학파는 왈라스의 세계에서 나온 사람들이라고 할 수 있다.

왈라스를 좌측에서 거부한 사람들 중 케인스주의자가 아닌 사람들의 방법론을 이단적 접근이라고 부른다. 마르크스주의 경제학은 물론이고 영국의 조앤 로빈슨Joan Robinson 여사, 혹은 신오스트리아학파를 포함한 최근의 진화경제학, 넓은 눈으로 보면 게임 이론과 시스템 이론을 적극 도입한 소위 비선형 경제학의 일부도 이러한 이단적 접근에 포함할 수 있다. 이런 이론들은 모두 조직에 대한 폭넓은 이해에 상당히 기여했다.

그러나 정말 좌파에서의 조직이론은 무엇이냐고 묻는다면 대답하기가 좀 난감하다. 좌파에서 특별한 별칭 없이 조직론이라고 부르면 대개는 '레닌의 조직론'을 의미하는데, 이 이론은 조직에 대한 이론이라기보다는 정확하게 말하면 '당'조직에 대한 이론을 의미한다. 민주

집중제라고 부르는, 모두가 결정하고 일단 결정된 것에는 모두가 따르는다는 스탈린주의식 전체주의가 이러한 조직론 위에 서 있다고 할 수 있다. 그야말로 1세기 전에 생각했던 정당이론으로, 소수 엘리트들의 전격적인 무장봉기 시대에나 적합했던 이러한 조직론이 오늘날에도 적합한지는 의문이다.

좌파들이 조직론 분야에서 가장 많이 기여한 분야는 사회심리학 분야이다. 여기에서는 두 가지 큰 질문이 등장한다. 첫번째는 어떻게 하면 '히틀러 현상'이 다시 나타나지 않을까 하는 반성이고, 두번째 질문은 좌파 조직에 크게 퍼져 있던 '열정'과 관련된 동기 이론이다.

유럽의 많은 좌파들은 1차 세계대전과 히틀러 체제의 출범에 대해 상당히 반성의식을 가지고 있다. 역사적으로도 1차 세계대전이 벌어지기 직전에 독일의 노동조합들은 민족주의를 앞세운 극우파 노선을 택하면서, 민족의 생존을 노동자의 해방보다 우선시했다. 이 과정에서 소수파로 몰린 로자 룩셈부르크가 스파르타쿠스단을 만들면서 민족주의를 극우파라고 맹비난했고, 결국 유대인이었던 그녀는 전쟁이 끝나고 군인들에게 암살당한다.

2차 세계대전의 발발 과정은 좌파들에게 조금 더 직접 책임이 있다고 할 수 있는데, 나치스Nazis라는 이름 자체가 민족사회주의Nationalsozialistische의 약칭이며, 사회주의가 민족주의와 결합하면 어떤 일이 일어나는가를 보여주었다. 그중 가장 대표적인 문제점을 히틀러 현상이라고 규정하는 것이 유럽 좌파들의 일반적인 상황 인식이었다. 프랑크푸르트학파를 비롯해서 68혁명의 많은 이론가들이 마르크스-니체-프로이트를 기본 틀로 사용했는데, 이때 프로이트는 히틀러 현상에 대한 반성과 상당히 밀접하게 관련되어 있다. 특별한 대상을 지칭하지 않고 편집증과 마조히즘 사이의 '변태 커플'에 대한 얘기가 나올 때, 이는 히틀러와 독일 민중 사이의 관계를 상징적으로 의미한다. 흔히 파라노이아paranoia라고 불리는 편집증이 있는 정치적 리더가 마조히즘 성향이 있는 구성원들을 만났을 때, 가장 안정적인 커플이 형성되어 히틀러 현상이 생겨난다고 지적된다. 이 이론은 신흥종교 집단이나 개발도상국에서 주로 발생하는 개발독재를 분석할 때 종종 이용되기도 하고, 민주집중제와 같은 형식적 민주주의 절차를 분명히 갖추고 있음에도 이런 현상이 벌어질 수 있는 조직을 비난할 때 사용되기도 한다. 때로는 한국에서도, 파라노이아 증상이 있는 박정희와 마조히스트인 한국 국민들 사이의 관계에 대해 그런 유사점이 있다고 지적되곤 한다.

1970년대 유럽의 '마르크주의 르네상스' 시절에 좌파 조직에 속했던 사람들을 예로 들면, 그 시대 노조 활동가들이나 시민운동 조직에 있던 사람들이 보여주었던 놀라운 '열정' 같은 것들도 종종 분석의 대상이 된다. 이때 연루implication나 열정이라는 개념이 등장한다. '경제적 동기'에 '기계적으로 환원되지 않는 무엇인가'가 작동해서 도저히 사회과학적으로는 설명하기 어려운 초인적인 능력을 발휘하거나 고강도의 노동을 오랫동안 견뎌내는 현상이 있을 때, 이런 좌파 조직들과 관련한 사례가 종종 거론되는 것이다. 돈이 생기는 것도 아니고, 개인들에게 영광이라는—경제학적으로는 상징적 자본이라는 말로 설명될 수 있는—결과가 따라오는 것도 아닌데, 왜 개인들이 '자기희생적' 활동에 자발적으로 참여하는 것일까? 심리학의 영역에 속할 수도 있고, 신화의 영역에 속할 수도 있는 이러한 현상들은 '개인' 위에 세운 이론들이 잘 분석하기 어려운, 그러나 실제로는 존재하는 영역에

―――― 프로이트 이전의 많은 학자들은 '응축(condensation)' 개념을 통해 '꿈속에서 흩어진 생각을 모으고 집중하는 이미지'가 기괴한 모습으로 나타난다고 주장해왔다. 프로이트는 자신의 꿈을 해석하면서 이 응축 과정이 여러 의미로 해석이 가능함을 알게 되었다. 꿈의 특정한 이미지는 꿈속에서 여러 번 나타나는 동안 다중적 의미를 품게 된다는 뜻이다. 그는 꿈속에서 서로 다른 요소가 연결되어 하나의 상으로 제시된 경험을 통해 '중층결정(overdetermination)'을 이론화했다. ――――

접근할 때 종종 응용된다.

"세상은 로고스가 움직이는가" 하고 질문할 때, 파토스의 영역이 없다고 완전히 부정하기 어려운 사례들은 많다. 정신분석학 용어를 빌리자면 일종의 '중층결정 이론'이라고 할 수도 있다. 아직도 많은 좌파들은 돈을 매개로 움직이지 않는 조직이 돈을 매개로 움직이는 조직을 이긴다는 신념을 가지고 있는데, 사실 이 말이 꼭 틀리지는 않는다. 당장 한국만 해도 돈과 명예를 중심으로 움직이는 한나라당과 같은 조직이 두 번이나 대선에서 패하지 않았던가?

한국에서는 좌파로 잘 분류하지 않지만, 생시몽 Saint-Simon 이후에 생긴 일종의 협동조합주의 역시 좌파에서 중요한 조직 논의 중 하나라고 할 수 있다. 교회를 모집단으로 하는 조직론 논의는 일반적 시장경제에서의 논의와는 색다른 방식의 조직이론들을 만들어내었다. 서양에서 '공동체'라는 말은 많은 경우 '협동조합 cooperation'이라고 하는, 교회와 상당히 밀접한 관계를 가진 특수한 경제적 논의와 연결되어 있다. 아직도 게임 이론을 비롯한 최신 경제학 이론이 도대체 어떻게 이기적 개인들이 협동게임을 하게 되는가 하는, 가장 간단한 '죄수의 딜레마' 모델을 풀지 못하고 어려워한다.

협동조합과 관련된 이론가들은 인간은 처음부터 협동하는 존재라는 테제를 중심으로 이론을 세우는 경향이 있다. 왜 이렇게 발달한 자본주의 사회에서도 협동조합이라는 형태가 어떻게 여전히 존재하고, 또한 선진국일수록 이러한 협동조합이 더 튼튼해지고 강력해지는 경향을 보이는가를 일관되게 설명하기가 어렵기 때문이다. 일본은 물론, 스웨덴이나 스위스처럼 국민소득이 높은 국가일수록 오히려 기업형 조직보다는 협동조합형 조직이 더 늘어나고, 지역내총생산GRDP이 높은 전형적인 미국 중산층 도시를 관찰해보아도 비슷한 일이 나타난다. 우리나라는 다를까? '한살림'이나 '소비자협동조합' 같은 조직들에 가담한 사람들의 비율은 지역소득이 높을수록 높고, 친환경 농가가 안정적인 네트워크를 구축한 농업지역도 생협 가입률과 거의 정비례 관계를 보여준다.

자본주의 발전단계가 높아질수록 시장의 영역이 더 넓어지고, 그러면 사람들은 더 경제적 이익에 의해 움직여야 할 것 같다. 그러나 역사적으로 살펴보면 이러한 현상은 관찰되지 않는다. 잘사는 사회일수록 더 그렇다. 오히려 돈과 상관없이 움직이는 비정부기구NGO의 영역이 더 커지고, 이런 활동이 단순히 사회적·정치적 영역에만 한정되는 게 아니라 생산과 분배 각 부문에서 비영리기구NPO의 영역으로 더욱 잘 발달되는 현상을 목격하게 된다.

이런 현상을 어떻게 설명해야 할까? 물론 억지로 설명하자면, 많은 경우 협동의 결과도 결국은 경제적 이익이라고 치부할 수도 있고, 또 이 경제적 이익을 금전적 이익과 비금전적 이익 같은 것으로 나누어서 설명 모델을 만들 수도 있다. 그러나 이렇게 별로 돈도 되지 않고 그렇다고 엄청난 영광도 생기지 않는 조직에 왜 이렇게 많은 사람들이 기꺼이 참여하고, 자신의 일부를 내어주는 경제행위를 열심히 하는지를 설명하기가 그렇게 만만해 보이지는 않는다. 교회공동체처럼 '종교적 신념' 같은 뭔가 좀 특별한 가설을 세우면 그나마 설명이 쉬워진다. 이렇듯 후기 자본주의에서도 순전히 경제적인 동기만으로 환원되지 않는 뭔가가 분명히 있는 것 같다.

최근에는 아마르티아 센Amartya Sen이 종교나 신념과 같은, 경제적 요소는 아니지만 분명히 경제적 행위에 개입하는 동기나 원칙들에 대한 이론적 논의를 많이 내놨다. 그는 1998년 인도의 사례로 노벨경제학상을 받았는데, 불행히도 후속 연구가 그 당시에 사람들이 가졌던 기대를 크게 뛰어넘지는 못한 것 같다. 어쨌든 제3세계를 중심으로 한 유엔의 경제발전 모델에 대한 논의에서는 센의 이름이 한가운데에 들어가 있다. 만약 독자 여러분 중에 돈이 아닌 다른 이유로 움직이는 집단에 대한 연구를 더 공식적으로 하고 싶은 분이 있다면, 현재로서는 아마르티아 센이라는 이름에서 권위를 빌려오는 것이 가장 공식적이고 안전한 방법이다. 물론 센의 책들은 지루하고 재미없다. "배가 고파도 행복할 수 있지 않느냐?" 재미는 없어도 이 질문에 계속해서 답을 찾고자 하는 시도가 유용하다는 것이 센에게 수여된 노벨상의 의미라고 할 수 있다.

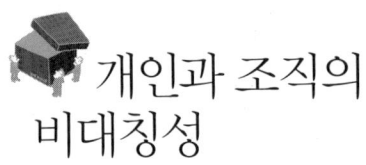# 개인과 조직의 비대칭성

기업을 포함해서 사람들이 일단 하나의 조직으로 움직이기 시작하면, 분명히 개인과는 전혀 다른 속성을 갖게 된다. 즉, 개개인으로 나뉘면 그저 사람들의 모임에 불과한데, 조직이라는 특수한 차원이 형성되면 분명히 개인과는 다른 그 무엇인가가 존재하게 된다. 조직으로 움직일 때 발생하는 이 특수성이 바로 조직론의 연구대상이 되는 셈인데, 워낙 세상에는 다양한 종류의 조직이 존재하기에 이러한 조직들의 일반적 특성들을 하나로 묶어서 설명하는 게 반드시 바람직한 것은 아니다. 또 극우파 경제학자들이 주장하듯이, '모든 조직은 시장의 법칙을 따른다'라는 매우 단순하고 조잡한 원리만으로 이 모든 걸 설명하는 것도 권할 만한 일은 아니다. 진화의 법칙도 이렇게 단순하지는 않다.

　예를 들어, 대형 교회들을 중심으로 시청 앞에 모이곤 하는 집회의 과정을 극우파식 경제학 조직론으로 설명한다고 치자. 매우 당황스러운 결과가 나타나게 된다. 많은 사람들은 결국 버스로 동원되었고, 일당이 얼마인가에 따라 일반 참가자들의 참여 동기가 분석될 수 있고,

이 행사의 의사결정자들이 이 집회에서 얻을 수 있는 편익을 집회에 대한 지출비용으로 나누어서 이른바 비용편익 분석을 할 수도 있다. 물론 너무 뻔한 결과가 나올 것이다. 서로 민망하고 당황스러운 얘기들이 말이다. 이게 만약에 교회의 '사업'이라고 한다면 더욱 곤란한 얘기들이 수없이 튀어나오게 된다. 물론 이것도 '하나님이 하시는 사업'이라고 주장할 수는 있는데, 그 분석결과 역시 민망할 것이다. 단순하게 경제적 이익으로만 환원시키기 어려운 복합적인 요소들이, 아주 단순해 보이는 대형 교회들의 극우파 집회에서도 작동하지 않는다고 말할 수 있을까?

이런 조직론이 갖는 몇 가지 특징이 있기는 한데, 그 대표적인 속성 가운데 하나가 개인과 조직에는 비대칭성이 존재한다는 것이다. 이를 흔히 하는 말로 바꾸면 "조직의 쓴 맛"이라거나 "들어올 때는 쉽지만 나갈 때는 어렵다"라는 것이다. 이러한 현상은 조직의 규모와 어느 정도 상관성이 있다. 큰 조직일수록 개인이 행사할 수 있는 의사결정의 자유는 그 범위가 좁아지게 마련이다. 조직 구성원의 숫자로 나누었을 때 기계적으로 모수가 커질수록 개인의 의사결정 지분은 작아지게 마련인 때문이다. 열 명이 있는 조직과 만 명이 있는 조직에서 개인에게 주어진 의사결정권이 다른 것은 당연하지 않겠는가?

조직은 쓴 것인가? 단맛은 없는가? "조직의 쓴맛"이라는 말로 스스로를 설명하는 조직은 우리나라에 하나도 없다. 가장 대표적인 두 조직을 보자. 우리나라에서는 군대와 가정을 생각할 수 있다. 군대는 장병 한명 한명에게 매우 특별한 의미를 부여한다. 절대로 한 명의 낙오자라도 버리는 일은 없다고 말하고, 가정의 경우도 구성원 모두가 거의 절대적 의미를 갖는다. 그래서 큰 조직일수록 자신을 가족이나 군대와 같은 조직으로 설명한다. 한국에서 조직 구성원을 가족이라고 설명하지 않는 조직이 있는가? 경찰병원 입구에는 "일반인들을 가족과 같이 모시겠습니다"라는 문구가 쓰인 대형 플래카드가 걸려 있다. 우리나라에서 군대를 제외하면 가장 큰 물리력을 가지고 있는 이 경찰조직도 스스로를 '가족'이라고 설명하고, 일반인들, 즉 경찰이 아닌 사람을 경찰가족과 같이 대하겠다는 것이 자신들이 상상할 수 있는 최대의 친절도를 설명하는 말이다.

　미국의 경우를 보자. 군대와 가정, 교회라는 세 가지 기본 모델의 이데올로기를 가장 끝까지 밀고 간 사회가 미국 사회라고 할 수 있는데, 모든 국민을 안전하게 지키겠다는 미국 특유의 자국민 보호 원칙은 가족에 대한 조직운용 방식이 군대로 투영되었다가 다시 국가로 들어온 경우에 해당한다고 할 수 있다. 군대가 낙오된 장병을 구출하듯이 정부가 국민을 보호하겠다는 미국의 경우가 약간 독특하기는 하지만, 재외국민에 대해 거의 아무런 책임을 지지 않는 정부로 유명한 대한민국 정부와는 분명 사회구성의 원리에서 차이가 있다. 미국에서는, 너무 커서 무한대의 조직으로 보이는 곳에서도 자신들의 구성원들에게는 "사랑한다"라고 말하고, 아무리 작고 무능해 보이는 구성원이라도 "나는 너를 끝까지 보호하겠다"라는 말을 종종 조직의 이름으로 한다. 세계에서 가장 큰 나라인 미국도 이러한 조직원리 덕분에 붕괴되지 않고 버티고 있는 셈이다.

　거대기업도 똑같이 "사랑한다"라는 말을 조직 구성원들에게 한다. 물론 이러한 사장 연설문을 작성하는 사람은 스태프 조직의 실무자들이겠지만, 누가 일부러 시키는 것도 아닌데 대부분의 기업들이 이런 미국 정부나 군대 사령관이 하는 말들을 한다. 이 '사랑'이라는 말에

★ 조직관리에서 '감시와 통제'는 가장 비용이 많이 드는 수단이다. 그보다는 차라리 '사랑'을 앞세우는 게 훨씬 조직에게는 이득이 된다.(<동아일보> 2008년 7월 17일자)

는 여러 가지 의미가 있겠지만, 가장 핵심적인 것은 조직비용의 문제이다. 조직 내부를 감시와 통제 구도로 만들었다가는, 코스식 표현대로 하면, 거래비용이 지나치게 높아진다. 만 명이 있는 조직을 '가족' 모델로 구성하거나 이게 힘들면 '군대' 모델이라도 차용하지 않으면, 만 명 중에서 수천 명은 다른 사람이 일을 하는지 안 하는지, 혹은 시키는 대로 업무가 진행되는지 아닌지를 감시하는 데 매달려야 할 것이다. 감시와 통제는 값싼 수단이 아니라 가장 고비용의 조직관리 수단이다. 이렇게 움직이는 조직은 시장경제에서는 조직비용의 상승으로 금방 파산하게 된다. 그래서 조직은 때때로 조직 구성원에게 사랑을 호소하고, 때로는 아버지의 모습으로, 때로는 연인의 모습으로 개인에게 다가간다. 물론 전형적인 '카사노바 게임'이다. 기업은 열심히 일하고 일한 만큼 돈을 벌어가는 곳이라는 설명은, 가족형 기업은 물론이고 최고 규모의 대기업을 두고 말할 때에도 무책임한 설명이다.

실제로 그렇게 자기 조직을 운용하는 기업은 세상에 존재하지 않는다. 이렇게 경영방침을 세웠던 새로운 조직들은 '쿨'하기는 하지만 오래가지는 못했다. 주먹구구식 기업도 오래 못 가지만, '쿨'한 기업도 오래 못 가기는 마찬가지다. 아닌가? 대기업 신입사원 연수장에서 벌어지는 훈련들을 환기해보기 바란다.

조직도 개인들을 어떻게 조직 내 위계관계 속에 성공적으로 끌어들여 최선을 다할 수 있게 만드느냐가 문제이지만, 개인도 나름으로 조직 내에서 살아남거나 승진을 하거나, 그게 아니라면 최소한 현재의 위치라도 지켜내거나 하는 다양한 개인전략들이 필요하게 된다. 물론 이러한 조직의 전략과 개인의 전략 사이에서 비대칭성이 발생한다는 건 분명한데, 경제학에서는 이 특수성을 설명하기 위해 상당히 오랫동안 세심한 이론장치들을 만들려고 시도해왔다. '내부 시장internal market'이라는 이론을 사용하기도 하고, '신뢰'라는 이론을 사용하기도 했는데, 그 대표적인 사례가 야근수당과 같은 소위 특근수당이 어떻게 결정되는가에 대한 이야기이다. 평균적으로 특근수당은 시간당 임금보다 높은 수준에서 결정된다.

만약 비대칭성이 전혀 없다면 모든 것은 소위 '단위생산성'에 의해 결정된다. 말하자면 조직원은 조직이 필요로 하는 만큼의 일을 하고, 조직은 그 사람이 기여한 것만큼을 딱 계산해서 생산성이라는 이름으로 부르고, 그만큼만 임금으로 줄 수 있다면 모든 것은 간단해진다. 만약 이게 가능하다면 굳이 조직비용과 조직관리라는 어려운 일을 해야 하는 기업을 만들 필요가 있을까? 만약 기업이 경제학원론 1장 1절에 나오는 대로 '한계생산성'에 따라 완벽하게 움직일 수 있다면 노동경제학도 필요 없을 것이고, 좌파의 그 복잡한 이론들도 필요 없었을 것이고, 조직론 같은 새로운 변화무쌍한 이론들은 더군다나 필요 없었을 것이다. 그러나 세상은 그렇게 움직이지 않았다.

조직은 언제나 너무 많은 돈을 주고 있다고 생각하고, 반대로 구성원들은 자신이 기여하는 것에 비해 너무 조금 받고 있다고 생각한다. 조직의 비대칭성이 그런 의식을 만드는 경향이 있다. 가끔은 "이 조직은 내가 하는 것보다 나에게 너무 많은 것을 준다"라며 행복해 하는 구성원이 등장하기도 한다. 이런 사람을 현대 계열사에서는 "조직을 잊지 못하는 불쌍한 그대"라고 불렀다. 마르크스의 착취 개념이 과학적인 정합성에 대한 논란이 있었음에도 오랫동안 살아남은 것은 바로 조직의 비대칭성과 관련되어 있기 때문이다. 개인들도 바보가 아니므로 최소한 자신들이 해준 것만큼 받기를 원하고 가능하다면 조금이라도 더 받고 싶어하는데, 조직은 더더군다나 바보가 아니라서 그렇게 달라는 대로 주는 일은 정부와 관련된 공공 부문 외에는 별로 없다. 특별한 조직적 장치가 개입하지 않는다면, 개인은 자신이 일한 것보다 덜 받았다고 주장하게 되어 있고, 조직은 일한 것보다 더 주었다고 생각하게 되어 있다. 교회 같은 경우에는, 중간에 예수님 같은 무한대의 속성을 가진 개념을 삽입하는 것으로 이러한 비대칭성을 완화한다. 그리고 군대의 경우에는 '국민들—한국의 경우에는 주로 '어머니'—이라고 하는 거의 절대치에 가까운 개념을 집어넣어서 비대칭성의 문제를 해소한다. 젊은 군인들에게 국민은 너무 먼 개념이지만, '어머니'는 직접적이며 피부에 와 닿는 말인 동시에 무한대의 개념이다. 공무원의 경우는 그만큼은 아니더라도 역시 '국민' 혹은 '공복' 같은 개념을 집어넣는다. "당신은 국민의 '복'이란 말이야!"

그런데 기업에서는 일반적으로 군대나 교회 조직처럼 '무한대의 버퍼buffer'를 삽입하는 방식을 사용하기가 쉽지 않다. 기업은 돈을 벌기 위한 조직이고, 기업에 모인 사람들은 결국 임금을 받기 위한 노동자라는 사실을 받아들이고 나면 그 중간 어디엔가 비경제적 속성을 가진 다른 버퍼를 끼워넣기가 어렵고, 결국은 조금이라도 덜 주려는 기업과 조금이라도 더 받으려는 구성원 사이에서 별도의 이데올로기가 만들어진다.

그러나 경제적 관계, 특히 기업 내부에서의 경제적 관계가 늘 이렇게 간단한 기계적 임금관계에 의해서 결정되는 것만은 아니다. 이를 입증한 대표적인 예가 야근수당과 같은 특근수당에 대한 분석이다. 전세계적으로 특근수당은 시간당 평균임금보다 높게 지급되는 경우가 많은데, 왜 그러겠는가? 이에 대한 여러 설명 가운데 대표적인 것이 '신뢰성'이라는 개념을 동원하는 방식이다. 이 경우를 노동경제학에서는 시간당 평균임금보다 높은 시간외수당을, 즉 조직이 먼저 더 많은 것을 주고 자발적으로 조직원의 협조를 구하는 경우라고 해석하기도 한다. 이를 등가교환이라는 측면으로 본다면, 노동자와 기업 사이에 등가교환이 이루어지고 있는 것인지 아닌지를 과학적으로 입증하기는 영원히 어려울 것이다.

물론 가끔은 조직에 자신이 주는 것보다 더 많이 받고 있다고 생각하는 사람들이 등장하기는 한다. 아마 일본이나 한국 기업의 경우에 이런 사람들이 더 많을 것이다. 이 두 나라는 전통적으로 임금을 노동생산성으로 결정하기보다는, 오랫동안 연공서열제에 의해, 그야말로 입사순, 즉 나이 순서로 임금을 주었다. 이런 나라들의 조직이 더욱더 가족관계에 가까워지는 것은 당연할 것이다. 평균임금을 결정하는 것과 개인들에게 생산성대로 임금을 주는 것은 또 전혀 다른 일인데, 이게 조직 차원에서는 전혀 다른 양상을 만들어낸다. 임금이 나이순으로 지급된다는 것이 아주 이상한가? 일본 자본주의와 한국 자본주의는 이렇게 나이에 따라 임금을 주던 시절에 전성기를 구가했다.

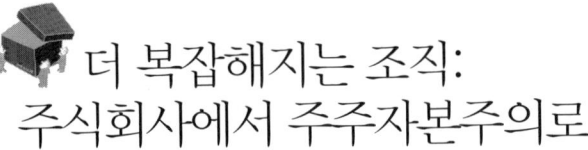 더 복잡해지는 조직: 주식회사에서 주주자본주의로

주식회사라는, 우리가 흔히 보는 기업의 형태는 아주 독특한 역사적 산물이다. 기업사 연구자들은 로마 시절에 원로들이 참여해서 만든 몇 개의 경제조직을 최초의 주식회사라고 분류하기도 하지만, 근대적인 의미에서 지금 우리가 보는 주식회사의 원형을 만든 사람들은 세계에서 가장 상업적인 사람들이라고 할 수 있는 네덜란드 사람들이었고, 최초의 주식회사는 바로 동인도회사였다. 이때의 주식회사는 지금 우리가 생각하는 것처럼 출자를 통해 많은 자금을 모으는 데 본래 뜻이 있었던 것이 아니라, 사업이 실패하여 파산할 때 출자자들에게 책임을 분산시키려는 데 목적이 있었다. 그 이전의 무한책임회사들은 회사가 파산하는 경우, 그 소유주들은 그야말로 무한대의 책임을 질 수밖에 없었다. 식민지 경영을 위해서 원거리 항해에 나설 경우, 왕실과 귀족들이 이에 필요한 자금은 댈 수 있지만, 그렇다고 실패할 때 발생하는 손실까지 전부 감당하기는 어려웠다. 말하자면, 말레이시아 같은 동남아의 커피 농장에서 발생할지도 모르는 폭동이나 혁명 같은 위험에 따르는 부담을 자신의 지분만큼만 책임지는 유한회사의 연장선상에서 새로운 형태의 경제조직이 생겨난 것이다. 이것이 바로 주식회사이다. 유럽의 제국주의 시절, 이러한 조직 모델은 대성공을 거두었고, 대영제국의 전성기와 함께 전세계로 퍼져 나갔다.(일본의 경우는 미쓰비시의 전신 가에야마가 최초의 주식회사였고, 한국의 경우 공식적으로는 구한말 설립된 천일은행이 최초의 주식회사이다.)

지금 민간기업의 대표적인 형식이 된 주식회사는, 사람들이 흔히 생각하는 것과는 달리, 별도의 주인을 두지 않는 것이 원래 형태이며, 무한책임회사와 주식회사는 사주의 성격이 전혀 다르다. 출자금의 규모가 커지면 반드시 주식회사가 되어야 한다고 생각하는 사람들이 있지만, 꼭 그런 법칙이 있는 건 아니다. 세계 최대의 곡물거래 회사이며, 그야말로 국제자원 시장의 가장 큰손이자 단일 업종으로는 세계에서 가장 큰 영향력을 가지고 있는 회사는 여전히 농민조합 형태인 카길사다. 협동조합의 형태를 유지하고 있는 이 회사는 외부에서 집요하게 상장을 요구하는데도 여전히 주식회사로 전환하고 있지 않다. 카길사가 상장을 통해 주식회사가 되지 않는 이유에 대해서는 여러 가지 설이 있지만, 상장한 기업은 경영 실태 공개 등 투명성에 대한 여러 가지 제도적 요구를 충족시켜야 하기 때문이라고 믿는 사람이 많다. 물론 실제로는 농민들의 모임이었던 협동조합의 원래 정신을 훼손하지 않기 위함이라는 소수설도 존재한다. 어쨌든 이런 카길사의 사례를 보면, 주식회사라는 형식이 반드시 규모와 연결되지는 않는다는 점을 금방 이해할 수 있다.

사실 주식회사는 그 형태나 운용방식 자체가 다른 형태의 회사에 비해 상당히 사회적인 성격을 가지고 있고, 다른 어떤 형태의 경제조직보다 복잡하고 까다로운 공개 절차 및 사회적 감시 체계를 가지고 있다. 그래서 주식회사는 1인 소유주가 존재하지 않고, 일종의 회의체(이사회)에 의해 운용되고, 중요한 결정은 소유관계에 있는 사람들이 모두 모이는 총회에서 결정하게 되어 있다. 주인이 무한의 책임과 동시에 전권을 갖는 무한책임회사와는 다른 방식으로 운용되는 주식회사는 그 자체로 상당히 민주주의적인 운용방식을 가지고 있고, 역사만을 따지면 프랑스혁명 이후의 민주주의 역사보다도 더 오랜 역사를 가지고 있는 셈이다.

근대적 민족국가를 형성한 공화국 체제가 1인1표제를 채택했다면, 이보다 더 오랜 기원을 가진 주식회사는 1주1표제를 가지고 있다. 당연히 주식이 많으면 발언권도 커진다. 이러한 주식회사 방식이 덜 민주적인가 하면, 주식회사 이전의 회사들과 비교했을 때 반드시 그렇지는 않다. 실제로 우리나라의 많은 공기업은 정부라는 1인 주주 형태이고, 주주총회에도 주주 대표로 정부의 담당관 한 명이 덜렁 나와 있는 경우도 많다. 물론 그렇다고 해서 이러한 1인 주주가 있는 주식회사 형태로 된 공기업의 운용이 그런 이유로 반드시 폐쇄적이고 독재로 움직일까? 꼭 그렇지는 않다. 우리나라 정부 자체가 민주주의 정부이고, 원칙적으로는 국회라는 입법기관을 통해 국민들이 그 운용에 개입할 수 있는 제도적 길이 열려 있기 때문이다. 오히려 그 편이 소액주주들이 주주총회장에서 멱살 잡혀 끌려 나오는 민망한 모습을 연출하는 경우보다 사실은 더 개방적인 경우도 많다.

다시 정리하면, 주식회사는 회사의 주인이 사실상 개인인 경우와, 우리가 이사회라고 부르는 일종의 회의체로 움직이는 경우가 있다. 이때 두 가지 중 어느 경우에도 주식회사의 조직원들은 그야말로 피고용자의 위상을 갖고, 이사회의 이사들을 제외하면 회사에서 일하는 사람들은 그야말로 근로계약서상의 '을乙'에 불과하다. 원칙적으로 노동자는 법적으로 조직과는 임금관계 외에는 아무런 상관이 없는 사람이다.

이렇게 오랫동안 운영되던 주식회사라는 방식에 1980~90년대 이후에 주주자본주의가 강화되는 현상과 함께 종업원지주제 같은 변형이 계속해서 등장하게 된다. 두 흐름은 사실 전혀 상반되는 두 가지 힘인 것 같지만, 본질적으로는 주식회사라는 특수한 형태를 둘러싸고 진행되는 '사회적 적응'이라는 동일한 흐름의 연장선상에 놓인다. 주주자본주의는 회사가 생산하는 생산물이 아니라 오히려 회사 자체가 생산물이 되는 현상이라고 할 수 있는데, 주주자본주의가 강화되면서 주식회사들은 주식을 통해서 자금을 조달하던 고전적 상황에서 탈피해, 이익금으로 자신의 주식을 매입하거나 소각하는 행위를 하게 된다. 주주들이 보유한 주식의 가치를 극대화하라고 이사회에서 경영방침을 결정하기 때문이다. 1980년대 미국에서 그랬고, 1990년대 유럽에서도 이런 일이 벌어졌으며, IMF 사태 이후 우리나라 회사들도 돈을 벌면 신규 투자를 하기보다는 자사의 주식을 매입해서 주식당 평가액을 높이는 일을 하기 시작했다. 이것은 사회에도 불리하고 조직 구성원에게도 불리한 반면, 대규모 주식 보유자들에게 더 유리한 게임이라고 할 수 있는데, 기업의 가치가 극대화되는 일에 대한 해석이 입장에 따라 달라진다.

주주자본주의라는 것은 누가 그렇게 하겠다고 먼저 선언한 것이 아니라 사후에 관찰된 현상이라고 할 수 있는데, 대표적인 현상은 설비투자를 비롯한 투자에 사용될 이익금을 당해 연도 주주들에게 배당

형태로 나누어주는 일과 자사의 주식을 매입해서 소각하는 경우라고
할 수 있다. 불과 10여 년 전만 해도 이러한 일이 한국에서도 이렇게
광범위하게 벌어질 것이라고 미처 예상하지 못
했다. 이런 과정에서 분식회계와 같이 장부를 속
이는 따위의 일을 제외하면, 주식회사의 주인이
라고 할 수 있는 이사회에서 결정한 사안을 외부
에서 누가 뭐라고 하기도 어렵다. 이 상황에서
최대 주주인 이른바 '오너'라는 사람들과 '스톡
옵션'과 같은 형태로 주식을 배당받게 된, 오너를
보필하는 이사진들, 그리고 역시 적지 않은 주식
을 보유한 사람들이나 기관들이 시세차익을 통
해 막대한 이익을 얻었고, 이 과정에서 피고용자
에 불과한 조직 구성원들과 사회 전체가 예상하
지 못했던 피해를 보게 되기도 한다.

─────── 대부분의 기업이 이
러한 주식회사 형태인 한국에서
'오너'라는 말은 사실 상당히 어
색한 말이다. 주식회사에서 원래
'소유자'란 한 사람이 아니라 이
사회를 뜻하며, 정말로 1인 오너
가 필요하다면 무한책임회사의
형태로 운용되는 것이 맞기 때문
이다. 서양의 경우에도 두 차례에
걸친 세계대전을 통해 많은 기업
이 명멸하면서 1인 지배체제를 갖
춘 회사들이 등장했는데, 다이너
마이트를 개발해서 대기업을 갖
게 된 노벨 같은 경우가 대표적인
사례이다. ───────

이러한 새로운 게임의 법칙에 대응하기 위해 종업원지주제와 같이,
회사의 구성원들도 직접 주식을 보유하여 자신들도 주주의 위치에서
좀 더 유리한 배당을 받기 위한 새로운 게임 방식이 도입되었다. 그리
하여 때로는 노동조합에서 직접 회사의 주식을 사들이기도 하고, 회
사가 새롭게 출자할 때 종업원들에게 주식의 일부를 배당하는 방식으
로 노동자의 지분을 늘리기도 했다. 그 결과 개별적으로 회사의 주식
을 사들이든, 노동자들이 조직적으로 주식을 사들이든, 이제는 전통
적인 사장-노동자라는 설명방식으로 단순하게 주식회사 형태의 조직
에 대한 소유 및 위계 관계를 설명하기가 더욱 어려워졌다. 한국에서
그럴 가능성은 별로 없지만, 만약 노동자들이 최대 주주가 된다면 어

떻게 될까?

그러나 외국에서는 이러한 일들이 실제로 벌어질 수 있다. 노동자들의 퇴직금을 일종의 퇴직기금으로 조성하는데, 몇몇 회사의 퇴직기금 등 노동자들의 연기금이 모이면 특정 회사의 지배 지분을 매입할 수 있는 규모가 되기도 한다. 정부가 운용하는 연기금의 경우도 이러한 권한을 행사할 수 있는데, 정부의 경우는 정치적 상황에 따라 조직 구성원에 해당하는 노동자의 편을 들어줄 수도 있고, 반대로 주주들의 편을 들어줄 수도 있다. 캐나다의 경우가 대표적으로 노동자의 편을 주로 들어주는 경우이다. 예전의 기업인수합병에 대한 논의에서 주로 등장하던 '흑기사' '백기사'라는 표현을 쓴다면, 노동자 기금의 적대적 진출에 대해 정부는, 회사 편으로 보면 흑기사 역할과 백기사 역할을 동시에 할 수 있는 것이다. 다시 말하면, 주주자본주의가 강화되면서 노동자들이 자신들에 대한 방어 메커니즘을 발동시킨 것이 종업원지주제이고, 그 가운데에서 정부가 가지고 있는 연기금이 일종의 캐스팅 보트 역할을 하게 된 것이 주식회사를 둘러싼 최근의 변화라고 할 수 있다.

현실적으로 주식회사를 둘러싼 메커니즘은 21세기에 들어와서 1980년대에는 상상하기 어려웠을 정도로 복잡하게 진화했다. 그리고 이런 복잡한 양상은 세계화 국면을 맞아 M&A 펀드가 강화되면서 이제는 되돌아갈 수 없을 정도로 더욱 복잡하게 진행되었다. 이제는 주주들이 주주자본주의를 강화하는 만큼 조직 구성원이라고 할 수 있는 노동자들도 종업원지주제를 더욱 강화하는 식의 대응 전략을 발전시키게 될 것이다. 사모 펀드(소수의 투자자들에게서 모은 자금을 주식·채권 등에 운용하는 펀드)에 불과한 '서버러스'가 미국 3위의 자동차 업체인 크라이슬러를 인수하는 일이 벌어질 것이라고 누가 2~3년 전에 감히 상상이나 했던가?

1980년 프랑스에 미테랑의 좌파 정부가 처음으로 출범했을 때, 프랑스 정부는 르노 자동차사와 같은 주요 기간산업의 주식을 사들이면서 국유화를 단행한 적이 있다. 국가가 특정 산업을 소유하는 독점기업처럼 움직인다는 면에서 프랑스 학자들은 이런 상황을 놓고 '국가독점자본주의'라고 불렀다. 물론 결국 시라크가 이끄는 우파들이 다시 국회 다수파를 차지하면서 이때의 국영화 국면은 종료되었고, 주요 기업들과 은행들의 주식은 다시 민간에 매각됐다. 그로부터 20년 만에 이번에는 종업원들이 국가라는 틀을 거치지 않고 자신들의 연기금으로 주식을 소유하는 새로운 흐름이 나타나기 시작했다. 물론 이러한 종업원지주제나 퇴직연기금의 규모가 아직 충분히 크지는 않지만, 주주자본주의의 강화와 함께 어쩔 수 없이 종업원들도 스스로 주주가 되려는 전략을 사용하는 게 자본주의 경제에서는 너무 당연한 일이기도 하다.

그런데 만약 종업원들이 최대 주주가 되면 대기업들은 어떻게 될까? 일부에서는 이 상황을 사회주의 요소가 강화되는 무서운 순간이 될 것이라고 예견하기도 하지만—학자들의 예견은 그렇다 치고—현실적으로는 지금에서 바뀔 건 별로 없을 것이다. 왜냐하면 새롭게 주주가 된 종업원들이라고 해서 다른 일반 주주와 전혀 다른 방식의 전략으로 새롭게 주식회사를 운영할 이유가 별로 없기 때문이다. 그래서 아직은 열려 있는 질문이기는 하다. 과연 지금은 단순 피고용인에 불과한 노동자들이 사실상 회사의 최대 주주가 되어 주요한 의사결정을 하게 된다면 세상이 어떻게 될까? 이에 대한 답은 결국 조직론이 가지고 있을 것이다. 미리 결정된 것은 아무것도 없다.

역사적으로 이와 비슷한 경험이 두 번 정도는 있다. 모두 크게 참고할 사례는 아니지만, 사회주의 국가에서 국영기업들의 경영방식이 이와 유사했는데, 그 결과는 참혹했다. WTO체제를 출범시킨 미국을 비롯한 서방세계의 음모와 공작이 과연 동구권의 국영기업들을 부패하게 만들고, 그들이 그렇게 형편없는 제품들을 만들도록 강요했던 걸까? 그렇게 보기는 어렵다. 한국에도 IMF 경제위기 이전의 기아자동차가 특별한 '오너' 없이 그야말로 국민기업에 가깝게 운영되었는데, 별로 좋은 결과로 끝나지는 않았다. 물론 아직도 기아의 일부 직원들은 당시 '봉고 신화'를 이어갈 카니발, 카렌스, 카스타 등의 출시를 앞두고 있었다면서 기아의 도산은 음모였다고 굳게 믿고 있다. 하지만 그야말로 국민경제가 결딴날 지경까지 갔던 외환위기가 이 국민기업 하나를 넘어뜨리기 위한 음모 때문에 발생했다고는 잘 믿기지 않는다. 기아의 사례는 기업의 속성만이 문제가 아니라 조직의 구체적인 작동방식에 관한 이야기에 더 가깝다.

우리는 주인과 피고용자, 혹은 자본과 노동, 이런 간단한 이분법만으로 기업이 잘 설명되지 않는, 아주 복잡한 시대를 맞고 있다. "악덕업주 물러나라"라는 표현이 1990년대까지는 유행했었다. 그런데 만약 주주가 개별적으로 분산되어 있는, 외국인들의 지분율이 50%가 넘는 기업이라든지 종업원들이 10%가 넘는 지분을 가지고 있는 경우, 혹은 아예 주인 자체가 없는 국민기업 혹은 '사회적 기업'(비영리조직과 영리기업의 중간 형태로, 사회적 목적을 추구하면서 영리활동을 수행하는 기업)의 형태라면, 도대체 누가 물러나야 할까? 이런 일들은 주식회사 체계에서도 이미 부분적으로 벌어졌던 일이고, 앞으로도 더 많이 생겨날 일이다.

조직 내부의 경쟁 1: 공식조직간의 경쟁

어느 조직에나 '조직도組織圖'라는 것이 존재한다. 경제학, 특히 제도경제학에서 얘기하는 '위계'는 사실 조직도에 관한 이론이다. 자본과 노동이라는 두 가지 변수, 혹은 1990년대 이후에 강조되는 기술을 포함해서 세 가지 변수만으로 기업을 이해할 수 있다면, 위계에 관한 분석이나 이해는 필요 없을 것이다. 아오키가 얘기한 미국형 기업과 일본형 기업에 대한 얘기 역시 정보구조라는 복잡한 이름을 달고 있지만, 사실 그건 조직도에 관한 이야기이다. 조직도가 바뀌면, 기업의 생산성은 물론이고 향후 진화의 방향이 바뀐다는 이 간단한 얘기를 경제학이 공식적으로 받아들이는 데에 상당히 긴 시간이 걸린 셈이다.

그렇다면 이 조직도는 어떻게 그리는 게 좋을까? 공식적으로는 이에 대해 특별한 원칙이 없지만, 일단 생겨난 조직도는 잘 바꾸지 않는 편이 조직의 안정성에 도움이 된다는 게 일반적인 견해다. 물론 한국은 대통령이 바뀔 때마다 새로운 정부조직도를 그리고, 마찬가지로 기업도 사장이 바뀌면 제일 먼저 하는 일이 조직 정비인데, 시쳇말로

"새 술은 새 부대에"라는 표현이 이럴 때 많이 사용된다. 그야말로 조직의 기본을 정비하는 것은 건축 설계에 해당하는 예술적인 일이지만, 많은 경우 실제로 이런 과정에서 피비린내 나는 혈투가 벌어진다. 때때로 권력이 무상하다는 말이 입에서 절로 나오게 된다.

어느 조직이나 공식적인 조직을 가지고 있다. 물론 한국에 이러한 공식적인 조직의 원형은 몇 가지 없다. 공무원 조직은 그야말로 판박이처럼 어느 부처를 가더라도 대부분 비슷하다. 외교부나 법무부 혹은 국정원처럼 하는 일이 일반 공무원들과는 조금 다른 조직들이 해외조직이나 지방조직을 직접 거느리면서 특별한 모습을 갖긴 하지만, 대부분 행정자치부에서 만들어주는 원형을 따라간다. 기업의 경우는 좀 다를 것 같지만, 사실 기업들도 경쟁중인 기업들의 조직도를 모방하기 때문에 지금에 와서는 중소기업이나 대기업이나 조직도는 별로 다르지 않다. 이름이 좀 다르다고 해서 기능에 엄청난 차이가 있는 건 아니다. 구조조정을 한다고 하면 비슷비슷한 조직들을 묶거나 업무 영역이 겹치는 부서들을 합치는 일이 많은데, 이게 꼭 필요한 일이냐고 누군가 물어보면 사실 누구도 쉽게 그렇다고 대답하기는 어렵다. 조직도에는 정답이 없기 때문이다.

이런 종류의 얘기를 가장 실감나게 했던 사람은 미국의 대표적인 사회학자인 탤컷 파슨스Talcott Parsons라고 할 수 있다. 시스템이라는 말을 사회에 적용시켜 유행시킨 게 바로 이 사람이다. 우리나라에서 파슨스류의 이론을 가장 효과적으로 활용한 사람은 바로 전두환이다. 그는 학생이든 직장인이든 각자 본분에 충실해야 나라가 잘된다고 말했다. 이 말의 원형은 파슨스의 '구조기능주의'라고 할 수 있다. 사회를 일종의 유기체로 본 파슨스의 말은 한국에 들어와서 "딴 데 신경

쓰지 말고 자기 일이나 하셔"로 변했다. 파슨스가 이런 얘기 하라고 만든 이론은 아니지만, 하여간 사회를 유기체로 보는 생물학적 접근이 이상하게 활용되면 독재자가 써먹기에 딱 좋은 주장이 된다.

파슨스는 모든 사회 시스템의 내부를 경제, 사회, 문화, 종교라는 네 가지 기능으로 나눌 수 있다고 얘기했다. 그는 이 간단한 네 가지 기능을 중심으로 로마 사회부터 미국 사회에 이르기까지 일련의 분석을 했고, 결국 프랑스나 독일에 비하면 후발주자였던 미국의 사회학을 지금의 반열에 올려놓았다. 파슨스는 모든 국가를 이런 네 가지 기능으로 분류할 수 있고, 또 각 기능을 수행하는 조직 내부도 다시 네 가지로 나눌 수 있다고 설정했는데, 지나치게 단순해 보이기는 해도 이런 방식은 조직론에 대한 일반이론으로 간편하게 활용될 수 있다.

예를 들어, 고려시대의 사찰을 생각해보자. 일반적으로 사찰은 종교적 기능을 담당한다. 물론 고려시대의 사찰은 경제활동은 물론이고 사회활동에도 폭넓게 관여했는데, 이때의 사회는 정치영역을 포함한다. 사찰에서는 종교가 주기능이지만, 그래도 먹고살아야 하기 때문에 경제문제를 담당하는 조직이 생겨나게 마련이다. 이와 마찬가지로 종교 내의 의사결정 등 사회적 관계를 처리하는 곳이라든지 수행과는 관계없는 여러 가지 문화활동을 담당하는 스님이 생겨나게 된다. 이런 것들이 유기적으로 작용하면서 일반적으로 절에서 할 수 있을 것이라고 생각하기 어려운 대장경 편찬 작업이 바로 이 고려시대의 사찰에서 수행될 수 있었다.

대표적인 조직 가운데 하나인 군대에도 특화된 기능을 담당하는 조직들이 있다. 문화는 물론, 종교를 담당하는 사람들도 군대에 있다. 군대의 경우는 목숨이 걸려 있는 직업이기 때문에 사회적 기능의 일부인 인사人事 같은 것이 중요해지고, 종교의 기능이 특별히 더 중요해질 수밖에 없다. 반면에 현대사회에서 단일 조직으로는 가장 강력한 조직인 정부가 알아서 돈을 마련해주니까 경제에 해당하는 기능들은 상대적으로 줄어든다. 따라서 군대에서 예산을 마련하고 배정하는 경제적 기능의 부서들은 여타 경제조직들의 경우와는 달리 인기 있는 부서가 아니다.(물론 야전사령관보다는 부차적인 기능에 해당하는 정보부처를 군인들이 더욱 선호하던 때도 우리나라에는 있었다.)

그렇다면 기업은 어떨까? 기업도 비슷한 기능들을 가지고 있는데, 우리나라 기업에서 종교의 기능은 상대적으로 약하지만 그 대신 창업자를 신처럼 모시는 기업들은 종종 발견된다. 어떤 사람들은 기업이 '시장'과 '경쟁'을 신처럼 모시지 않느냐고 하지만, 윌리엄슨이 지적했듯이 경쟁은 기업의 외부에서 벌어지는 일이고, 기업 내부에서는 경쟁이 극렬해지지 않도록 나름대로 경쟁을 제약한다. 조직 내부에서 경쟁이 너무 강해지면 조직원들이 너무 피곤해져서 버틸 수 없게 될 뿐더러, 정보의 흐름을 차단하는 막이 생겨나서 오히려 조직의 효율성을 떨어뜨린다. 이따금 공무원 조직이 기업 조직에 비해 비효율적이라고 지적받는 이유가 바로 이 '칸막이' 때문이다. 기업 내부에서도 경쟁이 비정상적으로 치열해지면 공무원 조직과 똑같이 '칸막이 현상'이 생겨난다. 그야말로 왼손이 하는 일을 오른손이 모르게 되는 일들이 벌어지는 것이다. 현대그룹에서 '왕자의 난'이라고 불리는 후계자 계승에 관한 사태가 벌어졌을 때에도 이와 유사한 상황이었다.

기업 내부에서 경쟁을 완화해야 하는 이유로는 정보 외에도 생산공정의 특성 자체를 거론할 수 있다. '컨베이어 벨트'의 등장으로 만들어진 포디즘의 특징 자체가 경쟁과는 별 상관없는 생산방식이었다.

컨베이어 벨트 위에서 만약 자기가 더 많이 만들 수 있다고 서로 속도 경쟁을 한다고 생각해보라. 불량률이 걷잡을 수 없이 높아질 것이고, 그래서 일부러 속도를 올리는 것은 사실상 '사보타주'에 해당하게 될 것이다. 결국에는 구성원들끼리 임금이나 승진을 위한 경쟁이 있다 하더라도, 조직은 경쟁을 완화하는 방향으로 진화하게 된다. 조직원들끼리의 경쟁을 조장하는 경우는 자동차 판매원 조직처럼 개별적으로 성과를 평가하는 일이 가능한 '병렬형 사업구조'에 국한된다. 경쟁 메커니즘이 조직 내부에서 제어되지 않은 상태로 작동하기 시작하면 조직의 전체적인 효율성은 급격하게 떨어진다. 아마 전세계 어떤 기업이라도 경쟁을 사훈으로 삼거나 조직의 모토로 삼는 경우는 없을 것이다. 제대로 된 조직에서 어떤 사장이나 어떤 단체장이라도 조직원들끼리 협력하고 서로 도우라고 말하지, 서로 경쟁하라고 말하지는 않는다.

그러나 조직 내부의 조직끼리는 경쟁을 시키지 않으려고 해도 경쟁이 벌어지게 되고, 때로는 과다한 경쟁으로 번진다. 성과급 도입이 과연 한국 기업조직의 경쟁력 개선에 도움이 되었는지에 대한 실증적 분석이 진행되기에는 조금 이른 시점이지만, 한 가지 주목할 만한 일은, 많은 조직에서 성과급을 개인 단위로 도입하기보다는 부서 단위로 도입한다는 점이다. 개별적으로 움직이는 팀이나 과 혹은 부 같은 단위 내부에서 경쟁이 심화되는 것은 대개 조직을 위해 좋지 않다. 그래서 경쟁을 통해 이기라고 하는 것은 조직 외부와의 관계에서이지, 조직 내부에서는 경쟁보다는 협조를 강조하는 게 대체적인 흐름이다.

조직 내에 있는 공식조직 사이에서 가장 빈번하게 발생하는 경쟁은, 소위 '라인 조직'과 '스태프 조직'이라고 부르는 일종의 참모조직과 실제로 생산기능을 수행하는 실무조직 사이의 경쟁이라고 할 수 있다. 건설회사의 경우 내근직과 외근직이 이런 관계를 형성하고, 기획부서와 사업부서 사이에서도 이와 유사한 관계가 형성된다. 이런 식으로 조직 내부가 분할되는 현상은 아무리 억제하려고 해도 생겨나게 마련인데, 가장 골치 아픈 일은 이런 조직 내부에서 "도대체 누가 일하고 있지?"라는 불평이 나오는 경우이다. 이를 컨설턴트들은 업무의 '비균일성'이라고 부르기도 하고, 정성적定性的, qualitative 차이가 있다고 표현하기도 한다. 정량적定量的, quantitative 방식으로 딱 떨어지지 않는 대부분의 업무에서 이런 종류의 어려움들이 생겨난다. 특히 우리나라에서도 포디즘 방식이 점점 줄어들고, 포스트 포디즘에 적합한 업무들인 특수 업무가 점점 더 늘어나는 추세이다. 이런 창조나 기획과 관련된 일들에서 이른바 '기여도'를 평가하는 일은 고도로 추상적인 경우가 많다. 이런 경우에 조직 내부에서 쉽게 합의될 수 있는 기준을 제시하지 않으면 당연히 어느 한쪽에서 불만이 생기게 마련이다.

건설회사 같은 경우에는 이런 문제의 발생을 줄이기 위해서, 실제 건설현장에 나가는 이른바 외근직에는 별도의 수당을 지급하고, 같은 이유로 내근직에는 더 적은 월급을 지급한다. 우리나라의 많은 대기업들은 건설회사가 모기업인 경우가 많은데, 오랫동안 비서실이나 기획조정실처럼 대표적인 스태프 라인에서 일한 사람들이 더 적은 월급을 받았다. 이런 월급의 차이가 정말로 구성원들의 개별적 생산성과 관련이 있을까? 오히려 그보다는 '그렇게 하지 않으면 누구나 편한 일을 하려고 한다'는 설명이 더욱 타당해 보인다. 이런 요소들은 생산성과는 별로 상관없고, 다만 조직이 잘 움직이기 위해 스스로 만들어낸 최소한의 균형장치라고 할 수 있다. 더 많은 사람들을 현장으로 보내기 위해 생겨난 '현장수당'과 같은 장치들은 그야말로 조직이 움직이기 위해 필요한 일종의 '조직비용'인 셈이다.

개인전략이라는 눈으로 본다면, 건설회사의 현장수당은 여러 가지 개인전략 사이에서 균형점을 찾은 경우라고 할 수 있다. 예를 들어, 더 많은 월급이 필요하면 건설현장에 나가는 편을 선택하고, 그렇지 않고 주거지를 일정하게 가지고 싶다면 월급이 더 적은 편을 선택하기 때문에, 어느 직무를 선택했다고 해서 언제나 유리한 상황은 발생하지 않는다. 월급과 근무지역 사이에서 적절한 균형이 발생하게 만든 이러한 해법은 개별 구성원들의 기계적 생산성과는 아무런 상관이 없다. 더 생산성이 높아서 현장에 투입한다는 것도 말이 안 되고, 생산성을 높이면 더 많은 월급을 준다는 것도 이러한 균형장치에서는 성립하지 않는다.

사실 개인들에게 '늘 이기는 전략'이 발생하지 않게 하는 것이 전체 조직비용을 줄이기 위해서는 가장 중요한 방법 중 하나이기는 하다. 실제로 조직을 구성하는 데 고민을 많이 하지 않는 경우 '늘 이기는 전략'이 종종 발생하게 된다. 공무원 조직에서는 종종 '황금 보직'이나 '한직'이란 게 나타나는데, 이를 조직론으로 해석하면 황금 보직의 등장은 곧 '늘 이기는 전략'의 등장이라고 할 수 있다. 임금과 같은 장치로 세밀하게 조절할 수 있는 민간기업이 아닌 정부조직에서는 이런 '구멍'들이 발생하는 것을 피하기 어렵다.

이와 유사한 이유로, 종신고용 체계에서 근속에 따른 호봉제로 임금이 결정되는 경우에도 '비非임금 인센티브'와 같은 것으로 세밀하게 조정하지 않으면 늘 이기는 개인전략들이 생겨난다. 이런 종류의 일들은 장기적으로 조직의 효율성은 물론, 기본 시스템의 구성에도 문제를 일으킨다. 한 가지 종류의 일을 계속해서 할 수 있는 전문가형 조직이 아닌 순환보직 형태로 조직을 운용하는 곳에서는 이런 종류의 오류가 조직 디자인에서 가장 큰 적이다. 국회의원으로 구성된 국회 역시 일종의 조직인데, 상임위원회를 선택할 때에도 똑같은 종류의 일이 벌어진다. 여기서도 인기 상임위원회가 있고, 그렇지 않은 곳이 있다. 법사위원회 같은 경우에는 모든 법률의 심사를 맡는 중요한 곳이지만 별다른 부수효과가 없어서 의원들이 가장 꺼리는 상임위 중 하나다. 국회 담당자들의 표현을 빌리면, 법사위원들에게는 "다른 상임위를 끼워주는" 일이 벌어지기도 한다. 사장이 시키는 대로 일하는 회사에서는 이런 일이 안 벌어질 것 같지만, 사람 사는 곳은 다 마찬가지이기 때문에 조직 디자인이 애초에 잘못된 시스템에서는 부작용이 어떤 방식으로든 생긴다. 순환보직제를 채택했던 일본과 한국의 조직에서 이런 종류의 문제가 벌어질 가능성은 매우 높다.

이런 일들을 경제학 용어를 빌려서 표현하면, 영역별 '기대수익의 평준화에 관한 문제'라고 할 수 있다. 어떤 것을 선택하더라도 장기적으로 기대할 수 있는 평균이익이 같아야 특정 보직에 대한 선호 현상이나 기피 현상이 사라진다. 시스템 이론의 개념으로 설명하면, 특정한 끌개attractor가 나타나서 초기에 출발점이 어디에 있든지 간에 대부분의 개인전략이 특정 지점으로 수렴된다고 표현할 수 있다. 누구나 가고 싶은 보직이 발생한다는 말이다. 이런 끌개와 같은 고정점들이 자꾸 등장하면 점 주변에 권력이 집중된다. 이때 고정점이 하나만 있는 경우에는 다른 조직에서 불평이 높아지지만, 수렴점이 여러 개로 나타나면 공개적으로 조직 내부에서 집단적인 전쟁이 시작될 가능성이 높아진다. 스태프 조직과 라인 조직 사이의 알력과 갈등이 이런 현상의 대표적인 예이긴 하지만, 이런 조직 특유의 현상은 공무원 조직이든 기업조직이든 기대수익이 균일하지 않은 조직에서는 대체로 등장하는 현상이다. 기업이라고 해서 특별히 예외는 아닌 것이다.

한국에서 이런 조직 내부의 갈등이 가장 공개적으로 드러났던 곳은 군대다. 정치군인이 활보하던 시대에 특정 보직의 기대수익이 엄청나게 높아지면서 이른바 현장 지휘관을 기피하는 현상이 벌어진 것은 1990년대까지도 공공연한 비밀이었다. "그러면 도대체 나라는 누가 지켜?" 이 질문은 오늘도 굉장히 많은 조직에서 튀어나온다. "도대체 물건은 누가 만들지?"에서부터 "판매는 누가 하지?"와 같이, 경쟁의 모습으로 치장되어 있지만 결국은 고정점 사이의 갈등에 불과한 알력들이 조직 내부에서 발생했다는 걸 보여주는 것이다.

어떤 방식으로든 조직은 조직 내부의 특정 기능을 담당하는 세부 조직들 사이의 경쟁을 줄이고 협력할 수 있는 제도와 조정장치들을 만드는데, 그렇다고 서로 경쟁하지 말라고 회사 정관에 써 넣을 수도 없고, 그렇다고 구성원의 입사 때 작성하는 계약서에 일일이 쓸 성격의 것도 아니다. 경제학에서 '암묵적 협약implicit convention'이라고 부르는 이것은 그야말로 전형적인 진화론적 설명의 대상이자, 조직관리에서 일반화하여 설명하기 어려운 대표적인 문제다. 따지고 보면, 고려시대의 '무신의 난' 같은 것도 이런 조직론 차원에서 충분히 설명이 가능한 현상이기도 하다.

특히 한국에서 외부 컨설턴트들이 조직에 손을 댈 때 가장 문제가 되는 게 바로 이런 암묵적 협약의 인지와 이해 여부이다. 이런 것들은 서류에 나오지 않기 때문에 같이 지내보지 않고서는 결코 알기가 어렵고, 그래서 대부분의 경우 무시된다. 좋은 컨설팅 회사라면 단 몇 달이라도 컨설턴트들이 같이 근무하면서 조직 내부의 미세한 흐름을 많은 대화를 통해 되도록이면 충분히 숙지하려고 하지만, 이렇게 하면 컨설팅 비용이 너무 높아지게 된다. 제대로 된 조직이라면 어떤 방식으로든 조직 내의 공식 기관들 사이에서 지나친 경쟁이 폭발적 갈등으로 번지지 않도록 나름의 장치들이나 암묵적 규약들이 생겨났을 텐데, 외부 컨설턴트들은 이런 내용을 알기 어려우므로 실제로 기존의 불안했던 균형들을 심각하게 무너뜨리는 처방을 내릴 가능성이 높다. 특히 한국에서 조직 컨설팅이란, 조직 시스템을 일관되게 유지하기 위해 진행되는 게 아니라 사실 기계적인 감원을 의미하는 구조조정만을 목표로 하는 경우가 대부분이다. 따라서 암묵적 협약 같은 진화의 결과로 생겨난 일종의 간접자산들이 그런 구조조정 과정에서 사라져버린다. 이는 결국 조직에 치명적 결과를 가져오고 만다. 사람들만 사라지는 게 아니라 침묵의 조절장치들이 같이 사라지기 때문이다.

여기에서 조직 내부의 심각한 딜레마가 등장한다. 조직 내부의 공식조직간에 갈등이 존재한다면 결국 조금은 중립적이라고 생각되는 외부 기관이 시스템 디자인을 하는 편이 낫지만, 이 경우에는 암묵적인 요소들이 고려되기가 어렵다는 난점이 있다. 그래서 내부의 정보와 보이지 않는 시스템에 대해서 잘 알고 있는 내부 조직에서 조직 디자인을 담당하는 것이 바람직하다. 하지만 과연 이것을 누가 할 것이고, 또 갈등관계에 있는 다른 조직원들이 그 정당성에 동의할 수 있겠는가?

이러한 문제점을 가장 쉽게 푸는 방식은 '절대자의 권위'를 빌리는 것이다.(한국 기업에서는 대개 '오너'라는 상징적 존재의 의지에 기대는 형태로 이 문제를 푼다.) 가능한 해법이기는 하지만, 이러한 해법은 언제나 불완전하다. 사실 우리나라 기업들이 '오너'를 강조하는 것은 반드시 최대 주주가 자신의 지분이 절대권위를 가질 정도로 높아서가 아니라, 기업 내부의 다양한 조직 사이의 갈등이 진화적으로 해소되려면 일종의 '내부화된 외부 권위'가 필요하기 때문이다. 이런 제3의 존재가 없다면 내부 조직 사이의 경쟁은 누구도 양보하지 않는 논리적 평행선을 달리게 된다.

역설적이지만, IMF 경제위기 이후 재벌 시스템 해체를 촉진하기 위해 새롭게 만들어진 구조조정본부(구조본)에서는 누가 근무했을까? 혹시 이 임시적이고 특수한 내부 조직이 '늘 이기는 방법'을 일부 구성원에게 제공하는 황금 보직을 형성한 게 아닐까? 사람들이 이 구조본을 종종 '왕당파'라고 부르는 것은 조직론에서 이론적 근거가 있는 말이다. 물론 아주 넓은 시각으로 보면, 장기적으로 구조본에 근무하는 것은 감옥에 가게 될 위험이라는 매우 큰 개인적 짐을 지는 일이다. 그러니 어쩌면 자발적 균형이 이를 움직이고 있다고 생각할 수도 있겠다.

조직 내부의 경쟁 2: 비공식조직간의 경쟁

사람이 몸담고 있는 조직에서는 여러 가지 자발적 조직이 생겨나게 마련이다. '자기진화적 복잡계self-evolving complex system'라는 용어는 21세기 경제이론 중에서 맨 앞에 있는 매력적인 개념인데, 단적으로 말해 조직 내부에도 수많은 자발적 복잡계들이 생겨난다는 이론이다. 아무리 균일한 집단을 구성해도 소그룹이 여러 개 생겨나서 자연스럽게 조직 내부에 비균일성을 만들게 된다는 뜻이다. 즉, 사람들이 모이면 누군가 일부러 디자인하거나 구성하지 않아도 조그만 소집단들이 생겨난다. 하다못해 커피 자판기 앞에서 이루어지는 잠깐의 잡담에서도 소그룹이 생겨나고, 담배를 같이 피우는 사람들끼리도 매우 빨리 동질성에 의한 그룹이 형성된다. 한때는 대선 후보로까지 거론되었던 어느 고위 공무원이 사무관이나 서기관에게 담배 빌리는 것으로 내부 조직 관리를 했다는 유명한 일화도 있다. 담배를 빌려주는 관계는 이미 매우 친밀한 관계이다. 사법고시를 통과한 매우 균질한 집단의 경우에도 사법연수원에서 자연스럽게 몇 가지 그룹을 형성한다. 기업과 같은 경제조직의 경우에 이런 현상은 자연스러운 것이다. 경제학에서 사용하는 '신뢰'라는 일종의 상징적 자산을 통해 설명하면, 신뢰라는 자산을 공유하며 서로 믿을 수 있는 관계가 모든 구성원에게 동등하게 작용하지는 않기 때문이다. 이렇듯 큰 집단이 여러 개의 소그룹으로 나뉘는 것이 그 자체로서는 이상한 일이 아니다.

조직론에 관한 일련의 길을 처음 열었던 코스의 거래비용 이론에 따르면, 구소련은 국가 자체가 일종의 거대한 국민기업과 마찬가지였던 셈이다. 코스는 모든 것이 내부화되어 시장에서 발생하는 거래비용을 내부화를 통해 획기적으로 낮출 수 있는 효율적인 시스템이 될 수도 있었다고 지적한다. 그러나 이 시스템은 결국 붕괴했다. 내부화가 지나치게 진행되면, 그 안에서 조화를 이루거나 통제되기 어려운 소그룹들이 일종의 비공식조직으로 자리 잡게 되기 때문이다. 그래서 정치를 전문으로 하는 조직인 정당의 경우, 이러한 문제를 해소하기 위해 정파를 공식화하여 그 안에서 경쟁에 의한 질서를 세우는 장치를 만들기도 한다. 그런데 생각보다 복잡한 소그룹 문제는 인류 역사의 보편적 문제라고 할 정도로 그 해법을 제시하기가 어려운 문제다.

자본주의 이후의 역사 발전단계라고 많은 사람들이 믿었던 소비에트 체제를 밑에서부터 붕괴시킨 근본 요인은 사실 조직론 차원에서 볼 때 이 '소그룹 조절의 실패'라고 해도 과언이 아니다. 흔히 당 간부라고 표현되는 비공식 특권계층이 등장한 건 어쩌면 모든 것이 내부화된 사회에서는 필연적이다. 그런 점에서 하이에크의 사회주의 비판이 전혀 무의미한 건 아니다. 사실 사람들이 만들어낸 여러 제도 가운데 비공식조직들이 등장하는 비밀스러운 세계를 통제하기에 가장 효율석이고 그런대로 안정적인 제도는 '시장'일지도 모른다. 시장은 상

★ 로널드 코스는 구소련을 하나의 거대한 국민기업으로 보고, 거대조직 시스템으로 거래비용을 좀 낮출 수도 있었다고 생각했다. 하지만 구소련의 시스템은 부정하게 위한 경제와 내부 조직을 국가가 도저히 통제할 수 없는 상황에 이르러 결국 붕괴하고 말았다.(『조선일보』 1990년 4월 18일자)

품가격이라는 정보와 상품의 질이라는 정보를 위주로 움직이기 때문에 '대면관계'에서 생겨날 수 있는 부작용으로부터 사회구성원들을 보호하는 역할을 하는 측면이 분명히 있다. 하이에크는 권력화된, 믿을 수 없는 개인들보다는 차라리 변덕스럽지만 음침하지 않은, 시장이라는 비인격화된 장치에 조절을 맡기자고 주장한 셈이다. 이런 점에서 개인들의 변하지 않는 신념은 자본의 이윤 추구보다 더 무서울 수도 있다.

기업의 내부는 아무리 경쟁의 법칙을 새롭게 도입하거나 효율성을 최고의 기준으로 제시한다 해도 결국은 조직의 세계이다. 이 속에서는 시장의 원리가 일단 정지하거나 굴절되고, 조직이라는 특수한 원칙들이 움직인다. 조직 내부에서 경쟁한다고 해도 이는 시장을 모방한 '의태'에 불과하고, 완전경쟁 시장에서와 같은 무한경쟁은 발생하지 않는다. 그래서 조직 내부의 경쟁은 제도일 뿐이다. 다른 모든 사회조직에서 소그룹이 생겨나는 것처럼 기업 내부에서도 소그룹은 자연스럽게 생겨난다. 기업의 피고용자들은 계약관계에 의해 움직인다고는 하지만, 사실 조직의 틀 내로 들어오는 순간 어떤 의미에서 경쟁은 제한되고 제도적 관계가 더욱 중요해진다.

기업 내부에서 공식조직이 아닌 형태로 움직이는 조직들을 우선 모두 '비공식조직'이라고 부르자. 시장의 논리만으로 보더라도 조직 내의 개인들은 소그룹을 형성하거나 소그룹의 '피부'를 빌리는 편이 개인에게 유리하다. 기계적으로 해석된 경제적 합리성은 소그룹과 연계되었을 때 자신이 얻을 수 있는 이익과 비용에 관련되어 있다고 할 수 있다. 사실 기업 내부에서 이런 비공식조직과 연루되었다고 해서 특별히 지불해야 할 비용은 없는 셈이므로 큰 조직일수록 비공식조직들이 많이 생겨난다. 시장경제 체제에서도 이런 비공식조직들이 생겨나는 것을 원천적으로 방지하거나 줄이기는 어렵다. 조직 내부에서 이런 비공식조직들이 등장하면 결국 주요 보직과 주요 의사결정을 담당하는 자리를 놓고 소그룹 사이에서 알게 모르게 경쟁이 벌어진다. 좋은 조직이란 이러한 비공식조직 사이의 경쟁이 전체에 해를 끼치지 않도록 조절할 수 있는 조직일 것이다.

그러나 실제로 우리나라의 많은 조직들은 아직 이러한 비공식조직의 문제를 해소할 정도로 조직관리 능력이나 기법을 갖추고 있지 못한 경우가 많다. 예컨대, 현대그룹은 두 군데 특정 고등학교 출신들이 거의 모든 구성원이 알 정도로 비공식조직을 만들었고, 그룹이 두 개로 분리될 때 고급 간부들이 출신 고등학교를 따라 움직였다. 대학의 경우, 특정 대학 출신들이 비공식조직을 형성하는 경우를 찾는 것보다 오히려 그렇지 않은 경우를 찾는 것이 더 빠를 정도다. 김우중 전 회장이 '세계경영'이라는 모토를 내걸던 시절, 대우그룹에는 연세대학교 상대 출신이 많이 포진하고 있었는데, 이때도 역시 자연스럽게 비공식조직이 형성되었다. 이렇듯 특정 지역 출신들이 주요 권력 그룹을 형성하는 조직은 우리나라에는 너무 많아서, 그렇지 않은 기업이 오히려 주목의 대상이 될 정도다.(공무원 조직이라고 해서 예외는 아니지만, 공무원과 같이 폐쇄성과 균질성이 높은 조직의 경우에는 소그룹 사이의 경쟁을 통해 묘한 균형을 찾아나가는 경우가 많다. 물론 특정 부처에서 독특한 장관이 등장해서 이런 세력균형이 일시적으로 무너지는 경우도 종종 관찰된다.)

한국 기업에서 비공식조직 사이에 일어나는 대표적인 갈등 사례는 문과와 이과의 갈등이라고 불리기도 하고, 상경계열과 이공계열 사이의 갈등이라고도 불리는 문제다. 이 문제는 기업 내부에서 발생한 문제가 결국 국민경제 전체의 교육체계 문제로까지 확대된 경우이며, 어떤 종류의 지식을 갖는 사람이 기업의 경영권을 갖는 것이 좋은가에 대한 질문과 관련되어 있다.(이공계 출신의 엔지니어 경영자들을 매우 적극적으로 보호하지 않으면 상경계열 출신들이 자신들만의 균일한 집단을 만드는 방향으로 진화할 가능성이 대단히 높고, 실제로도 그렇게 진행되었다.) 물론 "돈 잘 버는 사람이 하면 되잖아?"라고 간단히 답할 수도 있겠지만, 실제 조직에서는 이 명제의 해석이 다양할 수밖에 없다. 이 문제의 사회적 해법을 찾기 위해 외국에서 도입한 제도가 바로 MBA(경영학 석사)인데, 원래는 이공계와 인문계를 비롯해 고유한 전문지식을 가진 사람들이 회사의 경영이라는 특수한 문제에 익숙해지도록 일종의 오리엔테이션을 위해 만들어진 제도이다. 그런데 한국에서는 별도의 오리엔테이션이 필요 없는 상경계열 졸업생들이 다시 MBA 과정을 밟는 기형적인 일이 벌어진다. 가장 해묵은 문제이고 또 가장 흔히 보는 현상이지만, 이 문제는 학부 과정에서 상경계열을 폐지하지 않는 이상 아마도 대부분의 한국 기업들이 영원히 안고 가야 하는 사회적 짐이 될 것이다.

내부의 비공식조직 사이의 갈등이라는 사소한 문제가 실제로는 생산성의 10~20% 정도는 쉽게 좌우할 정도로 중요한 요소가 되는 것은, 당연하게도 기업 역시 다른 사회조직과 마찬가지로 조직으로서의 속성을 가지고 있기 때문이다. 구성원 사이의 경쟁 수준을 기계적으로 높이면, 오히려 여기에 대응하는 개인들은 소그룹을 만들어 소그룹 사이의 경쟁으로 전환시키면서 자신을 둘러싼 직접적 경쟁을 줄이는 방향으로 진화하는 대응전략을 사용한다. '더 높은 생산성'을 잣대로 조직 구성원 사이의 경쟁을 촉진하기 위해 IMF 이후에 도입된 인센티브제 등 새로운 제도들이 경영자들이 기대했던, 경쟁을 통한 생산성 향상으로 나타나는 것이 아니라 오히려 소그룹의 등장이 생산적인 경쟁을 제약하는 방향으로 진화했다는 사실은, 우리가 지난 10년 동안 목격한 바다.

경쟁이 없어도 소그룹이 강화되고, 경쟁이 강해지면 소그룹이 더욱 강화되는 이 특이한 현상은 전체적으로 기업 내부의 다양성을 줄이는 힘으로 작동하여 결국 조직의 효율성과 창조성을 급격히 떨어뜨린다. 사실 사람들이 만드는 모든 조직은 내버려두면 다양성을 줄이고, 공개적인 경쟁보다는 음성적 결탁을 높이는 방향으로 진화한다. 기업에서만 이런 일이 벌어지는 건 아니다. 우리나라의 많은 시민단체들도 그 역사가 10년이 넘어가면서 '왕당파 현상'이 벌어지는 것이 종종 목격된다. 대형 교회들 역시 왕당파와 비왕당파 사이의 경쟁이 심해지고 있다.

일반화하기는 어렵지만, 우리나라의 조직들은 경제조직이든 비경제조직이든 보통은 생긴 지 5년이 지나면 내부에서 비공식조직들이 제어하기 어려울 정도로 커진다. 10년이 되면, 이런 비공식조직들 사이의 갈등에 의해 조직의 존폐를 두고 논란을 벌일 정도로 심각한 위기를 한번쯤 겪게 된다. IMF 경제위기로 우리나라의 많은 기업들이 대규모의 구조조정을 겪은 지 이제 10년이 된다. 흐름상 이런 비공식조직의 경쟁이 극심해질 시점이다. 실제로 기업 내부의 의사결정 과정에서 발생하는 이런 파열음이 때때로 외부로 들려올 정도로 문제가 점점 커지는 것을 관찰할 수 있다. IMF 경제위기 이전, 소위 재벌 시절에는 내부 비공개조직의 문제를 새로운 계열사를 만들어 분사해 나가는 방식, 즉 조직의 외연을 병렬적으로 확대하는 방식으로 주로 해소했었다. 그러나 이제는 우리나라 대기업들은 이런 방식으로 조직 내부의 문제를 해소할 수가 없다. 점점 누적되어가는 내부의 문제를 이제는 진짜 내부에서 풀어야 하는 어려운 상황을 맞은 셈이다.

사회 전체적으로 절차적 의미의 민주주의 수준이 높아진다고 해서 기업 내부의 민주주의까지 기계적으로 높아진다고 말하기는 어렵다. 비공식조직들이 점점 늘어나고 다양한 소그룹 사이의 보이지 않는 경쟁이 조율되지 않을 때 가장 손쉬운 해결책은, 앞서 말했듯, '오너'의 권위를 빌려오는 것이다. 손쉽긴 하지만 그다지 민주적인 방식은 아니다. 전경련을 비롯한 대기업을 대변하는 집단에서 '오너 경영'이 더 효율적이라고 주장하는 말에는 시스템의 내부 문제를 그런 방식으로밖에 해결할 수 없는 우리나라 경제조직들의 진실이 일부 담겨 있다고 할 수 있다. 그런 점에서 실물경제 담당자들이 '주인 없는 기업'은 곤란하다고 말하는 것도 조직론의 관점에서는 충분히 이해가 되는 일이다. 그러나 이러한 해법은 진화론적으로 불완전한 해법이다. 적절한 암묵적 제도나 투명한 규율은 만들어지지 않고, 매번 권위에 의한 개입을 필요로 하기 때문이다. 게다가 이런 방식으로는 조직 내에 숨은 정보의 정상적인 흐름을 비롯해 조직이 가진 잠재성을 협동을 통해 끌어내기도 어렵다.

극복될 수 없는 종류의 위기:
절이 싫으면 중이 떠나라

정부조직과 민간기업은 조직유형은 유사해 보여도 많은 차이점이 있다. 이런 차이점을 설명하는 방식에는 여러 가지가 있겠으나, 가장 큰 것은 '영속성'의 차이다. 물론 미래를 배경으로 한 영화에서 코카콜라나 소니 같은 상표가 등장하기도 하듯이, 정부보다 오래 버틸 것 같은 기업이 있기는 하다. 그러나 일반적으로 민간기업은 영원하기가 어렵지만 정부는 영원히 지속되는 존재라고 가정한다. 물론 국가가 망하기도 하고, 다른 나라에 부속되기도 한다. 그럼에도 불구하고 영속성은 기본적으로 정부에 해당하는 가설이다. 신용화폐, 즉 상품화폐가 아닌 요즘 우리가 보는 종이화폐에 대한 첫번째 정의가 바로 이 영속성에 대한 정의다. 만약에 정부가 망한다면 아무도 정부가 유통을 보증하는 화폐를 쓰려고 하지 않을 것이다. 역사적으로도 금이나 은 혹은 쌀과 같은 상품화폐가 아니라 신용화폐가 정착되기 위해서는 국민국가가 안정적으로 자리 잡아야 한다는 걸 사람들이 인정하고, 또 이 정부가 '영속'할 것이라는 사실을 일반적으로 받아들인 다음이었다.

국제적으로 금태환金兌換 제도 대신 지금의 달러 본위가 정착된 것도 40년이 채 되지 않는다.

민간기업의 영속성 가설은 사회적으로는 잘 받아들여지지 않는다. 아주 큰 대기업들은 영원히 존재할 것 같아 보이지만, 그렇다고 해도 정부에 대해 국민들이 인정하는 정도의 영속성과는 비교할 수가 없다. 그렇기 때문에 민간기업에서 조직 구성원들이 조직에 대해 생각하는 기본자세가 다르고, 그와 동시에 개인적인 대응전략에 근본적인 차이가 생긴다. 영원히 계속될 조직과 영원히 계속되지 않을 조직을 대하는 개인들의 생각과 행동이 다를 것은 당연한 일이다.

영속성의 가설을 누릴 수 있는 조직들은 정부 행정기관이나 법원, 군대와 같은 국가에 속하는 조직들이 대표적이다. 교회나 성당, 절 같은 오래된 종교기관들도 영속성의 가정을 누릴 수 있다. 물론 굳이 차이를 찾자면, 교구제로 움직이는 성당과 개별적으로 운용되는 개신교 교회 사이에는 차이가 있겠지만, 이런 종교기관은 일반적으로 파산의 대상이 아니다. 교단, 나아가 종교 자체가 몰락하는 경우란 거의 없다. 동창회나 향우회 같은 조직도 일반적으로는 영속성의 가설을 누릴 수 있다. 이런 종류의 조직은 가입과 탈퇴가 불가능하고, 아무런 활동이 없더라도 기업의 파산과 비슷한 일은 일어나지 않는다. 설령 출신 학교가 문을 닫더라도 이미 졸업한 사람들의 모임은 그 사람들의 수명 범위 내에서는 영원할 수 있다.

이런 면에서 기업이라는 조직은 상당히 한시적이고, 그래서 기업에게 '영속성'에 대한 일종의 암묵적 믿음은 이 조직이 정상적으로 경제활동을 하기 위해서 필요한 최고의 가설이라고 하지 않을 수 없다. 정보경제학(정보의 가치·생산·유통·이용에 관한 학문)에서는 이런 속성을 '브랜드'라고 표현하는데, 기업이 가질 수 있는 최고의 브랜드는 '영원할 것'이라는 이미지를 갖는 것이라고 할 수 있다. 그래서 공기업 시절의 포항제철이나 한국전력이 누렸던 조직으로서의 영광은 단순히 월급의 액수만으로 환산되지는 않는다.

  기업이 자신의 크기를 키우는 것이나 줄이는 것 양쪽 모두가 생존 전략인데, 이를 약간 점잖게 표현하면 영속성을 달성하기 위한 전략의 일환이라고 할 수 있다. 원칙적으로 기업은 활동 분야가 국한되지 않으며, 수평적 외연 확대나 수직적 외연 확대를 통해 어느 분야로든 진출할 수 있고, 사업하는 방식도 얼마든지 전환할 수 있다. 물론 기업에도 정관은 있지만, 문서로 작성된 정관이야 바꾸면 그만이다.

  "절이 싫으면 중이 떠나라"라는 말이 있다. 이 표현은 영속성을 가진 기관이 자기네 구성원에게 하는 말이다. 조직론이라는 관점에서 볼 때 이 말은 진화론적 해석의 여지가 있다. 이런 말이 빈번하게 등장한다는 건 잠김 현상 lock-in 이 나타나 변화된 조직에 적응하는 문제가 드러날 때라는 걸 말해준다. 즉, '지켜야 할 것'과 '바꿔야 할 것'이 구조적인 갈등을 보이는 순간에 이런 표현이 그럴듯해 보이는 상황이 연출된다. 때때로 개인들과 조직 사이에 존재하는 제도나 문화와 같은 것들이 '절'로 나타나기도 하고, 언어와 같이 개인이 선택할 수 없는 구조가 '절'이 되기도 한다. 모국어가 영어가 아닌 점이 불편하더라도 개인이 자기 언어로 영어를 선택할 수 없는 경우가 종종 있는데, 이럴 때에도 "중이 떠나라"라고 말하면 참 난감하다.

> 진화경제학에서 사용하는 개념으로, 더 좋은 기술적 표준이 있음에도 불구하고 이를 채택할 수 없는 경우를 주로 지칭한다. 예를 들면, 현재 우리가 쓰고 있는 컴퓨터의 'QWERTY 자판'보다 효율적인 자판이 있음에도 불구하고, 이런 새로운 표준을 채택할 수 없는 경우에 잠김 현상이 벌어진다고 한다.

기업의 경우에도 "절이 싫으면 중이 떠나라"는 말이 맞을까? 기업의 규모와 구성원의 성격에 따라 다를 수 있지만, 주식회사의 경우 이런 말들이 조직 내부에서 나오기 시작한다는 것은 아주 좋지 않은 신호다. 일견 맞는 말 같아 보이지만, 영속성이 보장되지 않아 언제 문을 닫을지 모르는 조직에서 이런 말이 나오기 시작하는 때는 대개 조직 내부의 비공식조직들 사이의 갈등이 아주 심해진 순간이다.

제대로 된 조직은 비록 해고를 할지라도 마지막 순간까지 "당신이 정말로 필요하다"라고 말한다. 왜냐하면 누군가 떠나기로 마음먹은 순간부터 개인전략과 조직의 이해가 일치할 여지가 상당히 축소되기 때문이다. 비인간적일지 몰라도 기업이 그를 꼭 내보내야 한다면, 마지막 순간까지 "당신이 꼭 필요하다"라고 말하고, 정리할 시간의 여지를 주지 않고 내보내는 것이 조직을 위해서는 최적의 전략인 셈이다. 잔인하지만 이게 현실이다. 그래서 조직은 절대로 조직의 이름을 걸고 공식적으로 "절이 싫으면 중이 떠나라"라는 말을 하지 않는다. 이런 말을 하는 사람은 조직을 장악하고 싶은 비공식조직의 구성원들이다.

이렇게 '절을 고치려는 사람'들이 하나씩 짐을 싸서 나가기 시작하는 일이, 영속성이 확보되지 않은 조직이 붕괴하게 되는 가장 보편적인 경우다. 냉정하게 얘기하면, 떠나라는 말이 들려오기 시작하면, 조직의 구성원 중 개인적 자산과 상징적 자산이 가장 많은 순서대로 떠나는 것이 경제적 합리성에 맞다. 즉, 받아줄 곳이 있는 사람부터, 객관적으로 능력을 인정받을 수 있는 사람부터 떠난다. 훌륭한 스님이 떠난 절이 결국 폐허가 되는 것처럼 "절이 싫으면 중이 떠나라"라는 목소리가 점점 커지는 조직은 결국 붕괴한다.

시장 여건의 변화 때문에 매출액이 급감하는 것처럼 조직 내부와는 아무런 상관없이 외부 요인 때문에 위기가 오는 경우도 있다. 이때 가능한 여러 수단을 쓰다가 안 되면 결국 인원을 줄이게 된다. 이 순간이 조직으로서는 가장 큰 위기인데, 많은 경우 조직이 붙잡고 싶은 사람들이 주로 떠나고, 조직 내에서 많은 사람들이 저 사람은 떠났어야 한다고 생각하는 사람들이 남게 된다. 그래서 몇 번의 구조조정을 거치면 결국 껍데기만 남은 조직이 되기 십상이다. 참 어려운 일인데, 정말로 조직에 기여한 사람이 누구인지를 여러 가지 측면에서 정확하게 알려줄 수 있는 지표는, 경제학은 물론이고 경영학에서도 아직 제대로 만들어내지 못했다.

개인자산이 아니라 개인전략을 가지고도 이와 똑같은 현상을 설명할 수 있다. 같은 에너지를 사용한다고 할 때, 개인자산이 많은 사람은 조직 전체를 위해 자신의 에너지를 사용하지만, 그 반대의 경우는 자기 보호를 위해 에너지를 사용한다. 그러나 개인 보호 전략을 특화하여 특수하게 진화한 구성원들을 평가할 수 있는 고급스러운 업무평가 방식은 아직 세상에 존재하지 않는다. 이런 종류의 위기는 극복될 수 없는 종류의 위기다. 대체로 새로운 암묵적 약속이나 제도가 등장해서 조직의 균형을 찾아가는 속도보다 붕괴의 속도가 더 빨리 진행되기 때문이다.

이번에는 이 문제를 사장의 눈으로 한번 살펴보자. 자신이 모르는 사이에 회사 안에서 조직 구성원들끼리 "절이 싫으면 중이 떠나라" 하고 수군거리고 있다면, 이 안에서 정보순환이니 기술축적이니 지식경영이니 하는 고급스러운 용어들은 모두 허깨비 놀음이 된다. 떠나기 전에 중요한 기술이라도 외국이나 경쟁 업체에 넘기겠다는 음침한 흐름이 순식간에 조직을 가득 채우고 있지만, 아무도 이러한 심경의 변화를 입 밖으로 낼 사람은 없다. 그러기에 마지막 순간이 올 때까지도 어떤 일이 진행되고 있는지 사장은 알 길이 없다. 만약에 "절이 싫으면 중이 떠나라"라는 말이 조직에서 나오고 있다는 것을 어떤 경로로든 들었다면, 진지하게 조직 컨설팅을 받아야 할 순간이 온 셈이다. 이런 종류의 일은 그래도 경험이 많은 외부인이나 노련한 전문가의 도움을 받는 편이 낫다.

  기업은 내버려두면 알아서 다 잘할 것이라고 철석같이 믿는 사람들이 가끔 있다. 그렇지는 않다. 그렇다면 아무래도 쓸데없는 돈을 버리는 것 같아 보이는 컨설팅 회사들, 특히 조직과 관련된 컨설팅이 미국이나 유럽에서 성업중인 이유가 뭐겠는가. 기업 내부에서 알기 어려운, 조직 자체가 가진 특수한 속성들이 있기 때문이다. 그리고 우리는 아직도 조직이 가지고 있는 복합적 속성에 대해 잘 모른다. 조직 내부에서 발생하는 수많은 비공식조직 사이의 경쟁을 적절하게 제어하지 못하면, 결국 왕당파 혹은 개혁파임을 자처하는 사람들 사이의 요상한 경쟁이 극대화되면서 중이 한 명씩 차례로 떠나는 절이 되고 만다. 그리고 남은 폐허 속에는 "잘 먹고 잘 살아라"라는 말만 맴돌고 있을 것이다.

2장
돈 장사와 사람 장사

★ 2장에서는 기업을 조직으로 보는 몇 가지 시각과 유형 분석을 시도할 것이다. 이러한 이해를 바탕으로 IMF 경제위기 이후 한국의 기업들이 새롭게 맞이하게 된 세 가지 종류의 위기를 '돈 장사'와 '사람 장사'라는 개념으로써 분석하게 될 것이다. ★

창업을 위한 사회적 자산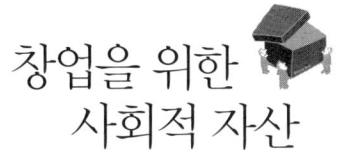

세상에 존재하는 모든 조직은 긍정적이든 부정적이든 경제적 기능들을 가지고 있다. 그 기능들은 재화와 서비스라는, 경제학이 고전적으로 사용하는 상품 구분의 두 기준을 적용해 분류할 수 있다. 헌데 기업이라고 부르는 조직의 역할은 오로지 돈을 버는 데 있을까? 시각에 따라서 다를 수 있지만, 재화와 서비스라고 부르는 상품을 생산하는 게 사실은 기업의 주요 기능이다. 물론 이러한 생산활동이 반드시 '돈을 버는 행위'와 기계적으로 등치되는 건 아니다. 전통적으로 중동 지역에서는 돈이 생기면 우리가 기업이라고 이해하는 형태의 생산활동을 하는 조직보다는 돈을 굴리는 조직, 즉 은행을 주로 만들었다. 이런 차이는 상업문화의 영향 때문에 생긴다는 게 일반적인 해석이다. 중동 지역과 북아프리카 지역은 인류 역사에서 가장 먼저 폭넓은 상업문화를 발달시킨 곳이고, 로마 시대 이전부터 노예장사를 하던 지역들이었다.

이에 비해 한국이나 일본과 같은 유교문화권에서는 이른바 '가업'을 일구는 일에 대해 단순히 돈을 번다는 것 말고도 약간은 독특한 의미를 부여한다. 사장이 되어서 더 많은 돈을 번다는 의미만이 아니라 '무리의 두목'이 된다는 데에도 상당한 의미를 부여한다는 말이다. '수신제가치국평천하修身齊家治國平天下'라는 유교의 가르침을 경제적으로 해석하면 기업에 대한 창업 이데올로기가 일찍부터 존재했다고 볼 수 있다. 그래서인지 일본과 한국 같은 사회에서는 기본적으로 기업이라는 것 자체가 상당히 가부장적인 권위를 지닌 채 '남성들이 하는 것'으로 간주되었고 여성 CEO의 존재가 여전히 어색한 측면이 사회적으로 남아 있는지도 모른다.

일본이 후발산업국가임에도 기업이라는 형식을 통해 빠르게 산업자본주의 시스템을 받아들였듯이, 한국도 1960~70년대에 활발하게 창업이 이뤄지면서 세계에서 유례가 없는 빠른 속도로 자본주의를 정착시킨 것은 대단한 일이다. 이런 일들은 반드시 돈을 벌겠다는 지극히 경제적인 이유만으로는 잘 설명되지 않는다. 중동의 여러 나라들은 지금도 오일달러를 기반으로 세계적인 은행들을 가지고 있지만, 그러한 경제력에 걸맞은 세계적 기업은 여전히 생기지 않고 있다. 이에 비한다면 분명히 한국과 일본은 쉽게 산업자본주의와 결합할 수 있는 문화적 장치들을 가지고 있었던 셈이다. IMF 경제위기 기간에 우리나라에서는 수많은 기업들이 도산하여 문을 닫았지만, 단순히 수치만으로 따진다면 그 시절에도 새로 생기는 기업이 없어지는 기업보다 많았다.

이런 사회적 여건을 일종의 자산으로 본다면, 분명히 한국과 일본의 유교적 전통은 한국 자본주의 초창기에는 긍정적 요소로 작용했을 가능성이 높다. 물론 이런 유교적 전통이 아직도 가부장적인 권위로 남아 성평등이라는 관점에서 또 다른 문제를 일으키기도 하지만, 어쨌든 비교적 자본주의 도입 초기에 많은 기업을 탄생시키는 데는 긍정적인 영향을 끼쳤을 것이다. 자본주의가 산업혁명과 같은 산업활동에서 출발했다는 점을 떠올리면, 상업문화가 발달한 문명권에서는 유통이 아니라 생산에서 발생하는 특수한 전환을 거치지 못했기 때문에 오늘날까지도 '국민경제'라고 부를 수 있는 산업 시스템을 갖추지 못한 경우가 많다고 볼 수도 있다. 창업과 관련된 사회적 여건은, 베블런의 표현을 빌리자면, '본능'이라고밖에 잘 설명되지 않을 정도로 복합적이다. 우리의 경우엔, 이른바 일제시대의 영·호남 지주들이 대기업으로 전환되었다는 경제사적 분석도 있다. 그런데 이런 천석꾼이나 만석꾼들이 꼭 돈을 벌기 위해 기업을 만들었다고 보기엔 석연치 않은 부분도 분명히 있다. 왜 그들은 중동 지역처럼 은행을 만들지 않고 공장을 만들었을까?

주로 생산을 중심으로 하는 기업들—좌파 경제학에서는 '생산자본'이라고 부른다—은 유통이나 은행에 비해 여러 측면에서 위험부담이 높은 편이다. 단순한 공정 하나를 구성하는 데에도 많은 지식이 필요하고, 이것들을 모아서 하나의 조직으로 꾸린다는 것은 월급쟁이들의 합리성으로는 잘 설명되지 않는 엄청난 논리적 도약—이것을 용기로 부를 수도 있을 것이다—이 필요한 게 사실이다. 벤처기업이라는 말을 요즘은 쉽게 사용하지만, 사실 역사적으로 지금의 대기업들이 처음 등장할 때 그 창업가들이 부담해야 했던 위험은 요즘 벤처기업에 비할 바가 아니다.

베블런의 '엔지니어 본능' 혹은 슘페터의 '기업가 정신'이나 '동물적 영혼'과 같이 일반적으로 경제학자들이 잘 사용하지 않는 수사들이 이 신비한 과정을 설명하기 위해서 동원된다. 비용과 편익이라는 1차원적인 설명틀만으로는 여러 가지 위험이 도사리고 있는데도 기업을 만드는 행위를 제대로 설명하기가 어렵다. 그래서 많은 경제학자들이 여기에 시장의 논리보다는 뭔가 차원이 다른 정신이나 본능 같은 것들을 종종 끌어들였다. 어쩌면 경영학자나 경제학자들이 창업을 하는 게 아니어서 이들도 창업의 신비를 여전히 이해하지 못하는 것인지도 모른다.

그 기원을 설명하기가 쉽지는 않지만, 한국이나 일본에서 기업을 창업하고 이를 대기업으로 키우려는 사회적 구조와 동력이 분명히 존재하기는 하는 것 같다. 한 사회가 자본주의적 축적을 시작할 때에는 자본주의와 잘 맞을 수 있는 사회적 요소가 있는 편이 속도가 훨씬 빠를 것이고, 만약 이러한 구조가 전혀 없다면 실제 경제발전의 궤적이 전혀 다르게 그려질 것이다. 멀게는 아프리카나 중동 지역, 가깝게는 동남아시아 지역에서 자본주의를 받아들이고 이해하는 방식은 동아시아 국가들의 그것과는 분명히 다른 측면이 존재한다.

애덤 스미스는 『국부론』에서 평균이윤율이라는 개념으로, 경제발전의 마지막 단계에 도달하면 경쟁이 극도로 높아지지만 기업들의 이윤은 매우 낮은 수준에서 형성되는 '우울한 상태'가 올 것이라고 예견한 바 있다. 분명히 한국은 아직 여느 OECD 국가보다도 '사회적 이자율'이 높게 유지되고 있으므로, 고전학파가 '자연적 이자율'이라고 불렀던 수익률의 기준이 되는 평균이자율이 창업에 지나치게 불리할 정도로 높아진 상태는 아니다. 저성장시대니 어쩌니 하지만, 사실 OECD 국가로서는 상상하기 어려운 평균 4.5%에 달하는 고성장 기조를 한국은 거의 10년째 유지하고 있다. 일반적인 경제학적 분석으로는, 이러한 한국의 거시경제학적 소선이나 비정규직 일반화와 결합된 이십대 노동시장의 붕괴 같은 사회경제적 조건들이 결합되면 이십대를 동력으로 하는 창업이 더 많아질 것 같지만, 2006년을 경계로 새로운 기업을 창업하는 빈도수가 줄어들기 시작했다. IMF 경제위기 때에도 도산하는 기업보다는 창업하는 기업이 더 많았던 점을 생각하면 한국에서 이러한 현상은 이례적인 것이다.

이 현상을 좋게 해석하면, 드디어 한국 경제가 어느 정도 초기 발전 단계를 끝내고 '수성守成의 시대'에 접어들었다고 볼 수도 있다. 일견 그럴듯해 보이는 설명이지만, 미국은 물론이고 유럽에서도 계속해서 벤처기업을 포함한 양질의 중소기업들이 꾸준히 생겨나고 있는 현실과 비교하면 말도 안 되는 얘기다. 이 현상을 자본주의의 일반적 발전 단계라는 눈으로 보면 두 가지 위기를 생각해볼 수 있다.

그 하나는, 기존에 생겨난 대기업들 때문에 신생 업체의 시장 진입 장벽이 너무 높아진 상태라는 점을 지적할 수 있다. 요즘 한국의 각 부문에서는 선두 3~4개 업체가 시장의 대부분을 차지하는 독과점 현상이 강하게 나타나고 있는데, 이런 구조에서 신규 업체가 진입하기는 쉽지 않다. 조금 어렵게 표현하면 기업의 수직적 계열화 시스템에 문제가 발생했다고도 말할 수 있다. 아무리 대단한 선진국이라도 새로운 공정과 공법이 사회적으로 등장할 수 있는 가장 빠른 창구는 새로운 제품을 만드는 기업이 등장하는 것이다. 특히 단순한 혁신이 아니라 창조라고 부를 수 있을 정도의 큰 기술적 변화는 역시 기업의 탄생과 관련되어 있다. 현상적으로 보면 중소기업 정책의 실패가 이러한 신규 창업의 감소로 나타났다고 할 수 있는데, 실제로 그간 추진되어 왔던 '기업하기 좋은 나라'라는 정책이 역설적으로 새로운 기업이 생겨나는 속도를 줄였다고 할 수 있다.

'기업하기 좋은'이라는 말은 '기업 만들기 좋은'이라는 말과 분명히 다르다. 이러한 상황에 대한 가장 적합한 비유는, 한강처럼 직선으로 흐르는 직강 하천과 꼬불꼬불한 완류천으로 구성된 자연형 하천 사이의 생태계 크기에 따른 차이라고 할 수 있다. 물살이 크고 빠르게 지나가게 하면 단기적으로 하천의 오염도는 줄어들지만, 그 대신 1차 생산자인 미생물의 번식이 불가능해지고 이로 인해 생태계의 하단부가 무너져, 결국 덩치 큰 포획자들도 서식하기 곤란한 생태계가 된다. 이를 생태계의 크기가 작아졌다고 표현한다. 생태학에 익숙하지 않은 사람들은 갯벌이 사라지면 우리가 주로 먹는 덩치 큰 물고기들도 사라지게 된다는 말을 잘 이해하지 못하는데, 이런 큰 것들도 처음 알에서 깨어났을 때는 굉장히 작은 생물에 불과하다. 마찬가지로 기업들 사이의 경쟁을 일종의 생태계 라이프 사이클과 같은 방식으로 살펴보면, 어디선가 계속해서 플랑크톤에 비유해도 이상하지 않을 정도의 연약하고 작은 기업들이 생기고 있어야 정상적인 생성-성장-사망의 사이클이 연속적으로 이루어진다. 이런 독점과 경쟁이라는 눈으로 본 문제가 제일 극명하게 드러나는 곳은 지방 소재 기업들의 경우라고 할 수 있다. 규제를 전부 없애면 '기업하기' 좋아질 것 같은데, 사실 그렇게 전부 풀어놓고 나면 신규 업체의 시장 진입 장벽이 너무 높아져서 오히려 새로운 기업의 등장 자체가 지체된다.

또 하나의 위기는, 출발점에 선 생산조직과 그렇지 않은 조직 사이의 경쟁에서 여타 경제조직들이 기업의 생산 부문으로 들어갈 인력과 자본을 흡수하는 경향이 점차 강해지고 있다는 것이다. 전통적인 산업의 눈으로 보면, 금융이나 서비스 부문은 상품을 만드는 기업과는 조금 다른 영역을 가지고 있고, 작동하는 방식도 분명히 다르다. 1990

년대에 비하면 한국의 조직들은 산업영역이라고 부르는 생산활동을 벗어나서 금융과 서비스로 가려는 힘이 확실히 강해졌다. 그리고 불법이라고 부르기는 어려울지 몰라도 전통적인 생산자본과 전혀 다른 지하경제를 구성하는 불법다단계와 조직폭력배 혹은 로또와 같은 복권업종에 종사하는 조직들이 고전적인 기업들에 비해 더 빠르고 신속하게, 이제는 '부문'이라고 부를 수 있을 정도로 자기 영역을 확대해 가는 중이다. 현재 한국의 지하경제 규모를 대체로 국내총생산GDP의 10% 정도로 추산하는데, 사실 지하경제 부문은 그 흐름에 대한 추정이 불가능할 정도로 급속하게 성장하는 중이다. 물론 어느 나라에나 지하경제는 존재하지만, 이게 현실적으로 공식경제 부문들과 경쟁할 정도가 되면 정상적인 국민경제 운용이 불가능해지는 건 당연하다. 최근의 어느 조사에 따르면, 러시아는 이런 비공식 영역이 국민경제의 40%를 차지할 정도라고 한다. 그런데 서울을 중심으로 한 수도권 경제에서 지방경제의 운용구조로 눈을 돌려보면, 사실 우리나라의 지방은 러시아와 전혀 다를 바 없는 수준이다.

경제성장론이 풍미하던 1990년대 중반에 경제 엘리트의 행위가 성장 패턴에 미치는 영향을 분석하는 게 유행한 적이 있다. 한국과 일본에서 열광적으로 일었던 창업 붐이 경제성장률에 미치는 영향이 계량경제학의 모델로 등장했고, 통계적으로 유의미한 분석들이 제시되기도 했었다. 한국 내부에서는 오히려 잘 느끼지 못하지만, 유신경제 시절부터 한국 자본주의가 가지고 있던 가장 큰 역동성의 한 동인은 바로 이 창업정신이다. 이렇듯 문화적으로나 정서적으로나 기업들을 만들게 한 큰 힘이 있었다는 점을 부정하기는 어렵다. 이러한 동인 없이 한국 경제의 성장을 외부 요소만으로 설명할 길은 없다. 굳이 이름을 붙이자면 '근본의 근본'이라고 부를 수 있는 무엇인가가 분명히 있었던 셈이다.

원래 한국은 박정희 시절부터 경기가 좋은 때에는 국가주의와 동원경제가 강했고, 사회적으로 기업에 대한 정서적 지지가 강했던 나라다. 오랫동안 유교국가를 유지했기에 상업을 천하게 보는 것 같아도, 좋은 기술을 개발하고 좋은 상품을 만드는 일에 국민의 정서적 지지가 있었던 것이다. 이런 것들이 일종의 '출세'를 위한 훌륭한 방도였기 때문일 수도 있다. 여하튼 이것은 굉장히 큰 역사적 자산이라고 할 수 있다. 시장이 커지면 기업도 커진다는 것은 동어반복적인 진실이지만, 시장 이데올로기가 커진다고 해서 기업의 영역도 같이 커지는 것은 결코 아니다. 마르크스는 『자본론』의 프랑스어판 서문에서 "위험한 도약saut périlleux"이라는 표현을 썼는데, 미리 돈을 마련하여 팔릴지 안 팔릴지 모르는 제품을 만들어서 시장에 내놓는 것은 아무리 경제이론이 발달한다고 해도 잘 설명하기 어려운 위험천만한 도박이자 '바보 같은 짓'이 아닐 수 없다. 그런데 정말 사회가 시장이론대로만 움직인다면, 이미 거인과도 같은 대기업들이 독과점 체제를 구축한 한국 사회에서 누가 이 바보 같은 짓을 새로 하려들겠는가? 시장에 대한 찬미가 극대화되고 기업가를 동경하는 사회적 분위기가 지금보다 강했던 적은 아마 한국 사회에 일찍이 없었던 것 같다. 그럼에도 불구하고 정작 기업으로서 생로병사 사이클을 걸어가기 위한 새로운 기업조직을 만드는 사람은 줄어드는 상황, 이게 바로 많은 전문가들이 입을 모아 진단하는 '중소기업 위기'의 핵심 아닐까? 경제사 전공자들은 이런 문제를 '금융화' 혹은 '결정화crystallization'(또는 화석화) 현상이라고 부르기도 한다.

생산의 화석화와 한국 기업의 위기

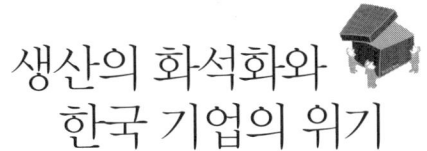

페르낭 브로델 이후의 프랑스 아날학파만큼 자본주의에 대해 깊이 천착했던 이들도 흔치 않을 것이다. 이들만큼 실증적으로 자본주의의 등장과 전개과정에 대해 오랫동안 고민했던 예도 드물 것이다. 이러한 아날학파의 연구는, 2차 세계대전 이후 프랑스가 독일에 패배한 뒤 새로운 출로를 찾기 위해 '프랑스 모델'을 고민하던 시절에 이루어진 것이다. 드골 정부는 인문사회학계에 상당한 재정 지원을 했는데, 이 시절의 프랑스 경제사학계는 전세계적으로 가장 아름답고 화려한 황금기를 누렸다. 지금 한국 자본주의와 기업들이 주목하고 있는 근본적 질문과 가장 유사한 고민을 했던 사람들이 이 시절의 아날학파이기도 하다.

브로델이 생각했던 자본주의의 흐름을 좀 거칠게 도식화해보면, '생산 → 금융 → 공동화'라는 과정이 특정 지역에서 순차적으로 진행된다는 것이다. 한 도시나 지역의 경제는 생산활동으로 출발한 뒤 생산 중심지로서의 역할이 오랫동안 지속되면 결국에는 금융 중심지로 활짝 꽃을 피우게 된다는 얘기다. 물론 이때 흔히 집값이라고 표현하는 지대도 높아지고 문화도 발달하게 된다. 더불어 생산활동보다 더 쉽게 수익을 올릴 수 있는 은행들이 이곳에 집결하게 된다. 그런데 이러한 금융화가 지속되다 보면 생산활동이 가지고 있는 창조와 혁신의 힘이 사라져 버린다. 그 지역에서의 생산활동은 땅값이 더 싼 다른 지역으로 이전되고, 그렇게 생산은 점점 화석화해버리는 것이다. 그리하여 마지막에는 금융마저도 그 지역을 떠나버려 공동화空洞化가 발생한다는 것이, 자본주의의 움직임을 관찰한 아날학파의 생각이었다. 한 지역이 이렇게 금융화 단계에서 화석경제로 바뀌어버리는 동안 다른 곳에 생산의 중심지가 생기고, 이렇게 자본주의의 역사는 흘러가게 된다는 것이다.

이런 브로델식 설명을 한국 자본주의 역사에 적용해보면, 항구를 중심으로 형성된 연안 공업지대에서 출발한 산업화와 이들을 지원하는 배후 도시로서 서울의 경제적 위상이 조금은 명료해진다. 1980~90년대의 세계적 포드주의에 의한 국제적 노동분업 체계에서 중저가 제품을 생산하는 지역 중심지로서 한국의 위상도 마찬가지다. 대체로 IMF 경제위기 이후 3~4년이 지난 2000년과 2001년경 이후에 한국에서도 금융화에 대한 논의가 자연스럽게 등장했는데, 크게 보면 산업의 위기가 이 시절에 이미 본격적으로 진행되었다고 할 수 있다. 이런 금융화 추세는 '동북아 금융허브' 전략에 대한 찬미에서 한미 FTA 협상에 이르기까지 비교적 일관된 흐름을 형성한다. 실제로 한국 경제의 내면적 발전 메커니즘이 금융화를 요구한 것인지, 아니면 정책을 주도하는 일부 집단에 의한 외삽外揷 방식으로 우리나라는 금융으로 가야 한다는 것이었는지 명확히 구분하기는 쉽지 않다. 그러나 제조업 일반에 대한 위기와 이에 대한 탈출구로 금융화가 제시된 과정은 상호 연관된 흐름이다.

한국 경제의 내면을 흐르는 이러한 변화를 클린턴 시절에 유행했던 '신경제New Economy'라는 용어로 표현하든, 제조업에서 금융 혹은 서비스업으로 산업의 고도화가 진행중인 거라고 설명하든, 어쨌든 생산자본이 한국을 떠나려는 흐름이 존재하는 것은 사실이다. 보는 시각에 따라서는, 제조업은 중국과 동남아에 넘기고 금융과 서비스업에서 일본을 따라잡아야 하는데 이게 잘 안 되기 때문이라며 이를 '샌드위치 위기론'으로 표현하기도 했다. 표현이야 어쨌든, 이는 한국 산업자본 일반의 위기이기도 하고, 조금 더 구체적으로는 제조업(일본식 표현으로는 '중후장대형 산업')의 위기라고 할 수 있다. 즉, 기업 일반이 아니라 제조업체, 그것도 유신경제에서 '87년 체제'까지 연결되는 한국 경제 '영광의 30년'을 만들었던 바로 그 생산의 핵심부에서 일어난 위기라는 점에서, 이는 매우 본질적인 위기이다. 브로델의 설명으로 보자면, 한국에서도 '영광의 30년' 동안 엄청난 규모의 축적을 달성하고 자연스럽게 금융화라는 현상이 벌어진 셈이다.(그런 점에서 일본의 1990년대 헤이세이 공황도, 1980년대 순환출자 등을 통해 세계 10위권에 드는 몇 개의 은행을 동시에 만들고자 했던 일본 자본주의의 급격한 금융화에 따른 부작용이라고 해석할 여지가 분명히 있다.)

산업 공동화의 대표적 사례로 거론되는 런던 모델의 실패 이후, 많은 OECD 국가들은 그러한 공동화 현상을 막기 위해 나름대로 눈물나게 노력했다. 미국과 영국의 앵글로색슨 모델과는 전혀 다른 방식으로 진화한 유럽형 모델에서는, 인위적이라고 표현해도 좋을 정도로 국가의 적극적 개입에 의한 네오 케인지언식 국민경제의 조절 양식을 통해 제조업의 공동화를 저지했던 셈이다.

　미국의 경우도 크게 다르지 않다. 뉴욕으로 상징되는 세계 금융 시스템 피라미드의 최상부를 운용하고 있는 미국은—가장 강력한 시장주의자들과 극우파 경제학자들이 오랫동안 영향력을 행사했던 국민경제라고는 믿기지 않을 정도로—농업에서부터 철강업, 각종 제조업에 이르기까지 어지간해서는 국민경제 내에서 생산과 관련된 활동 영역을 포기하지 않으려고 애쓰는 중이다. 1980년대 후반, 미국에서 나이키사를 포함한 몇 개의 제조업체가 해외로 생산기지 및 연구개발 본부까지 옮기려고 할 때 많은 경제학자들이 제조업 공동화를 우려하면서, 이런 식이라면 미국 경제의 영광이 그렇게 오래가지 못할 것이라고 지적하고 나섰다. 따라서 1990년대 초반 이후 세계화에 이은 금융화가 전격적으로 진행되는 거대한 흐름 속에서도 미국이 제조업에서 완전히 철수하지는 않았다. 예컨대, 도대체 미국이 철강까지 붙잡고 있어야 하는가라는 비판이 있었음에도 여전히 US스틸사와 같은 중후장대형 산업은 물론이고 디트로이트의 자동차 산업을 붙잡고 있으며, 일본 역시 이와 유사한 흐름을 보이고 있다.

　심지어 금융 부문이 GDP의 15% 정도를 차지할 정도로 금융화 수준이 높은 스위스의 경우를 보자. 스위스는 최근 금융과 중개무역에 의존하던 도시국가 모델 대신에 일종의 생산을 강조하는 국민경제 모델을 강화하면서 이전의 위성경제 방식을 청산함으로써, 오히려 자신들의 경제 모국이라고 할 수 있는 독일과 프랑스를 추월해서 먼저 국민소득 4만 달러를 돌파했다. 그리고 최근에는 악명 높던 비밀은행 제도마저 사실상 폐지하기에 이르렀다.

　1980년대 이후 OECD 가입국 내에서 생겨난 몇 가지 일들을 살펴보면, 분명히 산업부문을 비우고 금융화와 서비스 업종으로 넘어가기 위한 내부 동인이 발생하는 것은 사실이다. 그러나, 그렇다고 해서 전격적으로 산업활동을 포기하고 금융화로 넘어가는 정책을 추진한 곳은 한국 외에는 없어 보인다. 오늘날 오래된 경제학 교과서에 나오는 비교우위론의 무역이론에 따라 금융화를 기계적으로 특화하는 방식으로 움직인 선진국은 거의 없다. 오히려 그런 방식을 택했던 중남미 국가들은 두 차례의 커다란 금융위기와 함께 매우 불안해진 국민경제의 늪에 빠져버렸다. 1980~90년대의 이런 중남미식 금융화는 특히 '달러화化'라고 부르기도 한다.

한국에서 깊어지고 있는 경제위기를 경제조직의 관점으로 볼 때, 제일 심각한 것은 생산에 관여하는 기업들의 위기이다. 역사학자 브로델의 상상력을 한국 상황에 결합시키면, 한국 제조업은 다른 힘이 개입하거나 관여하지 않는다면 이미 다른 지역으로 이전했어야 할 조직들이며, 이들이 사라진 빈자리를 금융화가 휩쓸고 지나갔어야 한다. 그러나 현재 한국 경제를 버텨주고 있는 것은 신케인스주의자들이 국민경제를 운용했던 유럽식 경제정책이 아니라, 한시적으로 위력을 발휘하고 있는 몇 개의 수출업체라는 점을 상기해야 한다. 이에 대한 해석이야 다양하겠지만, 이 사실만큼은, 즉 이 기간 동안 우리나라 경제의 골격을 전자·자동차·선박 세 부문이 떠받치고 있었다는 점은 부정할 수 없을 것이다.

한국 경제의 어두운 그림자는 바로 여기에 있다. 세계 최고의 블루칩이요 우량주라고 표현해도 전혀 어색하지 않을 몇 개의 대기업이 곤란해지는 사태가 발생하면 우리 경제가 어떻게 될까 하는 두려움 말이다. 정치권을 비롯해 우리나라의 이른바 오피니언 리더들은 한국

경제의 이런 약점을 잘 알고 있다. 그러나 여기서 오히려 금융화에 대한 환상이 생겨났음은 물론이요, 한 발 더 나아가 "서비스업이 앞으로 우리를 먹여 살릴 것이다"라는, 무당이 잡귀를 쫓기 위해 쓰는 부적에나 적혀 있을 법한 말이 경제정책을 끌고 나가는 이상한 상황이 벌어졌다. 대통령이나 경제부총리와 같은 경제 고위관료들이 하는 이런 말들을 지금 수출을 담당하고 있는 제조업체의 눈으로 해석하자면, "앞으로는 힘들어질 테니까 언젠가 문 닫을 그날을 준비하라"는 얘기와 별로 다르지 않다. 최대한 좋게 해석하더라도 "당신들이 규모가 커질 일은 이제 없을 것이다"라는 얘기와 비슷하다. 비록 간접적이나마 정책 입안자들이 보여주는 이러한 미래에 대한 신호는 즉각 두 가지 문제를 만들어낸다.

첫번째 문제는 투자의 지연이다. 기존 설비에 대한 대체투자 및 신규투자가 지연되고 새로운 투자 계획 수립이 폐기되는 일들이 빈번해진다. 사이클상 설계 수명이 그리 오래 남지 않은 석유화학 업종을 비롯해서 대표적인 우리나라 제조업에서 하나씩 벌어지는, 이런 투자 결정에 대한 지연이나 포기를 국민경제 전체로 모아보면 업체별로 단기수익은 높아지지만 전체적으로는 투자 부족 현상이 일어날 수밖에 없다. 일부 정치권에서는 노무현 정부가 출범했을 때 "불안해서 기업들이 투자를 못 한다"고 말한 적이 있는데, 현상은 맞지만 꼭 그런 이유만으로 신규 투자가 지연되었던 것은 아니다.

두번째 문제는 조금 더 심각하다. 한국의 조직들은 대부분 규모가 커지는 성장을 전제로 시스템을 디자인했기 때문에, 앞으로 더 커지지 않을 것이라는 점이 예견되는 바로 그 순간부터 조직 내부에서 위기가 발생한다. 물론 어떤 조직이든지 성장이 멈추는 순간부터 내부

문제가 발생하지만, 일본식 연공서열제를 가지고 있는 경우에 이런 문제는 훨씬 더 격렬하게 일어날 가능성이 높다. 아래는 많고 위는 적은 피라미드형 조직구조와 일단 들어오면 끝까지 같이 가는 연공서열제는 전체적으로 조직 규모가 커질 때에만 부드럽게 작동할 뿐이다. 이런 조직 내부의 갈등 양상이 IMF 경제위기 이후 한국의 제조업체들 대부분에서 나타났다. 원래는 새로운 조직을 만들어 분사하는 형태로 피라미드 구조에서 생겨나는 문제들을 풀어나갔던 한국의 조직들이, 확대재생산이 사라지면서 조직 내부의 경쟁이 극심하게 높아진 것이다. 그러나 이에 대한 해법을 희망퇴직이나 명예퇴직 같은 즉각적인 방식에서 찾은 나머지, 기업 내부에다 오히려 더 큰 다른 문제들을 낳고 말았다.

은행은 주로 '돈 장사'를 하는 곳이고, 생산기업은 말하자면 '사람 장사'를 하는 곳이다. 그래서 당연히 위기를 극복하는 방식이 달랐어야 하는데, 정부는 은행과 기업에 같은 방식으로 구조조정을 단행했다. 이 여파가 한국 제조업체 내부의 조직 시스템을 붕괴시키는 문제를 일으킬 것이라고는 10년 전에는 누구도 예상하지 못했다. 그런데 일단 이렇게 시작된 한국 산업자본의 조직 내부 문제는 그 후에도 새로운 균형을 찾지 못하고 일종의 '자기실현적 예언'처럼 계속해서 증폭되는 중이다.

'영광의 30년' 동안 사회적으로 완전고용 상태에서 운용되던 국민경제가 이제는 실업이라는 사회문제를 본격적으로 만나게 되었다. 조직 내부에서 발생한 이런 문제가 결국은 '세대간 불균형' 문제로 확대되어, 이제는 한두 가지 간단한 거시경제 처방으로는 해결이 곤란한 구조적 문제가 된 상태다. 이 문제에 대한 정치적 해법은 다양하다. 그

것은 순전히 고용 차원의 눈으로만 보면 "좋은 직장을 만들겠다"라는 구호가 되고, 산업고도화라는 발전경제학의 틀로 보면 "새로운 성장동력을 찾자"는 구호가 된다. 시선을 외부로 돌려서 국제무역의 눈으로 보면 "한미FTA가 우리의 미래입니다"라는 구호가 되겠다.

그런데 이 문제를 조직이라는 눈으로 보면, 우리나라 제조업에서 발생한 일종의 '생산의 화석화'라는 경향적 법칙이 국민경제라는 틀 내에서 돌고 돌아 금융화와 연결되면서 국민경제 전체의 위기를 만든 것이 된다. 그렇다고 제조업체에 수출보조금을 주던 1970년대 방식으로 이 문제를 풀 수 있을까? 어차피 WTO체제 내에서 정부가 기업에 직접 지원할 수 있는 일은 그렇게 많지 않다. 논리적으로는 규제라도 풀어서 기업의 간접비용을 줄여주는 방식도 해법으로 보일 수 있다. 그러나 이런 단순무식한 발상이, 앞에서 이미 지적했듯이, 산업조직론 혹은 산업생태학에서 생각하는 새로운 조직 탄생의 라이프 사이클을 매우 어렵게 만들었고, 경제학자들이 대체로 아름답고 이상적이라고 생각하는 완전경쟁 상태와 정반대인 독과점 상태로 대부분의 산업이 재편되었다.

경제사적으로 보면, 한국은 산업발전 단계에서 금융화로 가는 중간 어디쯤에서 '금융 중심지'로 전환하지 못하고 바로 화석화가 진행되는 경우라고 말할 수도 있다. 실제로 지난 김대중 정부 후반기부터 우리나라 고위층들은 서울이 국제금융의 중심지가 되기를 간절히 원했지만, 그럴 가능성은 매우 희박해 보인다. 국민경제를 금융화하거나 서비스업으로 전환하는 것이 외견상 사회적 해법처럼 보이지만, 사실은 이런 전환이 제조업을 제약하지 않는 형태로 부분적이고 보완적이 될 수 있도록 정부가 적절히 제어하는 게 지금까지 선진국들이 찾아낸, 불안하지만 파국을 막는 균형적 방식이다.

    이런 문제의 해법은 기업의 내부 구조 그 자체에 있을 수 있고, 지금 위기 국면의 제조업에서 돌파구를 찾는 일이 전혀 불가능한 것도 아니다. 사실 한국의 산업자본에 속하는 제조업체들은 자신들이 가지고 있는 잠재성을 한 번도 제대로 발휘해본 적이 없다고 해도 과언이 아니다. 국민소득 4만 달러가 넘는 스위스 같은 곳의 대도시에도 수천 명 이상을 고용하는 대규모 조립공장들이 여전히 가동되고 있다. 임금에 따른 기계적인 생산성 담론에 의하면, 이렇게 임금이 높은 나라에 있는 대규모 공장들이 다 외국으로 이전할 것 같지만 반드시 임금이 낮은 곳으로만 움직이는 것은 아니다. 전문용어를 잠깐 사용하자면, '내포적 발전'이라는 관점에서 아직 한국 자본주의는 이 나라가 가지고 있는 잠재적 능력을 다 사용하지 못한 상태이며, 오히려 내부의 요소보다는 규모에 의해 성장하는 '외연적 발전' 단계에 머물러 있는 것이 문제의 핵심이라고 할 수 있다.

    유럽 국가들에 비추어 생각하면, 현 상태에서 최소한 국민소득이 3만 달러가 넘어갈 때까지는 각 산업 부문은 충분히 중요한 영역으로 기능할 수 있고, 또 그렇게 국민경제의 기반이 작동해야만 금융과 서비스업도 서로 보완하는 기능을 할 수 있다. 물론 국민경제가 외부 요인에 의해 심각한 위기에 부딪힐 위험은 여전히 남아 있지만, 아직은 산업을 중심으로 한 실물경제를 포기할 순간이 아니다. 우리나라에서는 금융화에 대한 논의가 내부 자금이 충분히 축적되기도 전에 너무 일찍 시작되었고, 일부 경제관료들이 국민연금을 비롯한 연기금을 활용한 금융국가로의 전환 가능성에 대해서 과도하게 기대한 측면이 없지 않다.

현 상황에서 한국이 가지고 있는 인적·물적 잠재력을 최대로 발휘하지 못하게 하는 요소를 객관적으로 평가하면, 자본의 부족은 결코 아니다. 일본처럼 수천조 원 단위를 넘어서는 규모는 아니지만 수백조 원 규모는 간단히 넘어서는 연기금을 비롯한 금융자산들이 있고, 1970년대와 비교하면 정말로 좋은 과학자와 엔지니어들을 보유하고 있다. 개인적 숙련도를 들먹이기도 하지만, 스위스의 대학 진학률은 18~20%밖에 안 되고, 대부분의 선진국들도 고등학교 졸업자들을 활용해서 자국의 산업을 끌고 나간다. 반면에 한국은 대학 진학률이 80%를 넘어선다. 따라서 지금 우리나라에 부족한 것은 오히려 좋은 '조직 모델'이며, 조직이라는 요소가 국민경제 내에서 가장 큰 '병목 현상'을 일으키는 중이라고 할 수 있다. 정말로 부족한 지식은 조직의 문제점을 분석하고 해결책을 제시할 수 있는, 조직에 관한 과학이다. 50년 동안 본격적으로 자본주의를 도입해서 세계적인 성과를 올렸던 나라라고는 상상하기 어려울 정도로 경제조직에 대한 본격적인 논의나 연구가 부족하다는 점은, 역설적으로 조직에 대한 이해 부족이 바로 현재 한국 자본주의의 가장 큰 걸림돌이라는 점을 반증한다.

앞으로 수년 동안 지방에서 진행될 토목공사에 풀려 나가서 수도권의 아파트 투기로 돌아올 것으로 예상되는 돈만 간단히 계산해도 수십조 원 규모를 넘고, 적당한 일자리만 있다면 일하겠다고 하는 대졸 이상의 예비실업자가 수백만 명이다. 지금 한국 경제의 틀에서 부족한 것은 노동이나 자본의 문제가 아니라 이런 것들을 결합해서 '생산'이라는 아주 위험한 도약을 수행하는 바로 그 조직이다. 즉, 기업의 또 다른 속성인 조직에 대한 기술과 관리에 관한 기법들이다.

50년의 역사를 가지고 있다고 하지만, 한국 조직은 아직 노농자들과 대화하고 노조에서 협조를 끌어내는 방법을 잘 모른다. 세계 어느 나라보다 잘 교육되고 훈련된 한국의 여성들과 일하는 법도 아직은 잘 모른다. 그리고 이십대와 일하는 법도 모르고, 고령 노동자들의 지식을 활용하는 법도 잘 모른다. 술 마시지 않고 조직의 중요한 일을 결정하는 법도, 접대를 하거나 봉투를 건네지 않고도 정부기관과 협의하고 협조를 이끌어내는 법도 잘 모른다. 조직 내부에 다양한 방식으로 생겨난 비공식조직들을 제어하는 법도, 사회로부터 신뢰를 얻는 방법도 잘 모른다.

 1차적인 위기 요소를 이렇게 내부에서 찾지 않고, 결국 외자 유치가 최고의 방법이라는 일부의 주장은 좀 황당하고, 그야말로 연목구어緣木求魚가 아닐 수 없다. 국내에도 잉여자본이 넘쳐나고, 투기적 용처를 찾아다니는 돈들이 길을 잃은 채 부동산과 코스닥을 끊임없이 넘나들고 있다. 해외 부동산을 찾아 돈이 나가는 이 마당에 외자 유치가 안 되는 게 우리나라 경제의 가장 큰 문제점이라는 얘기는 정말 이상하지 않은가. 산업자본에 위기가 온 것은 국민경제 모델의 역사적 흐름상 어쩔 수 없는 일이었다고 하지만, 이 위기를 대처하는 방법에서 문제가 생겼고, 그래서 이런 것들이 돌고 돌아서 더 큰 위기로 증폭되었다고 해석하는 편이 훨씬 더 논리적이며 일관된 설명일 것이다.

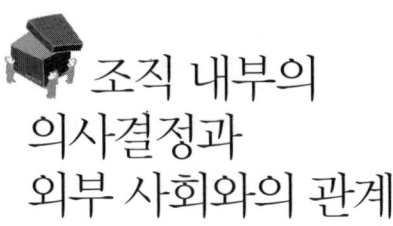 조직 내부의
의사결정과
외부 사회와의 관계

1986년 미국 시라큐스대학 출판부에서 출간된 메리 더글러스Mary Douglas 여사의 『제도는 어떻게 사유하는가』라는 책은 인지심리학 연구를 통해 많은 경제조직을 인류학적 관점에서 바라볼 수 있게 해주었다. 이 책의 맨 앞에 나오는 아주 독특한 에피소드는 추상적인 문제에 관심이 많은 이론가들이 대답하기 난감한 주제를 담고 있다.

이 짧은 에피소드는 자못 충격적이다. 충격적이기는 해도 이 얘기의 플롯이 복잡한 건 아니다. 가벼운 등산을 떠났다가 예상하지 못한 눈보라를 만나 동굴에 갇히는 상황에서 어느 한 친구가 카드게임으로 희생자를 결정하고, 그를 잡아먹자고 제안한다. 이 제안은 친구들에게 받아들여져 계약관계가 성립된다. 그런데 공교롭게도 이 무서운 카드놀이를 제안한 바로 그 사람이 희생자로 결정된다. 이 사람은 "그건 장난이었을 뿐"이라고 말하고 계약은 무효라고 주장하지만, 눈보라 속에서 살아남아야 하는 절박한 상황에서 결국 살해와 식육이라는 비극이 벌어지고 만다. 그러나 눈보라는 오래가지 않았고, 소난자들도 곧 구조된다. 이 사건에 대해 재판이 열렸는데, 피고들은 고립된 상황에서 이것도 일종의 계약이었고, 자신들은 아무도 도와줄 수 없는 상황에서 합리적으로 스스로를 구하기 위한 행위를 했을 뿐이라고 주장한다. 결국 이 사건은 유죄로 판결이 난다. 아무리 고립된 상황에서 임시로 만들어진 조직이라도 그 안에서 살인과 같은 일을 결정할 수 있게 하면 수없이 많은 비극이 계속해서 발생할 것이고, 이 사회 자체가 존속할 수 없을 것이라는 점이 판결의 이유였다.

이 사례가 제기한 질문은 '과연 한 사회 내에 있는 조직이 스스로 내릴 수 있는 결정의 한계는 어디까지인가'라고 할 수 있다. 조직은 자신들의 모태가 된 사회와 어떠한 관계를 맺고 있는 것일까? 냉전시대에 이 질문은 핵폭탄 발사를 다룬 몇몇 영화에서 고립된 조직 내에서의 의사결정 문제로 아주 빈번히 다루어졌다. 〈닥터 스트레인지러브〉나 〈데드 존〉 같은 고전적 영화는 대통령이 정신이상이 되거나 외계인에게 공격당해서 갑자기 '공산주의자'가 되고, 그래서 그가 핵미사일 발사 버튼을 누르면 어떻게 될까 하는 두려움을 다루고 있다. 대통령 중심제에서 권한을 대통령에게 집중시켜 놓았는데, 이 사람이 이상한 결정을 하면 예기치 않은 돌발사태가 벌어질 것이다. 한국의 대표적 마초 영화인 〈한반도〉의 경우도, 대통령이 갑자기 혼수상태에 빠졌을 때 시스템이 이 위기를 어떻게 극복할 것인가와 같은 문제를 다루었다.

그렇지만 더글러스 여사가 제시한, 조난당한 친구들의 사례를 원형에 가장 가깝게 그려낸 영화는 미국의 핵잠수함에서 생긴 조직의 문제를 다룬 〈크림슨 타이드〉와 동일한 에피소드를 러시아 버전으로 만든 〈K-19, 과부제조기〉라고 할 수 있다. 외부 세계와 유일하게 연결되는 무전기가 망가진 상황에서 과연 핵폭탄을 발사하는 것이 잠수함

★ 과연 한 사회 내에 있는 조직이 스스로 내릴 수 있는 결정의 한계는 어디까지인가. 영화 〈크림슨 타이드〉는, 조직의 이야말로 '우선순위'의 위계가 있으므로 그것을 판단하기가 쉽지 않음이 잘 드러나 있다.

함장으로서 자신에게 부여된 사명을 완수하고 조국을 지키는 일인가, 아니면 인류 보편의 가치관에 근거해 미사일 발사를 억제하는 것이 옳은 결정인가? 고립된 조직 내에서 벌어지는 이런 결정에 대한 문제는 크기와 파장의 차이야 있겠지만, 종종 발생하는 일이다. 〈크림슨 타이드〉는 상업적으로나 정치적으로나 드물게 매우 성공한 저예산 영화인데, 이 영화가 개봉된 1995년 미국은 결국 핵잠수함의 지휘관에게 주어졌던 전략핵미사일 발사 권한을 회수하여 대통령의 구두명령 없이는 발사할 수 없게 만들었다. 저예산 영화가 이렇게 인류의 위기를 낮춘 사례는 일찍이 없었을 것이다.

조직 내에서 많은 의사결정이 이루어지고 정보가 모이는 고정점과 개별적으로 움직이는 수많은 개체들 사이의 관계는 워낙 다양하고 복합적이기 때문에 몇 가지 간단한 요소로 환원되지 않는다. 예컨대 우리나라에서도 지난 수년 동안 노후화된 핵발전소에서 두세 번의 크고 작은 방사능 유출 사고가 있었다. 이때 이 문제를 사회에 알리고 근본적인 대책을 찾을 것인가, 혹은 감추는 편이 나을 것인가와 같은 논란은, 공개적이든 비공개적이든 조직 내부에서 논란거리가 되게 마련이다. 대체로 우리나라는 "아무 일도 아니다" 혹은 "간단한 기술적 문제였을 뿐이다"와 같은 방식으로 결정을 내렸다.

이 결정이 궁극적으로 옳은 것인가? 이 문제 역시 〈크림슨 타이드〉 유형의 조직 문제이다. 한국에서 조직의 총수가 환경문제로 형사처벌까지 받은 사례인 낙동강 페놀 사태의 경우에도 유사한 질문이 등장했는데, 이때 두산은 조직 유지 자체가 어려울 정도로 심각한 타격을 받았다. '조직'과 '국가' 혹은 '인류 전체'와 같이 어느 하나로 환원되지 않는 목표들이 나타났을 때에도 의사결정이 매우 어려워진다. 게다가 이런 목표들이 하나의 지표로 환원되지 않을 때 의사결정 문제는 더욱 복잡해진다. 회사의 이익이 최고라고 하지만, 그야말로 '영속성' '회계상의 단기 이익' '단기적인 회사 주가' '조직 내부의 정당성' 같은 여러 가지 변수들이 동시에 등장하면 반드시 단기 성과 지표만이 조직의 이익을 대변한다고 말하기는 어렵다.

많은 조직들은 이런 논리적 문제를 해결하기 위해 조직의 여러 목표 속에서도 위계를 만든다. 이 문제를 '우선순위의 위계'라고 하는데, 동일한 두 개의 목표가 충돌할 때 어떻게 할 것인가 하는 문제이다. 이를테면 이수일과 심순애의 "김중배의 다이아몬드가 그렇게도 좋더냐?"와 같은 질문이 그렇다. 미국의 우수한 기업들을 비롯해 정상적으로 돌아가는 대부분의 조직에서 사람을 뽑을 때, 면접자 가운데 '김중배의 다이아몬드'를 선택한 사람은 절대로 뽑지 않는다. 물론 새로운 시대적 발상이라고 할지도 모르지만, 조직에서 이런 사람을 가장 싫어하는 것은 돈 때문에 조직을 배신할 가능성이 높아 보이기 때문이다. 행동경제학에서는 이걸 '기회주의적 행동'이라고 부르는데, 사실 이런 행동을 할 사람을 객관적으로 골라낼 수만 있다면 아마도 모든 조직이 가장 먼저 배제할 유형의 사람이 될 것이다.

이 '김중배의 다이아몬드' 문제를 우리나라 기업들은 '투철한 조직관'이라고 부르고, 정부에서는 '투철한 국가관'이라고 부르며, 군대에서는 '충일한 안보관'이라고 부르기도 한다. 말은 조금씩 다르지만 "돈 때문에 나를 배신하지 말아달라"는 처절한 부탁과 당부가 아닐 수 없다. 궁금하면 한번 면접시험 같은 데에서 시험해보시라. "조직이 자신에게 주는 만큼만 일하겠다"라거나 "더 좋은 조건이 있으면 언제든지 다른 데로 옮겨 가겠다"라고 말했을 때, 계약직이나 임시직과 같은 특수한 고용계약의 경우가 아니라면, 아마 합격통지서를 발부해주는 곳은 완벽한 사람 장사인 불법다단계 조직 외에는 없을 것이다. 심지어 조직폭력배도 '김중배의 다이아몬드'를 선택하는 사람을 조직 내부에 들이려고 하지는 않을 것이다.

그러나 아무리 구성원들이 충성을 다짐하고, 절대로 다이아몬드 같은 것으로 자신의 행동을 결정하지 않겠다고 굳게 마음먹더라도, 여러 가지 목표의 위계, 즉 우선순위에 의해 생겨나는 판단의 딜레마를 피해 갈 길은 없다. 기업의 경우도 마찬가지다. 무조건 기업이 시키는 대로 한다고 하면 좋겠지만, 의사결정이 그렇게 간단하게 되지는 않는다. 개인의 이익을 배제한다고 하더라도 기업의 이익과 국가의 이익이 현저하게 다른 경우가 발생하고, 더 큰 의미에서 인류 보편의 이익과 충돌하는 경우도 생겨난다. 정부나 공기업의 경우는 더욱 어렵겠지만, 민간기업의 경우도 이런 충돌은 논리적으로 깔끔하게 해결하기가 상당히 어렵다. 만약 정부 각 부처 중에서 소속된 공무원들이 자신의 조직을 위해서 최선을 다하겠다는 것을 공공연히 말하고 다니면 어떻게 되겠는가? 다음번 정부 직제개편 때 제일 먼저 다른 부처에 통합되어 사라지는 부처가 될 것이다. 심지어 총리실이 총리실을 위해 최선을 다한다고 하면 총리실이 없어질 수도 있다.

속으로야 어떻게 생각할지는 모르지만 일정 규모 이상 대기업들도 명목상으로 "우리는 우리 자신들을 위해서 존재한다"라고 말하는 조직은 없다. 수십억 원씩 들인 기업 이미지 광고는 물론이고 간단한 제품광고를 할 때에도 "우리 자신이 부자가 되기 위해서 이런 상품을 만들었다"라고 얘기하는 기업은 단 한 군데도 없다. 이런 현상을 최신 경제학에서는 '고객주의'라고 부르기도 하는데, 어떤 방식으로든 자신들이 '선한 존재'라는 것을 보여주는 편이 매출은 물론이려니와 여러 가지 활동에서 유리하다는, 일종의 '상징적 자산'의 역할이 더욱 중요해진 점을 역설적으로 보여주는 예라고 하겠다.

정보경제학에서 얘기하는 '브랜드'의 가치 중 아마도 가장 높은 브랜드 가치는 '착한 사람'으로 보이는 것일지도 모른다. 많은 다국적기업들이 이미 이러한 고객주의에 의해 움직이는 것처럼, 우리나라에서도 '선한 이미지'를 목표로 진화하는 방식이 이미 시작되었다고 할 수 있다. 대체로 기업들과 정부조직이 외부에 보이고 싶은 진화의 목표는 같다고 할 수 있는데, '착하다'와 함께 '유능하다'는 것을 보이는 점이 정부기관과 대기업들이 공통으로 인정받고 싶은 이미지라고 할 수 있다. 정말로 착하거나 유능하지는 않더라도, 최소한 모습은 그렇게 보이는 '의태擬態 메커니즘'이 작동하는 중인 것이다.

조직 외부의 모습과 내부의 모습이 이렇게 다를 때, 과연 그 안에서 어떠한 방식으로 이런 다양한 속성들을 조화롭게 만들면서 결정을 내릴까? 안에서는 '조직을 위해' 혹은 '최대의 매출액을 위해'와 같은 얘기를 하고, 자신들의 모습을 밖으로 보일 때에는 광고회사의 도움이라도 받아서 '이미지 광고'를 하는 것이 조직이 가지고 있는 본모습일까? 사회과학에서는 이런 상황을 '스키초이드schizoid 모델', 즉 '정신분열증 모델'이라고도 부른다. 물론 한국에서도 많은 조직들이 실제로 이 정신분열증 모델에 의해 움직이기도 하고, 이런 일을 좀 더 수월하게 하기 위해 아예 홍보를 담당하는 조직과 실제로 내부를 움직이는 조직을 완전 분리시키기도 한다. 그러나 '영속성'을 담보한 오래가는 조직들은 꼭 이렇게 정신분열증적으로 움직이지 않으며, 실제로 그 안에서는 정말 자신이 외부에 말한 것과 같이 행동하고자 하는 사람들이 늘어나게 하는 경향이 있다. 모든 기업은 악마이고, 기업의 내부는 돈밖에 모르는 수전노들이 움직일까? 그렇지는 않다. 기업도 사람이 하는 것이라서 그렇게 완벽하게 정신분열증 모델을 견뎌내지는 못한다.

마르크스의 『자본론』에 의하면, 기업이라는 조직의 내부는 완전히 음험한 자본가들의 음모와 이를 충실하게 수행하는 화이트칼라 공모자로만 구성되어 있을 것 같지만, 사실 사람들이 만든 어떤 조직도 그렇게 완벽하게 외부와 단절되어 내부 논리만으로 구성된 별도의 세계에서 움직이지는 않는다. 알튀세르가 생각했던 '국가 이데올로기 기구'와 같은 음모론적 상상이 문제가 되는 이유는, 누군가가 이러한 일련의 음모를 상상하고 조직하는 '주체'가 있어야 하는데, 지금처럼 복잡하고 다원적인 자본주의에서 도대체 누가 이 엄청난 일을 기획하고 수행하겠는가? 그처럼 완벽한 감시자는 존재하기 어렵다. 물론 가끔 그런 총수가 있기는 하지만, 링컨이 말한 것처럼 "모든 사람을 늘 속일 수 있는" 정도의 완벽한 정신분열증 환자는 거의 존재하지 않는다.

기업의 경우도 마찬가지다. 기업은 자본의 법칙에 따라 이윤 극대화를 기획하고 '철의 심장'을 가진 로봇 군단처럼 악랄하며 비열한 행위도 서슴없이 할 것 같지만, 일종의 '자발적 조직화의 원리'가 움직이는 시스템처럼 사실은 누구도 전체를 기획하지 못하고, 언제나 최적의 결정을 내리는 것과도 거리가 멀다. 그리고 지금까지 했던 '루틴'과 국부적인 원리—사이먼이 지적했던 정해진 국부적 방식에 의해 체스를 두는 컴퓨터처럼—에 따라 움직이는 자기구성체에 가깝다. 우리나라에서 신호하는 표현처럼 '조직 총수'라는 개념을 사용하더라도 마찬가지다. 그는 정말로 조직의 전체를 관장할까? 총수도 자기 회사 깊은 곳에서 벌어지는 일들을 잘 모르고, 1년에 몇 번 중대한 일에 개입할 수 있을 뿐이다. 마치 핵잠수함에서 벌어진 함장과 부함장의 갈등처럼 조직의 결정은 수많은 가치와 목표가 충돌하면서 많은 경우 우연히 만들어진, 의도하거나 기획되지 않은 자기결정체에 가깝다. 조직이 오래되고 커질수록 이러한 성향은 더욱 강해진다.

내부에서는 무섭도록 냉정하고 살인도 주저 없이 하도록 구성원들을 훈련시키지만, 정작 자신이 속해 있는 사회를 향해서는 자신들이 '착한 사람'이며 '유능한 사람'이라는 것을 설명하기 위해 최선을 다하는 조직은 군대다. 이런 조건에 따라 움직이는 조직을 '군대 모델'이라고 부를 수 있을 것이다. 기능론적으로 볼 때 군대는 살인을 하는 집단이지만, 그들은 또한 왕의 충실한 수족이자 민중의 복무자이고, 또 그렇게 자신들이 사랑받을 때 가장 강력한 군대가 된다. 좋은 군대는 작은 군대일까, 큰 군대일까? 크거나 작거나 절대로 외국 군대에 지지 않는 무패의 군대가 좋은 군대라고 할 수 있다. 군대가 단순히 국가를 지킨다는 방어적인 측면에서 벗어나 그야말로 자본주의 경제의 첨단에 선 경제기관으로서 가장 용감하게 '공격경영'을 하던 제국주의 시절이 인류에게는 있었다.

세계화의 진행과 함께 자본주의가 복잡해지는 과정에서 선진국의 기업들은 군대가 사회와 고전적으로 맺었던 모습과 가까워지고 있다. 이걸 일종의 '의태'라고 부를 수도 있을 것이다. 경제전쟁이 더 심해져서 기업이 군대와 비슷해진다기보다는, 그만큼 사회에서 기업이 차지하는 비중이 더 커지면서 예전에 군대가 가졌던 영속성을 기업이 획득하기 위해 군대 모델과 비슷해진 셈이다. 영속성을 가진 조직 중에서 가장 대표적인 게 군대라는 것은 의심할 여지가 없다.

군대는 사회 자체만큼이나 그 기원이 오래된 조직이다. 누가 최종 결정을 할 것인가, 누구를 희생시킬 것인가와 같은 어려운 문제에서부터, 누구를 위해 봉사할 것인가와 같은 문제, 혹은 은퇴한 장교들과 병사들의 미래를 어떻게 책임질 것인가와 같은 어려운 문제를 군대는 오래전부터 해결해왔다. 기업과는 비교도 할 수 없을 만큼 오랜 기간에 걸쳐 안정된 조직으로 진화해온 셈이다. 그러므로 자본주의가 발달한 이후에 등장해서 상대적으로 역사가 짧은 조직인 기업들이, 스스로 인식하든 인식하지 못하든, 군대의 모습과 닮아가고 군대에서 많은 요소를 빌려오는 것은 오히려 당연하다고 하겠다.

그렇다면 한국의 경우는 어떨까? 한국 기업들은 유럽이나 미국의 기업과 달리 처음부터 군대 자체를 모방하면서 조직을 만든 경우다. 한국전쟁 이후 박정희-전두환-노태우의 통치기간을 거치면서 대부분의 기업조직의 모태는 군대조직에서 유래했다. 짧은 역사 속에서 우리나라 기업들은 사회 엘리트인 군인들을 받아들이고, 군대조직을 모방하면서 한국 자본주의를 만들어왔다. 외국의 기업들이 이제 군대와 같아지려고 한다면, 한국 기업들은 1990년대 이후 군대에서 멀어지려 했다고 요약할 수 있다.

현실적으로 조직은 어떻게 의사결정을 하는가 하는 문제가, 한국에서는 여전히 군대는 어떻게 의사결정을 하는가 하는 질문과 비슷하다. 예를 들면, 우리나라 극우파들이 가장 자랑스럽게 생각하는 "육탄으로 수류탄을 들고 탱크 위로 올라갔던" 바로 그 특공대라는 조직은 과연 어디에서 왔는가 하는 질문 말이다. 누군가 희생을 해야 하는데, 도대체 그 희생자를 어떻게 선택할 것인가는 현대 조직론에서도 쉽게 답하기 어려운 질문이다. 만약 극우파들이 했던 수많은 전쟁 무용담이 모두 진실이라면, 이미 지휘 체계가 붕괴되고 대통령도 서울에서 도망갔던 그 상황에서도 북한군의 소련제 탱크를 육탄으로 저지하는 어려운 결정은 '자원自願'에 의해서 이루어졌을 것이다. 게다가 그들의 말이 옳다면, 우리나라에서 군대는 가난하지만 똑똑한 청년들이 모인 엘리트 집단이었으며, 오랫동안 국민들의 사랑과 존경을 받은 조직이었다. 그러니 우리나라의 대기업들이 1960~70년대에 군대로부터 조직의 형태와 운용방식을 빌려오지 않았다면 그게 오히려 이상했을 것이다.

그러나 군대는, 조직으로서는 효율적인 속성 가지고 있지만, 사회 전체가 군대처럼 작동한다면 심각한 내부 문제를 잉태하게 된다. 국민은 군인과 등치될 수 있는 위상을 가진 존재가 아니기 때문이다. 이런 역사적 조건 속에서 한국 기업들은 여전히 군대인 걸까? 혹은 이제 본격화되기 시작한 '고객주의'에 따라 이제 '제대로 된 군대'가 되어가고 있는 걸까? "군대는 무기로 싸우는 것이 아니라 군인정신으로 싸운다"라는 말이 있다. 군대야말로 '사람 장사'에 가장 익숙한 조직의 원형이다.

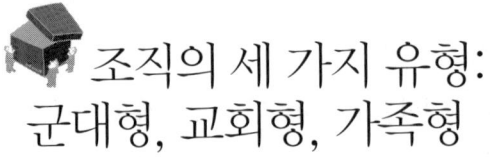 조직의 세 가지 유형: 군대형, 교회형, 가족형

사람들이 만들었던 조직은 대개 군대와 교회, 가족이라는 세 가지 원형으로 분류할 수 있다. 이 세 가지가 외국 기업들이 주로 자신의 '역할 모델'로 많이 삼았던 경우라고 할 수 있다. 조금 더 자세히 구분하자면, 일본 기업들이 군대에서 조직 모델을 많이 가지고 온 반면, 유럽이나 미국 기업들은 교회와 가족에서 많이 가지고 온 편이다. 마치 한 국가 전체가 전쟁을 하기 위해 만들어진 것과 같던 일본의 군국주의 모델은 특이한 편이고, 대부분의 나라는 오히려 교회가 군대를 움직이고 있었기 때문에 조직을 일종의 '교회공동체'의 연장으로 이해한 경우가 많았다. 국가 전체가 하나의 교회공동체처럼 운용되는 미국의 경우는 극단적으로 군대도 교회처럼 여기고, 그 안에 있는 기업들도 많은 경우 교회처럼 운용되거나 이해되는 경향이 있다. 하긴 십자군 전쟁과 같은 경우는 군대 모델인지 교회 모델인지 구분하기가 쉽지 않고, 이라크전에 파견된 미국 해병대의 경우도 군대와 교회 모델의 명확한 구분이 어렵다.

유럽에서 가족을 모델로 시작한 기업들은 교회를 모델로 한 기업과는 달리 '마에스트로'라는, 개별적으로 특화된 기술을 가진 장인들에 의해 만들어졌다. 교회형 기업들이 쉽게 규모화의 길을 간 것과 달리, 기술로부터 생기는 자산으로 특화된 가족형 기업은 여간해서는 규모를 잘 키우지 않는다. 정밀기계와 정밀화학을 비롯해서 고도의 숙련도가 있어야 생산되는 제품들은 여전히 이런 가족형 기업이 대세를 이루고 있다. 최고의 부가가치를 누리는 '하이엔드 시장high-end market'의 선도 그룹은 이런 가족형 기업에 뿌리를 둔 경우가 많다. 의료장비나 오디오 기기 혹은 식품산업에 이르기까지, 수요는 적지만 공급을 이보다 더 적게 해서 고가를 유지하는 특징을 지닌 이 시장에서 최고의 기술 숙련도 덕분에 조금 일하고 많은 돈을 버는 제품들이 여전히 가족형 기업들에 의해 만들어지고 있는 것이다.

일본의 경우에도 이런 가족형 기업을 꽤 볼 수 있지만, 유럽만큼 소비 스펙트럼이 다양하게 발달되어 있지 않기 때문에 오래 유지하기란 쉽지 않다. 조직 규모가 커지면 덩달아 기술도 발달할 것 같지만, 정밀기계나 광학렌즈 등의 소재 및 소재가공 분야에서 가족형 기업이 기본층을 형성하지 않으면 전체 산업의 숙련도를 높이기가 쉽지 않다. 밀라노와 파리를 비롯해서 스위스와 덴마크까지 이어지는 유럽 국가들에서는 이런 가족형 기업들이 전체 기업의 2/3를 넘을 정도로 폭넓게 분포하고 있다.

한국의 짧은 산업발전사 속에서도, 현대중공업의 특수장비들을 실제로 제공했던 것으로 유명해진 청계천 공구상가와 같이 산업의 후방을 형성할 수 있는 가족형 기업의 기반이 잠깐 생겨나기는 했다. 그러나 유럽과 같은 의미의 가족형 기업은 생겨나지 않았다. 가족형 기업에서는 당연히 조직 내부의 경쟁이 상당히 제한된다. 그 대신 아버지를 뛰어넘으려는 아들의 경우처럼 계승자 사이의 경쟁은 강화된다. 따라서 규모는 작아도 기술이 전승되면서 발전되어야 하는 상품의 경우에는 그렇지 않은 조직에 비해 유리한 속성을 갖는다. 우리나라는 이런 고부가가치를 누리는 가족형 기업도 '영세기업'이라고 부를 만큼 가족형 기업의 가치를 제대로 알지 못했고, 1970~80년대의 급격한 산업화 시기에 축적된 사회적 지식이 전체 산업에 누적 효과를 낳지 못하는 심각한 약점을 보였다.

군대와 교회는 상당히 유사하면서도 미묘한 차이점들을 가지고 있다. 두 조직 모두 "네 이웃을 네 몸과 같이 사랑하라"며 동료에 대한 희생을 상당히 강조한다는 공통점이 있다. 특히 포디즘과 같은 대량생산 체제에서 절실히 필요한 동료들 사이의 조율에 관한 문제에 대해 두 조직유형은 매우 쉽게 협동 이데올로기를 제공한다. 마찬가지로, 내부에서의 협력이 그 어느 때보다 중요해진 세계화 국면에서 다국적기업들이 군대나 교회를 닮아가는 것은 당연한 일일 것이다.

두 조직유형의 가장 큰 차이점은 구성원 개개인에게 요구되는 윤리 혹은 정신에서 비롯된다. 교회는 신도들에게 '예수가 했던 것'처럼 행동하고 또 그렇게 해서 예수와 같은 존재가 되라고 요구하는 경향이 있다. 이런 점에서 교회는 상당히 균일적인 행동 패턴을 만들어낸다. 그렇지만 군대는 사병들에게 '장군처럼' 되라고 요구하지 않고, 장군과 사병 사이에는 위계와 행동방식에 있어서 절대적인 벽을 둔다. 만약 군대에서 사병들이 장군처럼 직접 작전을 짜고 장군처럼 대우해달라고 하면 어찌 되겠는가? 아주 골치 아픈 일들이 벌어질 것이다.

이런 미묘한 차이가 서양 기업들의 조직 내에서 큰 차이를 만들어냈다고 할 수 있다. 분대니 소대니 하는 작전 단위가 일본에서는 팀제로 안착되었고, 이 팀 단위에서 개별적으로 진화한 특수한 일들을 좀 멋진 이름으로 부르면 '포스트 포디즘' 혹은 '도요타주의' 같은 것이 된다. 반면에 교과서적으로 교회조직을 따라온 미국 기업들은 중앙형 조직의 수직적 위계에 따라 움직였는데, 생각보다 획일성이 높아져서 1980년대 포디즘 시절까지는 세계를 선도했지만 1990년대에 들어서자 소조小組 단위에서 혁신을 만들어내는 일본 기업과의 경쟁에서 밀리는 일이 벌어졌다.

군대와 교회가 경쟁하면 어느 쪽이 이길까? 답하기가 쉽지는 않지만, 기업사의 관점에서 보면 지금까지는 일본식 기업체계가 작은 단위에서의 연성혁신soft innovation을 더 빠르게 만들어내면서 기술경쟁에서 조금 더 유리하게 작용했다고 말할 수 있다. 도요타와 GM 사이의 경쟁을 다른 눈으로 보자면, 군대와 교회가 기술혁신을 둘러싸고 벌인 경쟁이기도 했다. 특히 GM의 경우는, 한국 사람들이 말하는 '총수' 없이 정말 교회처럼 자발적으로 움직이는 사람들에 의한 조직에 가깝기 때문에, 지금까지의 모습만 보면 여기에 대응하는 도요타의 일본식 군대형 조직이 여전히 중요한 성과를 올리고 있다고 할 수 있다.

물론 여기에는 약간의 사회적 맥락이 있다. 군대형 조직이 정상적으로 움직이려면 일본의 연공서열제 같은, 즉 군대에서 장병들 한명한명을 자신의 '주요 구성원'으로 믿어주는 정도의 보장이 필요하다. 교회에서는 신앙인으로서 예수와 같아지는 것이 개인들의 자발적 행위의 동기가 될 수 있는 반면, 군대형 조직에서는 조직 구성원 모두가 이해할 수 있는 '조직의 보살핌'이 보장되지 않으면, 한국에서—그리고 지금도 많은 저개발국가의 군대가 그렇듯이—군인들이 바로 최고의 '도둑놈'이 되는 일이 언제든지 발생할 수 있다. 팀별 소조 단위에서 구성원들이 최선을 다하게 하려면 단순히 성과에 따른 보상만으로는 어렵다. 이는 일본식 팀제가 평생직장을 보장해주는 연공서열제에서 특별히 위력을 발휘한 사례에서 얻을 수 있는 교훈이기도 하다.

군대형 조직과
가족형 조직의 결합

구조주의에서 사회를 '아빠형 사회' '엄마형 사회' '형제형 사회' 같은 유형으로 나누어 분석하기도 한다. 조직 구성원의 권한에 따른 위계 관계를 설명하기 위해 이런 틀을 도입하는데, 대체로 의사결정 구조와 조직 구성원의 관계를 분석할 때 도입되는 개념들이다. 넓게 보면, 군대나 교회는 '아빠형 조직'에 가까운 모습이다. 인류사에서 '엄마형 조직'은 아주 오래전에 등장했다가 사라졌지만, 곤충 집단은 지금도 대개 이런 유형으로 만들어지고 유지된다. 꿀벌이나 개미 사회를 보면 대개 여왕을 두고 같은 유전자를 공유하는 자매들의 분업에 의해 움직이는 시스템을 갖추고 있다. 아마도 모든 공동체 시스템은 이런 '엄마형 조직' 형태가 되어야 비로소 '지속가능한 시스템'이 될 것이다. 아직까지 '아빠형 조직'으로 움직이는 인간 사회는 덜 진화했거나, 너무 진화한 것인지도 모른다.

어쨌든 사람들이 만들어내는 조직은 생태계의 조직들에 비하면 상당히 불안정하며 많은 위험성을 가지고 있다. 그런 점에서 한국 기업들이 지금까지 지난 50년 동안 만들어낸 놀라운 성과는 조직론에서도 당연히 세계적인 연구대상이라고 하지 않을 수 없다. 1990년대 이후에 등장한 몇몇 정당과 시민단체, 정부조직을 제외하면 한국에 있는 거의 모든 조직은 사실 가족을 원형으로 하고, 여기에 군대식 직제를 결합시킨 형태를 가지고 있다. 최소한 2000년 정도의 역사를 가진 교회도 우리나라에 들어오면 가족을 원형으로 하는 세습형 조직이 되고, 주요 기업들은 말할 것도 없이 가족형 조직구조를 가지고 있다. 물론 작동하는 방식은 여기에 군대구조를 접목시킨 것인데, 삼성과 현대를 비롯해 '사람 장사'를 하는 대부분의 민간조직들 역시 그런 형태이다. 또한 '가족형 군대조직'과 '군대형 가족조직'이 구분하기 어려울 정도로 뒤섞여 있어, 그중 어느 쪽이 그 조직의 원형인지 구분하기 어려운 경우도 많다. 이런 구조는 단순히 소유구조와 '자식에게 물려주지 못하느니 차라리 문을 닫겠다'는 식의 승계 구조에서만 발견되는 것은 아니다.

지난 20년 동안 이어진 한국 대기업의 경영을 관통하는 가장 큰 목표는 사실 유럽이나 미국의 합리적인 학자들이 생각했던 '이윤 극대화' 같은 멋진 목표도 아니고, 그렇다고 좌파들이 생각하는 기업의 '사회적 역할'도 아니다. 그건 다음 세대에 대한 승계, 즉 아들들과 딸들에게 골고루 나누어줄 그룹군을 형성하는 것이었다. 이처럼 상속세를 가장 적게 내고 승계하기 편한 방식으로 조직의 모습이 진화한 것은, 서구는 물론이고 한국만큼이나 가족주의가 심하다는 일본도 보여준 적이 없는 기이한 현상이다. 이는 대기업만이 아니라 하다못해 민간 학교재단이나 교회까지 이런 방식으로 진화한 것은 한국 조직만의 유별난 특수성이다.

한국 자본주의가 지금과 같은 야릇한 모습을 하게 된 것은, 극우파들이 말하듯 정부의 비효율 때문이 아니라 그나마의 효율성이 정부 부문에서라도 최소한의 건전성을 지켜낸 결과인지도 모른다. 적어도 장관이 아들에게 장관직 같은 공직을 물려주는 일이 벌어지지 않은 것은 물론, 공기업에서도 이런 일이 벌어지지는 않았다. 돌이켜보면 참 기적 같은 일이다. 다른 나라의 공기업과 달리 거의 '개인 왕국'에 가까웠던 포항제철의 경우에도 친했던 군인들과 고향 친구들을 중심으로 한 파벌경영이 생겨났을지는 몰라도 최소한 가족경영은 발생하지 않았다.

교회를 아들에게 물려주는 일이 다른 나라에도 있을까? 이걸 설명할 수 있는 길은 단 한 가지다. 우리나라의 경우는 기업이 교회 모델을 차용한 것이 아니라 오히려 교회가 기업 모델을 차용한 것이라고 설명하는 수밖에 없다. 실제로 대형 교회들은 대기업이 탄생한 후 한국 자본주의가 거둔 풍요의 기반 위에서 생겨났다. 기업의 가족경영을 교회가 그대로 모방하는 것은 어쩌면 당연한 일이었는지도 모른다. 사실 2000년 이후에 한국에서 정부기관을 비롯한 많은 사회조직들이 "기업에서 배우자"라고 했지만, 이미 많은 민간조직들은 기업에서 가족경영을 배우고 있었던 셈이다. 그래서 우리나라의 많은 조직들은 그 유형이 대체로 유사하다는 특징을 갖는다. 이는 한국의 대기업이라는 틀을 통해서 군대형 직제와 가족형 소유구조의 환상적 결합이 사회적으로 확산되었기 때문이라고 볼 수 있다.

서양에서는 '사랑'이라는 경제원칙을 제공한 조직이 '교회공동체'라는 말로 상징되는 교회였다. 하지만 우리나라에서는 거꾸로 교회마저 기업이라는 매개를 거쳐 군대의 원리로 작동되기 때문에, 사회적

> **극기훈련 하다 신입사원 잡을 뻔**
>
> **가벼운 옷차림 산악행군 69명 8시간 헤매다 구조**
>
> 폭설과 혹한이 몰아친 밤에 부리던 극기훈련을 하던 신입사원들이 8시간 동안 산속에서 길을 잃고 헤매다 구조된 일이 벌어졌다.
>
> 7일 밤 8시께 경기 안성시 양성면 한국표준협회 연수원에서 3박4일 교육을 받던 1개학 동기 2개 회사 신입사원 69명(여성 3명)이 산악행군에 나섰다. 이들은 3킬로색 2분 간격
>
> 으로 연수원 기숙사 뒷산을 출발해서 근 천덕산 신선봉(해발 308m)을 돌아오는 3㎞ 코스에서 훈련을 했다. 연수생들은 전체 코스를 네 구간으로 나눠 일정 지점마다 인솔자가 기다리는 인솔자별 또는 연수생은 휴대폰을 연수원 쪽에 알리긴 채 출발했다. 그러나 날씨가 짜질 정도로 낮은 눈과 체감온도 영하 20도를 넘는 감추위 속에
>
> 연수생들은 점차 지쳐갔다. 연수생은 은 방한복도 입지 않았고 길부는 구두 신고 아닌 산악행군에 나섰던 것으로 드러났다. 연수생 김아무개(29)씨는 "함아 난다고 점퍼도 못 입게 했다"면서 "연수생 대부분 가벼운 트레이닝복과 간단한 운동화 차림으로 극기 훈련에 들어갔다"고 말했다.
>
> 50여명의 연수생들은 이 북구에 상시간인 8일 오전 1시20분을 넘기도 복 3분의 2 지점도 지나지 못했다. 방향을 잃거나 지쳐 이탈하는 연수생
>
> 도 있었다. 결국 인솔자의 신고를 받은 119구조대 15명이 긴급 출동해, 오전 4시20분께야 이들의 하산을 도왔다. 그 과정에서 저체온 증세를 보인 서아무개(29)씨 등 2명은 병원으로 실려갔다.
>
> 용인소방서 관계자는 "연수생들이 모두 겨울산행에 전혀 대비하지 않은 채 훈련을 받아 "부디 조금이 라도 지체했더라면 대형 참사로 이어질 수 있었다"고 말했다.
>
> 연수를 맡은 "1984년부터 22년 동안 산악훈련이 실시됐지만 아무런 사고가 없었다"면서 "안일한 준비 과정에 문제가 많아 연수생들에게 시과했다"고 밝혔다. 김기성 기자 player@hani.co.kr

★ 한국의 대기업이나 국회, 교회, 대학, 동아리에 이르기까지 조직을 운영하는 가장 일반적 원리는 바로 '군대'이다. 이러다 보니 조직의 문제가 생기면, '정신무장'을 위해 군대식 사회화 프로그램을 거치는 것이 상식이 되어버렸다. ('한겨레』 2006년 2월 9일자)

으로 여타 조직이 모방할 모델이 거의 없었다고 할 수 있다. 목사, 장로, 집사를 거쳐 평신도까지 내려오는 한국 교회 특유의 조직 구성은 결국 협동조합을 잉태한 외국의 교회공동체 운용방식과 달리, 문자 그대로 군대에 더 가깝다. 대학 동아리는 군이 체육학과와 같이 특수한 분야에 특화된 조직이 아니더라도 대개는 군대의 방식과 유사하게 움직이고, 조직의 구성원이 '사회화'하는 방식도 군대의 신병훈련과 같은 방식으로 진행된다. 누가 가르쳐주지 않아도 사회 전체가 새로운 조직을 만들 때 군대를 원형으로 만드는 셈이다. 1980년대 좌파들이 만들었던 운동권 조직이라고 여기에서 크게 달랐을까? 별로 다르지 않아 보인다. 상황이 이렇다 보니 조직에 문제가 생기면 기업은 물론, 심지어 국회의원들까지도 군대의 신병 프로그램에 들어가 아예 군대식 사회화로 '정신무장'을 하는 일들이 전혀 이상해 보이지 않을 정도다. 어차피 조직의 특징만 놓고 보면 대한민국 자체가 거대한 군대처럼 작동하는 상황에서, 따로 복잡하게 별도의 훈련 프로그램을 디자인할 필요 없이, 군인들에게 직접 배우는 편이 더 효율적이고 빠를 수 있다.

대한민국 경제의 화려한 '압축성장'을 조직적으로 뒷받침했던 것은 사실 박정희를 정점으로 하여 재벌로 불리는 몇몇 패밀리의 가족경영

이 지녔던 확실한 방향성, 그리고 이미 역사적으로 검증된 군대조직의 효율성이었다고 해도 과언이 아닐 것이다. 이런 점에서 세계은행이 한국 경제의 특징을 '동원경제'라고 규정한 것도 이상한 일은 아니다. 사회 전체가 거대한 병영과 비슷하고, 경쟁은 조직 내에서는 물론이고 조직과 조직 사이에서도 제한되어 있었다. 굳이 표현하자면, 이런 거대한 오케스트레이션을 '박정희 리더십'이라고 부를 수 있을 것이다. 군대든 교회든 조직으로서의 모델은 "내가 무엇을 해야 하는가?" 혹은 "왜 해야 하는가?"와 같은 큰 질문에서부터, 나와 동료와의 관계, 혹은 나와 윗사람과의 관계, 그리고 '내가 잘못하는 것'에 이르기까지 일관된 하나의 설명틀을 제공한다. 대한민국에서, 블랙박스라고 불리는 이런 기업의 내부를 열어보면 무엇이 있을까? 길게 고민할 필요 없다. 대부분 변형된 군대조직이 그 안에 기본 위계체계로 자리 잡고 있을 뿐이다.

'직장'이라는 말은 한국에서 아주 사회적인 의미를 가지고 있다. 개별 노동자에게 그곳은 월급을 주는 곳이기도 하지만, 또 다른 면에서는 군대와 마찬가지 위계를 가지고 있는 조직틀 내에서 일원이 되는 곳이다. 그리고 그곳에, 사람들은 전쟁을 수행하기 위해 간다. 직장을 표현할 때 우리나라 사람들이 쓰는, "하루하루가 전쟁 같다"라는 말이 괜히 나온 건 아니다.

보론 1 | 도표로 보는 한국의 대표적 조직유형

우리나라의 대표적인 조직들을 조직논리와 내부 경쟁을 하나의 축으로 삼고, 조직 전체가 만들어내는 효율성을 또 하나의 지표로 삼아서 간단하게 도표화하면 〈도표 1〉과 같다. 조직 내부에서 지나치게 내부 경쟁이 높아져도 협동진화와 멀어지고 지나치게 조직논리만 강조되는 경우에도 협동진화와 멀어진다. 〈도표 1〉에서, 위쪽으로 올라갈수록 조직 자체의 효율성이 높은 경우라고 할 수 있다.

〈도표 1〉에서 특징적으로 분포된 주요 조직들을 네 가지 집단으로 나누어 간단하게 공통점을 찾아보면 〈도표 2〉가 된다. '1집단'에는 계모임, 1970~80년대의 재벌과 1980년대 운동권 단체들이 포함된다. 이들은 조직 내부의 논리에 따라 움직이는데, 획일적이면서도 높은 효율을 올린 조직들이다. 한국 자본주의의

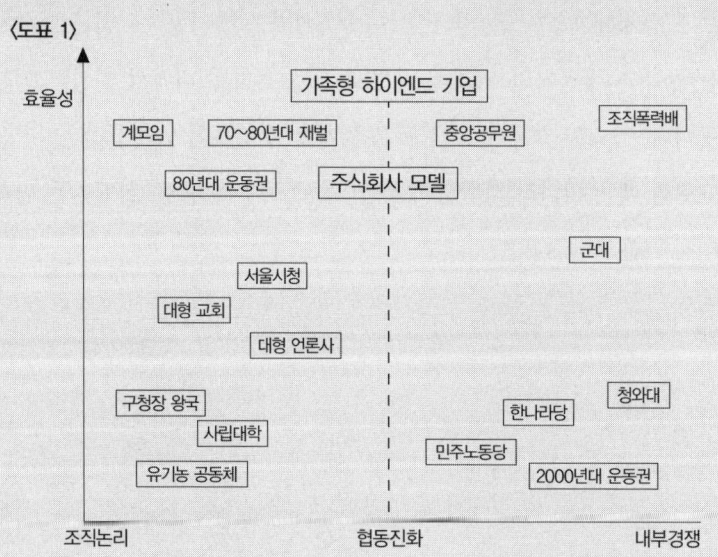

〈도표 1〉

출발점에 서 있었던 주요 조직들은 '1집단'의 특성을 많이 갖고 있었다. 이런 조직들은 유신경제를 뒷받침했던 동원체제에서 가장 크게 효율성을 발휘한다.

'2집단'에는 대형 교회, 대형 언론사, 사립대학, 지방자치단체의 '구청장 왕국'들이 포함된다. 이 집단은 권위주의 시절 한국의 주요 조직이 가졌던 특징을 그대로 가지고 있지만, 효율성이 매우 떨어진 상황이다. 지나치게 강력한 조직논리가 새로운 시대에 적응하지 못한 경우라고 할 수 있다. 여기는 경쟁이 너무 없고, 대체로 '왕국 현상'이 벌어질 확률이 높다.

'3집단'에는, 경쟁은 높아졌지만 협동진화의 균형에 도달하지 못하고 매우 낮은 효율성을 보이는 집단들이 포함된다. 불완전한 내부 민주주의에 의해 조직이 몇 개의 집단으로 나뉘어서 심각한 경쟁 양상을 보이지만, 이러한 경쟁이 주식회사 모델에서 볼 수 있는 효율 향상으로 이어지지 않는 경우다.

'4집단'은 불법 집단인 조직폭력배와 불법다단계의 경우다. 경쟁도 높아지고 동시에 효율성도 높아진 상태인데, 이것은 한국 자본주의의 공식부문이 비공식부문을 효과적으로 제어하지 못해서 생겨난 현상이라고 할 수 있다.

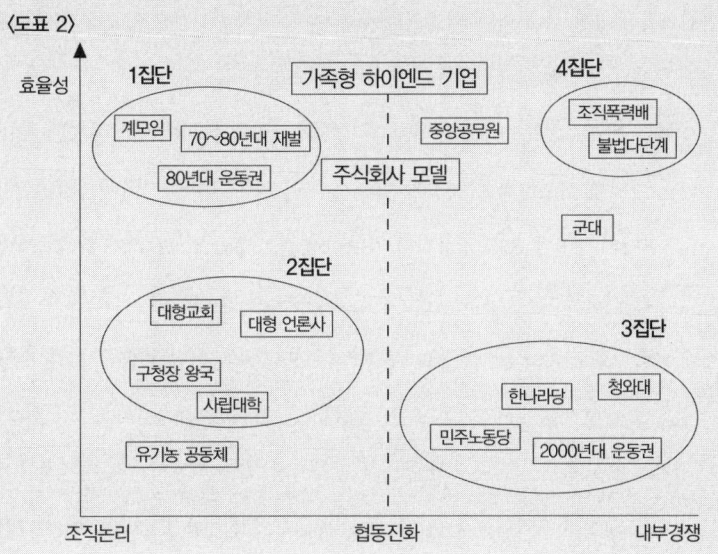

〈도표 2〉

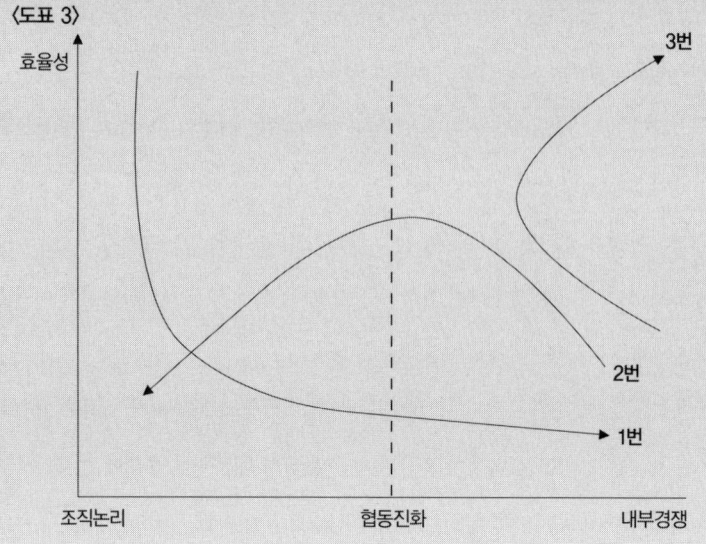

이런 조직의 현 상황에 시간이라는 축을 넣어 진화 경로를 분석하면 〈도표 3〉이 된다. 1번 경로는 2집단에 있는 '왕국형' 조직들이 갈 수 있는 최악의 경로다. 1집단에서 출발했던 2집단이 현재 상황에서 기계적으로 내부 경쟁만 도입할 경우, 경쟁은 높아지지만 협동진화를 통한 효율성은 높아지지 않고 내부 갈등만 높아진다. '구청장 왕국'이나 대형 언론사에 개혁이라는 이름으로 조율되지 않은 내부 경쟁만 도입했을 때 발현될 가능성이 가장 높은 경로다.

이와는 반대로 내부 그룹 사이에 경쟁이 지나치게 높아져서 안에 있는 조직 구성원 사이에 협동진화를 하기가 어렵게 되어 있는 한나라당이나 민주노동당 같은 3집단의 경우에 조직의 융화를 지나치게 강조하는 조직논리가 강하게 작동하면, 2번 경로를 따라 '왕국 현상'에 갇힐 가능성이 높다. 이런 조직은 불법 조직인 3번 경로로 가고 싶어하는 내부 동인이 강하지만, 시민단체와 사회적 감시가 강화된 한국 사회에서 3번 경로를 채택하기는 쉽지 않다.

주식회사 모델은 지금까지 사람들이 만들어낸 모델 중에서는 조직논리와 내부 경쟁을 적절히 조화롭게 만들 수 있는 확률이 가장 높은 모델 가운데 하나다.

그러나 내부에서 투표를 하거나 토론을 강화하는 등 형식적 민주주의 장치만으로는 2집단과 3집단이 현재 갇혀 있는 조직 비효율성의 덫에서 빠져나오기는 쉽지 않다.

한국 조직에 닥친 첫번째 위기: 왜 열심히 일하는가?

사람들이 만들어낸 기업의 형태 중에서 가장 아름다운 것은 케인스의 이론과 기업가 포드가 만나서 만들어낸 포디즘인 것 같다. 사회주의자였던 찰리 채플린의 영화 〈모던 타임스〉에서, 감당할 수 없을 정도로 컨베이어 벨트의 속도를 높여놓고 모니터를 뚫어지게 쳐다보던 근엄한 사장의 얼굴이 아마도 포드였을 것이라고 상상하는 사람들이 많다. 그러나 포드가 만들어낸 새로운 사회는, 지금 우리나라에서 사람들이 생각하는 경제적 삶에 대한 불안과 비교하면 아마 천국 같은 곳이었는지도 모른다. 우리나라는 물론이고 선진국에서도 여전히 포디즘 위에 세워졌던 '영광의 30년'을 아름다운 시절로 회상하는 사람들이 많고, '노동귀족'이라는 말이 국제적으로 등장한 것도 바로 그 시절이다. 컨베이어 벨트를 돌리는 일은 숙련된 노동자들의 자발적이고 세밀한 협조 없이는 불가능한데, 이를 위해서 포드는 임금을 두 배 이상 올려주고, 포드사의 노동자들도 자신들이 만드는 포드 자동차를 살 수 있게 해주겠다는 감동적인 연설을 한 바 있다. "돈은 아주 많이 줄 테니, 더 열심히 일해주세요"라는 한 문장으로 요약될 수 있는, 이런 포디즘의 작동원리는 20세기 후반까지 대성공을 거두었고, 똑같은 물건을 아주 많이 만들어내는 데에는 설명이 더 필요 없을 정도로 검증된, 최고의 생산방식이다. 이 과정에서 노동조합이라는 것이 반체제 성격을 갖는 '빨갱이 집단' 정도의 위상에서 노동자와 기업가 사이에서 임금만이 아니라 생산강도와 불량률 등의 표준을 정하고 노동자의 자발적 참여를 이끌어내는 중추적인 협의기관으로 자리 잡았다.(한국에서는 이러한 역사적 과정이 없었기 때문에 노동조합은 불필요하다고 생각하고, 월급 많이 받는 노동귀족들만을 대변하는 '배부른 돼지'들의 부패한 장치처럼 이해되지만, 자본주의 역사에서 노조가 사장들만큼이나 맹활약했던 시절은 분명히 있었다.)

이제는 누구나 쉽게 쓰는 말이 된 세계화는 금융화와 포스트 포디즘이라는 두 가지 요소로 요약될 수 있는데, '다품종 소량생산'이라는 새로운 변화를 따라가기 위해 기업들은 포디즘 시절보다 노동자들의 더 적극적인 협조가 필요해졌다. 우리나라에는 '지식기반 경제' 혹은 '혁신'과 같은 파편적인 말들로 이러한 변화가 소개되었지만, 이건 그렇게 단순한 말이 아니라 거의 무한대에 가까운 '창조능력'을 조직 구성원들에게 요구하는 말이다. 이러한 변화가 유연성이라고 표현되든, 창의성이라고 표현되든, 아니면 21세기적 의미의 생산성—생산에 대한 단순 기여도가 아니라는 면에서—에서든 그 의미는 같다. "이제는 소프트웨어의 시대다"라고 말해도 그 의미는 마찬가지다. 그리하여 포디즘 시절보다 조직에 더 많은 협조를 요구하면서 강화된 성과급 제도가 도입되고, 전격적인 스톡옵션의 도입에 의해 포디즘 시절의 표준임금 체계에서는 상상도 할 수 없던 높은 임금을 받는 노동자들이 등장했다. 그 시절 우리나라에서도 '억대 연봉 월급쟁이 등장'과 같은 표현으로 새로운 변화를 반겼다.

그러나 기업조직이 군대 모델 위에 세워져 '영광의 30년' 동안 획일성을 통해 조직의 내부 문제를 '덩치 키우기'로 해소해온 사회에서, 이런 변화는 결국 치명적인 문제를 일으켰다. 원래 사회적으로 완전고용에 가깝게 운용되던 종신고용제가 전격적인 성과급제 도입과 함께 흔들린 것이다. 일본은 몇 년 후 다시 종신고용제로 복귀하는 기업들이 늘어났지만, 한국에서는 포스트 포디즘 이후 조직 내부의 변화와 함께 그야말로 군대식 조직이 가지고 있던 개인적 '동기' 구조가 무너지게 된다.

군대에서는 자신의 희생이 의미가 없다는 것을 사병들이 알게 되는 순간 탈영병이 속출하고, 아무리 강한 군대라도 순식간에 별 의미 없는 오합지졸로 변하고 만다. 이처럼 군대조직은 매번 조직 구성원들에게 동기와 의미를 부여하지 않으면 금방 심각한 문제에 봉착하며, 기업을 비롯한 많은 사회조직의 경우도 이와 마찬가지다. 사실 지금 많은 한국 기업의 내부를 조직이라는 눈으로 보면, 많은 성과급을 기대할 수 있는 '고급 장교'와 그 자리에 갈 수 있다고 철석같이 믿고 있는 '초급 장교', 잘해야 초급 장교 자리까지밖에 갈 수 없는 것이 너무 뻔한 '사병'(평직원) 사이에는 태평양 같은 간극이 놓여 있다. 반면에 조직 밖에서는 실업률이 높아지면서 이 얼마 남지 않은 '단단한 직장'에라도 새로 들어오고 싶어하는 지원자가 넘치는 상황이다. 자, 초급 장교의 위치에까지 도달하기도 벅찬 평직원의 눈으로 잠깐 세상을 보자. 자신의 자리에 들어오고 싶은 사람이 너무 많으니, 자신이 받는 부당한 대우는 물론이고 처우개선 같은 고급스런 얘기는 어지간히 심장 누꺼운 사람 아니면 감히 꺼내기 어렵다. 그럼에도 불구하고 자신이 처한 이 불안한 상황마저 오래가지 못할 것이라는 점 역시 너무 뻔하다. 경제학으로 설명하면, 종신고용이 무너진 상황에서 자신이 기대할 수 있는 '평생소득'이 앞당겨진 퇴직 때문에 형편없이 낮아진 상황이라고 할 수 있다.

시스템의 외형은 포스트 포디즘을 갖추고 있지만, 실제로 조직이 만들 수 있는 '협력', 특히 '응집력'은 한국 경제의 포디즘 시절보다 형편없이 낮아진 상태가 지금 한국 대기업들의 모습이다. 이런 판에 포스트 포디즘 시대의 지식경제라는 단순한 구호가 조직을 제대로 움직일 수 있다고는 전혀 믿기지 않는다.

간단한 질문 하나를 던져보자. "도대체 왜 일하는가?"에 대해 많은 조직의 평직원들이 할 수 있는 진실한 답변 유형은 너무 뻔하다. "위에서 시키니까" 아니면 "다른 대안이 없어서"라는 두 가지다. 이런 상황을 동기구조나 응집력이란 말로 설명할 수도 있지만, 단기적인 개별전략과 장기적인 개별전략이 일치하지 않는다고 표현할 수도 있다. 자신의 기계적인 지위에는 변함이 없어도 이미 조직환경의 변화로 평생소득이 변동됐기 때문이다. 다시 말해, 조직에 자신이 가진 모든 것을 어느 정도 희생을 감수하면서 내놓는 것이 단기적으로는 이익일지 모르지만, 장기적으로 불리해지는 일이 발생하는 셈이다. 그야말로 '뼈 빠지게 일하던 월급쟁이들의 전성시대'가 깨어지면서, 한국 조직에서는 하위 직급부터 "도대체 왜 내가?"라는 질문이 생겨난다. 군대로 치면 초급 장교들이 돌격대 뒤에 서서 "도망가면 내 총에 죽는다"라고 말해야 하는, 총알받이로 전락한 돌격대의 딜레마와 같은 상황이 지금 우리나라의 조직들에서 펼쳐지고 있는 셈이다.

이런 문제는 공무원의 경우처럼 영속성이 완벽하게 보장된 조직에서 생겨나게 마련인 '관료화'와는 그 성격이 조금 다르다. 어떤 일을 하든지 자신에게 변화가 없는 관료형 조직에서 생겨나는 관료화를 장기적 문제라고 한다면, 한국 기업에서 생겨난 이런 동기구조의 붕괴는 오히려 단기 조직에서 주로 발생하는 문제이다. 떠날 게 분명한 임시조직에서 어떻게 최선을 다해 일하게 만들 것인가와 같은 질문인 셈이다. 1970~80년대 한국 기업들은 대체로 부장직까지는 승진을 보장했는데, 이런 시스템에서는 위로 올라갈 사람과 아닌 사람이 명확해지는 순간을 되도록 뒤에다 배치하는 것이 유리하다. 그리고 실제로 그렇게 운용되었다. 지금은 조직에 들어가자마자 평균적인 구성원들은 몇 년 지나지 않아 자신의 운명을 알게 되는데, 이 상태에서도 동기를 만들어내는 장치는 굉장히 세밀하고 잘 디자인된 조직구조에 의해서만 가능하다. 물론 이런 방법을 아직 한국의 조직들은 잘 모르는 것 같다. 지금까지는 군대형 위계로 나름대로 조직 내부의 역동성을 만들어온 셈이지만, 이 장치는 이제 깨졌다.

'투잡스'나 MBA를 준비하는 삼십대들의 이야기는 사실 우리나라 전체 노동시장에서 상층부에 있는 사람들에게나 해당하는 일이지만, 대기업들이 상대적으로 안정적인 조직이었던 점을 감안하면, 노동과정에서의 '안정성' 붕괴가 조직의 동기구조를 완벽하게 무너뜨렸음을 알 수 있다. 이제 남은 것은 일부 초급 간부들 사이에 극렬해진 승진경쟁 혹은 슬픈 생존경쟁 외에는 없을지도 모른다.

이 시점에서 조직론의 기본을 다시 생각해볼 수밖에 없다. 시장과 조직이라는 이분법적 접근이 가진 실제 의미는, 기업이 내부에서는 경쟁을 정지시킨다는 점이다. 이렇게 내부 경쟁을 제한하는 방식으로 조직이 자본주의 내에서 진화해온 셈이고, 실제로 기업들은 다양한 방식으로 군대나 교회 혹은 가족과 같이 경쟁을 제한하고 조직원들 사이의 협력을 높이는 방식의 구조들을 만들어냈다.

그런데 지금 한국의 조직은 포디즘의 위기를 극복하기 위해 더 많은 경쟁을 도입하는 중이다. 하지만 사람들은 그렇게 단순한 존재가 아니다. 조직 내부에도 경쟁을 도입하면 더 많은 임금을 받기 위해 더 열심히 일하는 것이 아니라, 오히려 그 조직을 떠나거나 자신을 보호하여 조금이라도 안정성을 높이고자 하는 방어 패턴이 나타난다. 누군가에게 돈을 더 많이 주면 나머지 사람들도 더 많은 돈을 받기 위해 죽어라 일할 것이라고 상상하는 것은 그야말로 순진한 탁상공론이다. 게다가 대기업처럼 안정된 조직에 들어가는 데 성공한 유능한 사람들이, 누군가 인센티브로 돈을 더 많이 받는 것은 '그 사람이 일을 더 열심히 했기 때문이다'라고 순진하게 생각하겠는가?

조직으로서의 기업은 영속적이고자 하지만, 그 영속성은 조직원의 위상도 영속적일 때에만 작동하는 경우가 더 많다. 현재 우리나라 시스템이 그래도 버티는 것은 실업률이 증가하고, 대기업과 같은 상대적으로 좋은 조건을 제시할 수 있는 일자리들이 급격히 줄어들고 있기 때문이다. 그야말로 '나가봐야 별 볼일 없다'는 사실을 모두 알고 있기 때문에 현재의 골격이 유지되는 셈이다. 그러나 이 상태가 포디즘 이후 새로운 특징으로 등장한, 지식경제에 의해 강화된 기업간의 경쟁시대에는 적합한 게 아니다. 사장이나 사장을 대리해서 경영을 책임지는 CEO나 자신의 조직원이 최선을 다하기를 바라지만, 지금의 상황이 최선을 다하게 만드는 구조는 결코 아닌 것이다. 그렇다면 그냥 월급을 더 많이 주면 문제가 해결될까? 문제가 그렇게 단순하지는 않다. 포디즘을 도입하면서 전격적으로 생겨난 사회적 관계가 무너진 이후의 새로운 동기구조와 조직의 응집력 같은 것은 외국의 기업들도 변화된 상황에서 쉽게 해결하지 못하는 어려운 질문인데, 우리나라에서는 이런 변화가 너무 빨리, 그것도 예기치 못한 방식으로 일어났기 때문이다.

한때 한국에도 삼성맨이니 현대맨이니 하는 말들이 있었고, 특유의 조직 작동방식을 몸으로 '직접' 구현하는 신참 직원들이 활약하던 시절이 있었다. 이런 특성들이 사라지는 것은 각 조직에서 주로 생산하는 상품이나 영역이 같아져서가 아니라, 그만큼 조직과 구성원 사이를 연결해주는 고리들이 사라져 버렸기 때문이다. '조직에 뼈를 묻겠다'는 중세적인 발상이 지금도 일부 남아 있긴 하지만, 사실 조직은 이제 더 이상 뼈를 묻을 수 있게 해주지를 않는다. 종신고용제와 군대식 직계, 가족경영이 묘하게 유기적으로 결합되면서 움직였던 한국 자본주의가 지금 만나게 된 제일 큰 장벽은 바로 '왜 열심히 일해야 하는가'를 구성원들에게 설명하지 못하는 것이다. 열심히 일하는 것처럼 '보이면' 되지, 정말로 열심히 일할 필요가 있을까? 물론 조직도 더욱더 평가기법을 다양화하고 세분화하지만, 일단 조직과 개인 사이에 협동게임의 여지가 사라진 다음에는 개인들도 다양해진 평가기법에 적응하기 위해 더 높은 수준의 개인전략과 의태 메커니즘을 발동시킨다. 시장과 달리 기업을 조직으로 만든 최초의 이유인 협동진화는 점점 사라지고, 조직 내부의 근본적인 고민만 더욱 깊어지는 중이다.

한국 조직에 닥친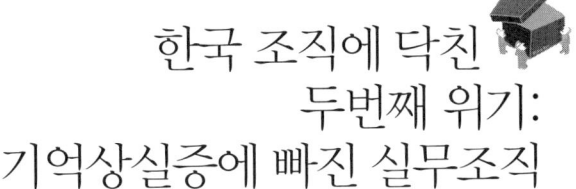
두번째 위기:
기억상실증에 빠진 실무조직

『자본론』에서는 재생산 정식이라는 도표가 나온다. 원래는 루이 14세 시절 경제자문관이었고, 의사이자 중농주의 창시자인 케네François Quesnay가 만든 '경제표'를 응용해서 자본주의의 작동원리를 그린 것이다. 여기에 '…'이라고 생긴 기호가 나온다.(학자들은 이를 '점점점'이라고 부른다.) 점이 세 개가 등장하는 이 부호가 바로 '생산과정'을 의미하는데, 뭔지는 모르지만 신비로운 '어떤 일'이 진행된다는 게 이 '…'의 의미다. 생산과정에서 벌어지는 일들은 오랫동안 신비로운 일로 보였고, '위험한 도약' '착취' '이윤율의 평균적 변화' 등 『자본론』이 신비화한 많은 개념들이 이 덧셈만으로 이루어진 재생산 정식에서는 점 세 개로 표시된다.

마르크스가 '…'이라 불렀고 요즘은 F(·)라고 부르는, 생산과정 한 가운데에서 발생하는 현상 중에 가장 신비로운 내용은 아마도 나치의 박해를 피해 영국으로 망명한 부다페스트 출신의 물리학자 미첼 폴라니Michael Polanyi의 '암묵지暗默知, tacit knowledge'일 것이다. 폴라니의 얘기는 우리가 보통 지식이라고 부르는 '형식지形式知, explicit knowledge'에 비해 문자로 전환할 수 없는 매우 특수한 종류의 지식이 존재한다는 것인데, 이 내용이 경제학으로 들어오면서 '체화지식'이라는 개념과 '숙련도'라는, 쉽게 계량화하기 어렵고 고전적 경제학에서는 익숙지 않은 변수와 관련되어 전개된다. 이 암묵지를 쉽게 표현하면, 하는 사람에 따라서 결과가 달라질 수 있다는 것을 의미한다. 즉, 늘 하던 사람이 하지 않으면 못 하는 일이 세상에는 존재한다는 것을 의미하고, 이 신비로운 일이 '…' 내에서 벌어진다고 이해하면 크게 다르지 않을 것이다. 여기에 '평균 숙련도'와 '사회적 지식' 혹은 '인적 자본'과 같은 개념들이 결합되면 "체코에서 만들어진 볼보는 볼보가 아니다"라고 사람들이 흔히 하는 말을 이론적으로 설명할 수 있게 된다. 생산공정을 비롯한 일련의 생산과정에는 단순한 노하우를 뛰어넘는 매우 특별한 종류의 지식이 개입하는데, 이건 문자로 전환할 수 없기 때문에 표준화되거나 기록되는 종류의 지식이 아니란 것이다. 이런 암묵지 때문에 생산공정이 아무 곳으로나 이전할 수 없는 것이다. 모든 지식이 어떻게 다 표준화되거나 알고리즘을 통해서 전산 프로그램으로 전환될 수 있겠는가?

영화 〈매트릭스〉에서, 네오는 '잔류항의 총합'

────── 이와 똑같은 일이 경제원론에서는 F(·)라는 함수기호로 표시되고, 이걸 생산함수라고 부른다. F(L, K)라고 쓰면 1990년대 이전의 경제학자이고, F(L, K, T)라고 쓰면 1990년대 이후에 경제학을 배운 사람일 가능성이 높다. 그리고 F(L, K, N)이라고 쓰면 자신의 공부가 런던학파와 관련 있다는 것을 의미하며, 사람들이 환경주의자라고 부를 가능성이 높아진다. 이 함수를 추정할 때 곱하기와 더하기만으로 추정식을 구성하면 '선형 모델'이라고 부르고, 여기에 로그함수나 지수함수와 같은 것들을 사용해서 추가하면 '비선형 모델'이라고 부른다. 새로운 비선형 모델 추정식을 만드는 것은 대부분의 젊은 경제학자들이 가진 꿈이다. 사실 조직론에서 얘기되는 대부분의 이론은 이 F라는 기호 안에 종속변수나 매개변수로 들어가서, 생긴 지 5~6년 정도 되는 조직이라면 t분포라는 확률함수로, 29년 이상의 역사를 가진 조직이라면 정규분포라는 확률함수를 통해 함수화할 수 있다. 널리 알려진 계량경제학의 패키지로도 1차 추정은 가능하다. ──────

으로 정의된다. 이 역시 암묵지의 일종으로 표현될 수 있다. 코드화할 수 없는 지식은 존재하지 않는다고 가정하면 사람들은 완벽하게 기계로 대체될 수 있을 것이고, 극단적으로 생각하면 마지막 순간에 버튼을 누르는 사장 한 명만 남을 것이다. 그러나 석유화학 공정의 경우, 계기판 앞에 서서 공정의 작동 조건을 조절하는, '오퍼레이터'라 불리는 사람들이 매우 특별한 종류의 지식을 가졌다면 기계가 사람을 대체하는 데에 결국 한계가 생길 것이다. 어떠한 기업도 자신의 핵심공정을 외부로 돌리는 경우는 없다. 예를 들면, 자동차의 경우 엔진만은 외부에서 공급받지 않는다. 이런 일들이 암묵지나 체화지식과 관련되어 있다.

포스코가 처음 우리나라에 일관제철소를 만들었을 때의 일화가 지금도 전설같이 전해 내려오고 있다. 일관제철 공정은 일본에서 도입했는데, 완성된 공정에서 '쇳죽'이라고 부르는 제품이 제대로 만들어지지 않았다. 그런데 일본에서 늙고 노련한 엔지니어가 와서 공정 오퍼레이팅을 하고 나자 문제가 해결되었다. 현장 오퍼레이터들 중 가장 경험 많은 베테랑을 '기성技聖'이라고 부른다. 자동화한 설비에 플랫폼을 공유하는 유연성이 도입되면 도입될수록 전체를 조망하고 수많은 운전 조건을 맞출 수 있는 일본식 기성(혹은 독일식 표현으로 '인게니아')에 해당하는 사람들의 역할이 더 중요해진다. 물론 엔지니어 회사에서 공정을 열쇠만 꽂으면 가동될 수 있는 완성된 상태로 납품하는 턴키 방식에서 매우 두껍고 자세한 운전 조건을 담은 '매뉴얼'을 건네주지만, 이런 매뉴얼만으로 제품생산이 보장되지는 않는다. 게다가 품질 조건을 맞추려면 훨씬 세밀한 운전 조건이 필요하다. 이때 직접 개입해서 미세한 조정을 해주는 '오퍼레이터'가 작은 실수만 저질러도 수조 원에 달할지도 모르는 '공장 정지'를 언제든지 일으킬 수 있다.

만약 이러한 체화지식이나 암묵지가 없다면, 미국이나 유럽에 남아 있을 현지 공장은 거리에 따른 운송료가 높은 경우 외에는 없을 것이다. 그러나 누가 오퍼레이팅을 하는가에 따른, 측정하기 어려운 수많은 변수들이 존재하기 때문에 유럽이나 일본, 심지어 미국에서도 공장들이 인건비가 훨씬 저렴한 개발도상국으로 이전하지 않고 버티고 있는 것이다. 우리나라의 대형 작업장들이 중국으로 전부 이전하지 않고 있는 것 역시 같은 이유로 설명할 수 있다.

이런 암묵지를 포함한 기업이 가지고 있는 지식관리 체계 중 가장 유명한 것이 '품질경영'이라고 번역되는 QM Quality Management이다. 기업들의 국제공업규격 중에 ISO 9000 시리즈가 이 QM 인증에 해당한다. 품질경영이라는 고급스러운 표현을 쓰지만, 결국에는 사람들에게 붙어 있는 체화지식을 어떻게 관리해서 불량품을 줄이고, 이러한 공정 담당자에게서 발생하는 연성혁신을 어떻게 하면 촉진시킬 것인가가 이 ISO 9000 시리즈의 실제 목표라고 할 수 있다.

그렇다면 생산공정 외에 일반 사무직, 소위 화이트칼라의 세계에서는 이런 암묵지가 없느냐면, 절대 그렇지 않다. '사람 장사'라고 부를 수 있는 서비스의 특수 업종들, 예를 들면 변호사들의 조직인 로펌이나 에디터들의 조직인 출판사, 혹은 전략판단 전문가들의 조직인 컨설팅 회사의 경우에도 체화지식이 중요하게 작용한다. 간단하게 '노하우'라고 표현하지만, 이것보다는 조금 더 본질적이며 근원적인, 창조나 혁신과 관련된 지식들이 있을 수 있고, 게다가 '노후 know-who'라고 표현되는, 개인이 가지고 있는 네트워크 형태의 지식들도 존재한다. '누군가를 안다'와 같은 종류의 지식은 그 지식의 소유자에게서 떨어져서는 의미가 없는 대표적인 체화지식이다. 무엇을 아느냐가 중요한 것이 아니라 '누가' 아느냐가 중요한 이런 지식은 지식의 소유자가 사라지면 같이 사라져 버리는 종류의 지식이다. 가끔은 '전관예우'와 같은 부패와 연관되어 부정적 이미지도 많지만, 조직의 시각에서 볼 때 조직의 구성원이 가지고 있는 개인적 네트워크 역시 개인들의 직접 기여도만큼이나 중요한 자산이 아닐 수 없다.

그런데 여기에 개인전략이라는 개인들의 진화함수를 생각해보면 얘기가 훨씬 복잡해진다. 에이전시 이론의 경우처럼 조직을 '프린시펄principal'이라고 정의하고 개인은 이들의 행위를 대행하는 에이전트agent라고 본다면, 이런 에이전트들의 지식이 높아지는 게 좋을까, 아니면 낮아지는 게 좋을까? 일종의 딜레마 관계이기는 한데, 조직은 되도록이면 개인의 체화지식과 개인 네트워크를 표준화하여 다른 사람에게 쉽게 이전될 수 있는 형태로 만드는 전략을 채택하고,

──── 주식회사의 주주들은 자신들의 이익을 극대화하기 위해 경영 대리인에게 일정한 보수를 주겠다는 조건을 제시하고 경영권을 위임한다. 이때 주주들에게 회사 경영을 위탁받은 에이전트(전문 경영자)에게 최적의 동기를 부여하는 계약관계가 무엇인지 연구하는 이론이 바로 에이전트 이론으로, 1960년대 이후에 나왔다. ────

개인은 자신이 가지고 있는 개인적 지식을 표준화하기 어려운 방식으로 발전시키는 전략을 채택할 가능성이 높다.

물론 이 게임이 협동게임이 되기 위해서는 전체 지식의 총량을 높이고, 이러한 지식들 사이의 호환성과 보완성을 높이는 방식의 내부 지식 네트워크를 만드는 방식으로 진화하는 것이 이 게임의 해법이 될 것이다. 하지만 이런 복잡한 진화방식을 조절할 정도로 세련된 내부 체계를 가진 조직은 아직 우리나라에 없다. 개인도 자신의 체화지식을 최대로 높이고, 조직은 이러한 지식을 최대로 활용하는 메커니

즘을 만드는 것이 가장 이상적이지만, 현실에서는 전체적으로 모두가 조금씩 손해 보는 정도에서 타협점을 찾게 마련이다. 만약 '지식 잠재성'이라는 용어를 사용한다면, 조직 디자인의 문제로 많은 조직이 더 많은 지식을 확보할 수 있음에도 그렇게 하지 못하는 셈이다.

사실 국부적 지식이나 개인 네트워크의 속성 자체가 대단히 개인적인 것이기에 조직에서 표준화하기 어려운 개별화된 지식이 등장할 때, 이것이 특정 에이전트가 자신을 지키기 위해서 그렇게 된 것인지, 아니면 해당 분야의 지식 자체의 속성 때문인지를 구분하기가 쉽지는 않다. 예를 들어 자동차 판매원을 생각해보자. 아주 유능한 자동차 판매원의 고객은 회사의 고객인가, 아니면 판매원의 고객인가? 만약 판매원이 다른 회사로 옮겨 갈 때 이 고객들은 자신의 자동차를 바꿀까, 아니면 계속해서 같은 회사의 차를 탈까?

만약에 모든 암묵지가 명목지로 전환될 수 있다면, 성과를 조직 내부에서 훨씬 더 투명하고 표준적인 방식으로 평가할 수 있을 것이고, 조직 구성원의 성과는 유리로 된 상자 안을 들여다보는 것처럼 그야말로 선명할 것이다. 이런 경우에는 조직의 구성원들에게 모두 암묵지나 체화지식의 세계는 잊어버리고 오로지 형식지만으로 행위할 것을 요구할 수 있고, 그럴 때 평가기준과 평가방식에 대해서도 쉽게 합의에 도달할 수 있을 것이다. 실제로 순진한 고급 간부들이 내릴 수 있는 가장 안이한 결론은, 업무 표준화를 높이고 구성원들 사이의 상호 대체 가능성을 높이는 방식을 통해 절대로 누구에게도 권한이 집중되지 않도록 하겠다는 것이다. 그러나 폴라니의 암묵지에 대한 지적은, 이렇게 극단적인 표준화 방식을 채택하면 조직은 결국 바보가 된다는 설 의미한다. 마르크스의 '…'를 예로 들면, 이런 식으로 '점점점' 안을 채우는 조직은 시장에서 살아남기가 어렵다. 기업은 생산활동을 잘 해서 최상의 상품을 만들어 이윤을 발생시키기 위해 생겨난 조직이지, 갈등을 줄이는 것을 최선의 목적으로 하는 동창회 같은 사교집단이 결코 아닌 까닭이다.

여기에서도 물론 일종의 협동게임의 실패가 등장한다. 어떻게 하면 노동자들에게 더 많은 권한을 주지 않을까를 고민하는 고용주와, 또 어떻게 하면 자신이 쉽게 대체될 수 없도록 조건을 만들까를 고민하는 노동자들은 종종 협동게임에서 실패한다. 그리고 이러한 방식으로 진화한 기업은 자신의 지식 잠재성에 비해 형편없이 낮은 지식자산만을 갖추게 된다. 표준적이고 병렬적으로 각 조직 구성원의 성과를 평가하는 방식은 매우 세밀하게 디자인되지 않으면 암묵지를 조직에서 사라지게 만든다.

한편, 이런 '암묵지의 딜레마'를 더욱 어렵게 만드는 것은 조직원들 사이의 경쟁이다. 조직 구성원은 때때로 위장전술을 사용하는데, 암묵지나 체화지식은 밖으로 드러나지 않고 외부에서 평가하기 어려운 경우가 많기 때문에 오히려 개인 차원에서 의태나 위장전술이 더욱 발달하게 된다. 실제로 이런 위장전술의 발전속도는 평가방식의 발전속도보다 빠르기 때문에 결과적으로 누구나 위장전술을 채택하는 결과를 낳는 조직도 많이 관찰된다. 많은 기업에서 "일하는 사람은 따로 있다"라는 말이 공공연히 흘러나오는 것은 이런 이유 때문인데, IMF 이후에 우리 사회 전반적으로 단행된 구조조정 과정에서 한국 기업들이 암묵지를 다루는 방식을 미처 준비하지 못했던 탓이다.

술을 마시면 뇌세포가 파괴된다. 그러면 재수 없게도 그 파괴된 뇌세포에 담긴 기억이 같이 사라지는데, 특히 자주 쓰지 않는 기억일수록 그렇게 사라질 가능성이 높다. 조직도 마찬가지다. 사람을 내보내면 기계적으로 인건비가 줄어들 것 같지만, 꼭 필요한 사람을 내보내는 잘못된 선택을 하는 경우에 그 사람이 가지고 있는 체화지식과 암묵지도 같이 사라진다. 이런 일들이 반복되면, 조직은 기억상실증에 걸린 사람처럼 과거를 기억하지 못할 뿐만 아니라 꼭 알고 있어야 할 정보들을 만들 수 있는 능력도 점점 더 줄어들게 된다. 아웃소싱을 통해 조직의 어떤 부분을 외부화할 때에도 마찬가지 위험이 늘어난다. 모든 것을 표준화해서 아무나 할 수 있는 단순 공정 요소로 만들면 될 것 같지만, 이런 방식으로 포스트 포디즘 시대의 경쟁에서는 버티기 어렵다.

관공서에다 무슨 일로건 전화를 해보면, 담당자를 찾아주겠다며 흔히 '공포의 뺑뺑이'를 돌리는 일을 겪게 되곤 한다. 요즘은 민간기업에서도 그런 일이 종종 생긴다. 담당자가 누구인지를 모르는 게 아니라, 복합적인 일에 대해서는 실제로 아무도 모르는 경우도 많기 때문이다. 한국의 많은 대기업에서 암묵지는, '인민영웅'들이나 신경 쓰는 일일 뿐 나머지 대부분의 조직 구성원들은 부패했던 동구 소비에트 시절의 국영기업 비슷한 상태에 놓인 곳도 많아 보인다.

'숙련도'를 높인다는 말은 형식지만이 아니라 암묵지도 동시에 높인다는 말과 같은데, 우리나라의 기업조직들은 지난 10년 동안 이런 암묵지를 높이기 위한 방식으로 조직을 진화시키는 데에 매우 서툴렀다. 일반화해서 이 문제에 대한 단일 해법을 제시하기는 쉽지 않지만, 협동게임을 위한 진화를 하지 않으면 조직 내부의 잠재력을 제대로 활용할 수 없음은 당연하다. 지식경제 시대에 조직 구성원의 창의성과 시식 기여노가 숭요해질수록, 매우 예민하고 민감한 조직 디자인

이 없으면 사장과 종업원들은 갈등을 줄이기 위해 서로 바보가 되는 편을 자연스럽게 선택하게 된다. 그 결과 기억상실증에 걸려서 깜박깜박 하는 사람들처럼 조직도 기억상실증에 걸리게 된다. 이것이 한국 기업들이 최근 부딪힌 두번째 종류의 위기다.

이런 조직의 기억상실증은 전화로도 간단히 확인할 수 있다. 3년 전에 벌어진 일을 물었을 때 한 시간 내에 그 사건의 담당자나 파일을 찾을 수 있다면 아직은 위험하지 않지만, 일주일이 걸려도 답변을 찾아낼 수 없다면 심하게 기억상실증에 걸려 있는 조직이다. 만약 "담당자가 퇴사하셔서 잘 모르겠습니다"라는 답변을 할 수밖에 없는 조직이라면 진지하게 조직의 암묵지 관리방식에 대해 고민할 필요가 있다.

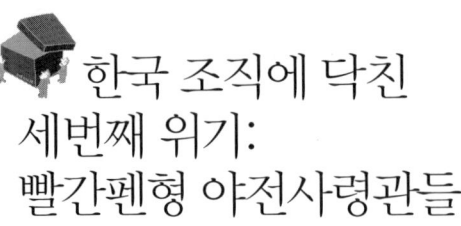 한국 조직에 닥친
세번째 위기:
빨간펜형 야전사령관들

사회와 그 사회를 모태로 하는 조직 사이에는 상당한 연관관계가 있지만, 그렇다고 해서 일반적인 사회구조가 그대로 조직 내에서 재생산되는 것은 아니다. 학력이라는 기준으로 생각해보자. 대개의 기업 구성원의 학력은 사회적 평균학력보다 높다. 아마 우리나라에서 가장 학력 수준이 높은 단일 조직은 대학의 교수 집단이겠지만, 경영성과라는 기업의 관점에서 보면 대학, 특히 민간사립대학의 경영상태와 경영방식은 최악이다. 기업의 성과와 학력이 기계적으로 비례한다면, 우수한 민간대학들이 최우수 성과상을 받겠지만, 이런 일은 결코 벌어지지 않는다.

한국 사회가 가지고 있는 특징 중의 하나는 남성들에게 너무 편한 지독한 '마초 사회'라는 점이다. UN의 여러 통계를 살펴보면 여성의 사회 진출도나 고위직 진출 비율 같은 것들에서 한국은 이슬람 국가인 말레이시아보다 훨씬 더 지독한 마초 사회이고, 인도보다도 통계 지표늘이 안 좋다. 여성의 진출도와 활동 영역을 다룬 수치에서 한국은 대체로 레바논 정도와 이웃하고 있다. 이런 특징은 기업 내에서도 그대로 나타난다.

조직을 관찰할 때 아주 빈번히 사용하는 지표로 조직 구성원의 '균질성'과 '비균질성'이라는 기준이 있다. 한국 기업들은 전통적으로 균질성이 높은 편이다. 즉, 주로 남성들의 사회였으며, 특정 고등학교 비율과 특정 지역 출신의 상대적 빈도수와 권한 집중도가 높은 조직이 많다. 균질적인 집단은 의사결정을 쉽게 내릴 수 있다는 장점이 있는 반면에 다양성이 떨어지기 때문에 소위 '뮤턴트', 즉 돌연변이의 등장 빈도가 낮다는 약점이 있다.

'창조능력'을 이론의 핵심으로 전제하는 진화경제학은 뮤턴트의 등장과 함께 일종의 생존경쟁이 시작되고, 기존 우점종보다 더 잘 적응한 뮤턴트들이 새로운 우점종이 되면서 창조가 생겨난다고 설명한다. 포스트 포디즘 시대에는 이른바 '루틴'을 깨고 새로운 진화의 길을 열 수 있는 뮤턴트의 등장을 가속화하는 편이 절대적으로 유리하다. 포디즘 시대에는 전체 공정을 한꺼번에 바꾸기가 어려웠기 때문에 표준을 강조했지만, 포스트 포디즘 시대에는 오히려 '다품종'을 더 많이 만들 수 있는 다양성이 생존의 필수 수단이 된 셈이다. 이 경우에는 오히려 지나치게 강한 표준이 방해가 될 수 있다. 루틴을 바꾸지 않는 편이 유리한 전통적인 제조업에서는 '유니폼'을 입히지만, 새로운 루틴을 더 빨리 등장시키는 편이 유리한 업종에서는 캐주얼을 장려하기도 한다. 쇼비즈니스 산업과 같이 순환이 빠른 산업일수록 의상이 더욱 다양해진다. 옷은 사람의 정신에 민감하게 영향을 미치기에 옷이나 사무실 인테리어 같은 것들도 현재 조직이 지향하는 진화의 방향을 반영한다.

지금의 한국 조직을 기계적으로 보면, 고향은 대구경북 지역인 편이, 사는 집은 서울인 편이, 그리고 성별은 남자인 편이 진화게임에서 승리하기에 확률적으로 유리하다. 당연히 학교는 서울대학교를 나오는 편이 유리할 것이고, 경우에 따라서는 출신 고등학교도 상당히 강력하게 작용할 것이다. 대한민국의 대표적인 이 우점종 조합에서 나이 요소를 생각하면, 아마도 사오십대의 팀장이나 부장과 같은 초급 간부에서 대표이사를 포함한 이사진들이 가장 유리한 나이일 것이다. 정부조직이라면 이 나이에 과장에서 국장 사이에 있는 사람들에게 조직은 그야말로 몸에 꼭 맞는 의상처럼 편하게 느껴질 것이다. 공무원 사회에서는 이 사람들을 '빨간펜'이라고 부르는데, 사무관이나 주무관이 만든 서류에 빨간펜을 들고 고치는 일이 주요 업무라는 의미에서 붙은, 별로 명예롭지 못한 별명이다.

기업이 경제활동을 하는 조직이라는 생각을 잠시 접고, 이곳도 사람들이 많은 시간을 공유하는 삶의 공동체라는 관점에서 잠깐 생각해보자. 우리나라에서 많은 기업조직은 마치 사오십대 남성을 위해서 만들어진 것이기라도 한 듯 이 사람들의 문화적 취향과 역사의식, 심지어는 사회적 편견까지도 이들을 위해 최적화된 조직으로 진화해왔다는 가설을 세우면, 대부분의 경우 딱 들어맞는다. 이런 경향은 한국과 일본 기업이 채택했던 연공서열제가 만들어낸 또 다른 단점이다. 실무적인 의사결정의 실질적 권한을 이 특정 계층이 쥐고 있기 때문에 그들의 몸에 불편함이 없이 조직을 구성하고 운영하는 방식으로 시스템이 진화한 것은 당연한 측면도 있다. 영어로는 과장을 '매니저'라고 적지만, 조직에서 과장이 '과'를 총괄하는 야전사령관, 곧 매니저 역할을 진짜로 하는 조직은 공무원 조직밖에 없다.

이 사오십대 남성들은 사실 진화론적으로 자신들 외에는 도전이 별로 없는 상황에 있기 때문에, 조직 안에서나 밖에서나 서로 소통하고 관계하는 방식으로 자신들끼리의 경쟁을 완화한다. 민간기업과 정부 조직은 전혀 다른 방식으로 운용되는 별개의 시스템일 것 같지만, 한국 사회를 모태로 하는 두 조직의 운용 양상은 '균질성'이라는 기준으로 볼 때 크게 다르지 않다. 지방대 출신이 승진하기 어려운 것이나, 국장 이상 혹은 기업체에서 임원 이상의 지위에 올라간 사람들끼리의 문화적 취향이 획일화하는 특성을 보면, 두 집단의 균질성은 놀라울 정도다.

우리 사회에서 이 사람들이 소통하는 방식은 크게 두 가지가 있는데, 하나가 접대부들이 서빙을 하는 술집을 이용하는 방식이고, 또 다른 하나가 골프다. 이런 현상에 '공모 이론'을 적용하면, 그야말로 이 두 가지 장치를 통해 일종의 '마피아 모델'에서 얘기하는 공모가 발생한다고 볼 수 있다. 사회주의 국영기업 모델을 붕괴시킨 진짜 이유인, 내부 마피아들의 결탁이 우리나라에서도 똑같이 발생한 셈이다. 사오십대의 엘리트 남성들에게 딱 맞추어진 조직유형과 조직문화가 그보다 어린 사람들에게는 불편하고 여성들에게는 많이 불편하지만, 진짜로 빨간펜을 쥐고 있는 사람들은 상당히 균일한 문화와 사유를 공유하는 이 집단이기 때문에 어쩔 수가 없다.

물론 이 집단 내부에서도 경쟁은 발생한다. 그래서 마피아 안에 또 다른 마피아가 만들어지는 수없는 분화 과정이 진행된다. 말은 경쟁이지만, 사실 시장에서 제품의 품질을 놓고 하는 경쟁과는 전혀 다르

> 과학적인 서술에서는 잘 사용되지 않지만, 여전히 세상의 많은 현상들은 결탁된 공모자들이 자신만의 이익을 위한 결정에 의해서 움직인다고 설명하는 이론이다.

★조직 내부에는 음성적 경쟁을 위한 또 다른 비공식조직이 만들어지기도 한다. 우리의 경우 옛 재무부와 재경부 출신 관료들이 정부 내 경제부처들에서 음습한 경수탈을 보여 '모피아'란 별명을 듣기도 했다.(『한겨레』 2007년 2월 27일자)

게 어둡고 음습한 경쟁이 아닐 수 없다. 이런 경쟁은 사회주의 사회가 몰락하기 직전에 극한에 달했었다.

이런 마피아 모델도 장점이 있긴 하다. 외부 조직과의 협의나 소통에서 마피아 채널을 통하면 공식적인 경우보다 저렴하고 효과적일 수 있다. 고등학교 동창회나 대학 동창회와 같이 사회 전체를 포괄하는 조직들은 이런 마피아들의 소통망 역할을 대행하기도 한다. 한국 대기업들이 '영광의 30년' 동안 다른 나라와 달리 빠르고 신속한 결정을 내릴 수 있었던 것은 이러한 균질적 조직의 속성 덕분이기도 하다. 이런 것들이 어쩌면 유신경제 이후로 한국의 경제성장 신화를 만들어낸 엄청난 효율성의 또 다른 비밀장치인지도 모른다.

그러나 1980년대의 사오십대와 20년이 지난 지금의 사오십대는 분명히 다르다. 1980년대에 기업의 간부들은 6·25전쟁을 치렀던 세대이고, 우리나라에 기업이라는 새로운 조직틀을 만들어낸 사람들이다. 지금의 사십대와 비교한다면, 이들에게는 산업시대의 영혼이라고 할 수 있는 '인게니아'를 존경하는 정신이 있었고, 무엇보다도 그들은 검소했다. 지금 조직에서 빨간펜 노릇을 톡톡히 하고 있는 사오십대는 전후세대이고, 엔지니어 정신이 실종된 사람들이다. 베블런의 표현을 빌리자면, '엔지니어 본능'이 부족할 뿐 아니라 때때로 무능해 보인다. 창업의 시대라기보다 수성의 시대라고 할 수 있는 지금, 조직을 맡은 이 빨간펜들은 결정적으로 앞 세대보다 부패했고, 민주주의에 대한 이해도가 오히려 앞 세대들보다 떨어지며, 가끔은 비겁하다. 이런 것들은 수성의 시대에 나타나는 대표적인 특징인데, 야전사령관으로서 현장에 기여하는 일보다 자신들이 누릴 수 있는 것들이 더 많아질 때 나타나는 보편적인 현상이다.

한국같이 지독한 마초 사회인데다 마피아 모델로 매우 잘 설명될 수 있는 나라에서, 그 사회가 가지고 있는 나쁜 점들이 기업조직에서도 그대로 '부정적 폐해'로 재생산되는 것은 당연한 일이다. 사회정의나 형평성 같은 얘기는 우선 접고 효율성이라는 잣대만 가지고 잠깐 생각해보자. 지금까지 이렇게 지독하게 균질화된 내부 구조를 가지고도 잘 버텨온 한국 기업들에 문제가 생긴 것은 바로 외부 경쟁 조건이 바뀌었기 때문이다. 다양성을 전제로 한 창의성은 한 사람이 독자적으로 만들 수 있는 해법이 아니라 집단 전체의 협동진화를 통해서 만들어질 수 있는 것인데, 한국 기업들은 마치 한 사람만 존재하는 것처럼 동일한 질문에 대해 거의 동일한 패턴의 해법을 제시하는 경향이 있다. 이런 것을 '획일성의 오류'라고 부른다면, 한국 기업들은 지금 심각하게 그런 오류에 빠져들고 있는 셈이다. 토론도 하고 회의도 하면 되지 않느냐고? 조직 구성원의 균질성이 높아지면 토론에서 '작은 차이'가 부각되어 외견상 매우 다양성이 있는 듯 보이지만, 전체적인 결론의 범위는 매우 제한되게 마련이다.

현재 한국의 조직들과 비교할 만한 조직에는 언제나 개혁 대상으로 사람들의 입에 오르내리는 UN 조직이 있다. 한국 기업은 UN 조직과는 정반대 모습을 하고 있다. UN은 조직 자체가 여러 나라 사람들로 구성되어 있고, 조직의 특성상 개발도상국의 직원을 더 배려해서 채용했으며, 운용방식이 매우 민주주의인 조직이다. UN의 총장이나 의장, 심지어 국장이나 과장도 다른 조직에 비하면 독자적인 결정권한을 가지고 있지 않다. 한국의 대표적 기업조직이라고 할 수 있는 현대자동차나 삼성전자, 조선일보사의 경우는 UN과 정반대의 조직 특징을 갖는다. 균질성이 대단히 높고, 조직 내부 민주주의 정도는 낮다.

─── 관료제의 덫에 빠진 UN은 금방 망할 것 같아 보였지만, 최근에는 OECD나 세계은행, IMF 같은 대표적인 국제기구들보다 훨씬 활발하게 새로운 영역을 개척하며 분화하고 있고, 특히 새로운 사회 담론이나 국제적 준거 틀을 만들어내는 데에는 현재 UN만큼 효율적인 기구도 없다. UN 역사를 보면 1970~80년대에 문제가 되었던 조직의 비대화와 비효율성을 2000년 이후에 나름대로 극복한 셈인데, 관료화 폐해의 대명사였던 UN이 최근에 각광받게 된 것은 바로 시대가 변했기 때문이다. ───

같은 시험을 준비해서, 같은 방식으로 입사 과정을 거치는, 끔찍할 정도로 균질도가 높은 집단이 바로 한국의 대표적인 기업들이다. 그런데 이렇게 차이점이 많은데도 조직의 변화는 UN만큼 느리고, 조직 효율성도 UN 수준만큼 낮다.

다양성이라는 심각한 도전을 받고 있는 한국과 일본의 조직들이 경쟁 대상으로 삼고 있는 미국 기업들은 전세계에서 다양성이 가장 높은 집단이다. 유색인종은 물론이고 '핸디캡트handicapped'라고 표현되는 소수민족 출신들의 조직 내 구성 비율이 상당히 높고, 여성의 진출도 활발한 편이다. 1990년대에는 전세계적으로 유명한 마초 집단이었던 미국 해군이 소수민족과 여성들에게 조직의 문을 좀 더 크게 열었고, 이렇듯 경제적 약자들이 조직 내에서 가질 수 있는 핸디캡을 극복하고 의사결정권을 가진 상층부까지 진출할 수 있도록 하는, 눈에 보이지 않는 배려가 생각보다 강력하게 작동하는 것이 최근 흐름이다. 유럽의 경우도 이민자들과 여성의 기업 참여는 당연히 우리나라에 비해 월등히 높다.

그런데 한국 기업들은 '비非성과 경쟁'이라고 부를 수 있는 마피아 모델에 가까운 빨간펜형 구조가 오히려 강화되고 있다는 게 문제다. 아직 골프를 즐길 만큼 경제적 여유가 없는 여성 직원들도 입사 초기에 골프부터 배우고 폭탄주도 배워야 하는 상황은 '퇴행', 곧 역방향 진화라고 볼 수 있다. 물론 이러한 주류 집단의 행태를 따라가는 게 개인전략으로서는 중요할 수 있지만, 조직 자체로 본다면 다양성을 현저하게 약화시켜 오히려 사오십대 빨간펜들의 '역할 모델'이 강화되는 흐름을 만든다. 따라서 '조직의 마이너'라고 부를 수 있는 여성, 지방대 출신, 저학력 숙련 노동자들을 어떻게 제품개발을 비롯한 다양한 경영활동에 참가시키고 조직의 다양성을 높일 것인가는 포스트 포디즘 시대의 한국 조직들에게는 매우 어려운 도전이 아닐 수 없다. 현 상황을 그냥 내버려두면 조직은 당연히 사십대 빨간펜들에게 더 편한 방식으로 진화가 강화될 수밖에 없다.

정부조직이나 정당의 경우도 기업조직과 동일한 위험을 안고 있지만, 이런 곳은 민주주의의 확대라는 국민들의 요구 때문에 하기 싫어도 조금씩은 사회적 변화를 반영한다. 그러나 기업에 대해서는 기업 내부 조직의 구성에 관해서까지 간섭하거나 싫은 소리를 하는 장치가 없다. 그야말로 자신들이 알아서 해야 하는 셈인데, 국내에서는 어차피 균질적 집단끼리의 경쟁이라서 큰 문제가 없는 것처럼 보여도, 결국 국제시장에서 버티려면 비균질성을 높이기 위한 노력이 절대 필요하다.

　한편, 다양성을 높이면 균질한 집단이 가진 신속한 변화라는 고유의 장점이 사라지기 때문에, 다양한 이해와 갈등에 대한 조정이라는 정말 어려운 일을 처리할 수 있는 내부 메커니즘을 갖추어야 한다. 유신경제 시절 이래로 일방적 지시가 우리나라에서 잘 통했던 것은 그만큼 균질성이 높았기 때문이다. 그런데 여기에 다양성을 잘못 접목하면 고유의 장점이 사라지고 다원적 의사결정의 불편함만 심화될 위험이 있다. 그래서 다양성을 높이면 좋다는 것을 많은 조직이 알고 있음에도 쉽게 그런 방향으로 나가지 못하는 것이다.

　현재 기업을 포함한 우리나라의 많은 조직은 사오십대 빨간펜들의 균질성에 잠겨 있는 셈인데, 그야말로 슘페터가 얘기했던 '창조적 파괴'가 어떤 조직에서 어떤 방식으로 먼저 발생할지 주목된다. 우리나라에서 이 문제를 해결한 거의 유일한 조직은 조직폭력배다. 이 조직 내의 '빨간펜'에 해당하는 고급 간부들을 경찰들이 주기적으로 잡아가기 때문에 빨간펜 현상이 벌어지지 않고, 오히려 순환과 다양성을 유지하고 있다. 조폭들을 경제조직으로 분류한다면, 사실 우리나라에서 가장 진화가 빠른 조직인 셈이다. 조직의 효율성이라는 눈으로만 본다면 정부기관이나 대기업들이 조폭들의 효율성과 변이성을 절대로 따라가지 못한다. '바다이야기' 같은 새로운 업종을 개발하고, 단속하면 다른 온라인 방식으로 바꾸어 나가는 조직폭력배의 기민함에 대응할 정도로 효율적인 조직은 사실 우리나라에는 없는지도 모른다. 순환도 빠르고 다양성도 극도로 높아진 이런 조직에 경찰이 뒤늦게 대응할 수밖에 없는 것은 조직론의 관점에서 볼 때 당연한 일이다. 대기업 비서실이 조폭들의 행위 패턴을 벤치마킹하는 것이 오히려 자연스러워 보일 정도다. 1980년대에는 4학년이 되면 조직의 상부 자리를 내어주고 졸업하게 되는 대학의 학생운동 조직이 우리나라에서 가장 효율적인 조직이었던 시절도 있었는데, 이제는 그 자리를 폭력배 조직이 차지했다고 말할 수도 있을 것이다.

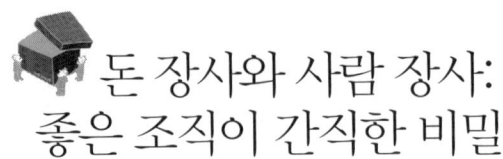
돈 장사와 사람 장사:
좋은 조직이 간직한 비밀

　조직은 존재의 이유와 활동 영역의 특성에 따라 각각 진화의 패턴과 작동하는 방식이 달라지지만, 가끔은 전혀 다른 일을 하는 조직과 형태가 비슷해지기도 하고, 또 다른 조직을 모방하는 일이 생기기도 한다.(심지어는 주소까지도 모방한다. 금융사기와 관련된 유령회사나 불법다단계 회사들은 주소가 테헤란로인 경우가 많다.)

　자본주의가 강화되면 그 한가운데에 있는 기업은 더 경쟁적이고 딱딱해져 마치 '베니스의 상인'을 연상시키는 돈 장사 하는 모습이 될까? 역사적으로 인류가 돈 장사에 눈을 뜬 시기는 사람도 팔았던 고대 노예제 시절이겠지만, 돈 장사를 하는 것 같아 보이는 지금의 기업들도 사실 본질적으로는 사람 장사에 해당한다. 그래서 상품들이 시장에서 경쟁하는 것처럼 기업 내부도 살벌한 승진경쟁과 권모술수로 가득 찬 공간으로 소설이나 영화에서는 종종 묘사된다. 그러나 원래 기업의 등장 자체가 그렇지 않았듯이, 기업 안에도 경쟁이 정지되는 협동의 공간들이 발생한다. '회식도 일의 연장'이라고 철석같이 믿는 빨간펜들의 말이 아주 틀린 말은 아니다.

'이렇게 하면 기업이 잘된다'는 방식의 명제는 대부분 새빨간 거짓말인 경우가 많다. 조직이라는 것이 사람의 일이고, 그 사람들을 배출하는 사회라는 모체가 있기 때문에 그렇게 간단하게 답이 나오지는 않는다. 대부분은 맥락과 구체성 속에서 답을 찾아가는 과정이지, 딱 하나의 일반명제가 등장할 수가 없다. 좀 멋지게 표현하면, 다원성의 영역이라고 할 수 있고, 수학적 개념을 사용하면 '복잡성'이 존재한다고 표현할 수 있다.

그렇지만 이미 조직에 대해 거의 모든 경제학자가 받아들이는 명제를 하나만 거론하자면, 기업의 내부까지 완벽하게 시장원리로 구성된 조직은 결국 망한다는 사실이다. 어떤 방식으로든 경쟁을 제한하지 않으면, '내시Nash 균형'이라고 부르는 더 나쁜 상태에서의 균형에 조직이 갇혀버리기 때문이다. 모두들 살아남기 위해 죽을힘을 다해 살지만, 조직 자체도 이에 비례해서 점점 더 어려워지는 상태를 '지옥'이라고 부를 수 있을 것이다. 조직 내부에 지나치게 시장논리가 강해지면 점점 더 조직은 지옥처럼 변해가지만, 구성원들이 그렇게 열심히 노력한다고 해서 다양한 요소의 결합에 의해서만 생겨나는 창의성과 창발성 같은 긍정적 요소들이 생겨나지는 않는다.

시장논리만이 아니라 순전히 조직논리만으로 구성된 시스템도 지옥이 되는 것은 마찬가지다. 관료화의 메커니즘이 작동해서 순식간에 내부 마피아가 등장하고, 몇 개의 마피아가 피비린내 나는 은밀한 경쟁을 하는 시스템으로 변질된다. 사이비 종교조직이나 밀교조직에서 살인사건이 많이 발생하는 것은, 시장이 전혀 없는 상태라고 해서 조직 내부의 경쟁이 사라지지는 않기 때문이다. 만약 선거라는, 그야말로 시장 메커니즘의 정신에 가장 충실하게 누가 더 많은 표를 사올 수 있는가 하는 구매력 싸움이 존재하지 않는다면, 정당은 계속해서 수많은 계파와 정파로 분리되어 비시장적 경쟁이 극대화하는 상황을 맞을 것이다.

시장의 작동원리에 반대하는 '운동권' 조직이나, 협동으로 시장을 대체하는 사회원리를 지지하던 협동조합 같은 조직에서는 경쟁이 줄어들까? 시장원리에 의한 경쟁은 아니지만, 이러한 조직에서도 경쟁이 사라지지 않고 오히려 사람들 사이의 갈등이나 감정적 앙금이 주식회사 형태의 기업보다 더 깊은 골을 만드는 경우도 빈번하다. 이렇게 한번 갈라진 사이가 다시는 봉합되지 않는 이유는, 조직원리만으로 작동할 때 위계관계가 더욱 강력해지기 때문이다. 같은 이유로, 외부에 자주 노출되지는 않지만 공무원 내부에서의 파벌 다툼이 기업보다 훨씬 더 격렬하고 무섭다. '주는 것 없이 미운' 현상은 시장적 경쟁에서는 발생하지 않지만, 비시장적 경쟁에서는 오히려 더 빈번하게 생긴다.

우리나라 조직 중에서 어떤 조직이 내부 갈등을 가장 심하게 겪을까? 순전히 조직 내부의 작동원리에 근거해서 구조적 갈등이 가장 많은 조직의 '톱 5' 순위를 매겨보자.

첫째, 규모도 작고 예산도 기업에 비할 바 아니지만, 조직 내 비시장적 경쟁이 가장 심하고 갈등이 많은 조직은 운동단체라고 할 수 있다. 민족주의자와 사회주의자 사이의 갈등은 20년이 넘은 대표적 갈등이지만, 운동의 원칙과 상관없이 순전히 내부 권력관계에 의한 갈등도 엄청나게 많은 곳이 바로 운동단체다. 기업의 용어를 빌리면, 창업사에 해당하는 1세대와 이늘과 연계된 왕당파들, 그리고 비왕당파

★ 시장논리에 따르는 조직만이 경쟁에 의한 내부 갈등을 겪는 건 아니다. 순전히 조직 내부의 작동원리에 따른 구조적 갈등도 야기된다. 매우 오래되고 극심했던 조계종의 내부 경쟁 역시 그 일종인데, 해결방식은 비교적 모범 사례로 평가받는다.(「조선일보」 1998년 12월 1일자)

사이의 비시장적 갈등은 종교단체나 정부집단의 내부 갈등보다 훨씬 깊다. 이 경우는 별로 큰돈이나 실권이 걸려 있지 않더라도 조직논리가 작동하기 시작하면 조직 내 경쟁이 무한대로 증폭될 수 있다는 것을 보여준다. "우파는 부패로 망하고, 좌파는 분열로 망한다"라는 오래된 표현이 괜히 나온 것은 아니다.

둘째, 청와대. 유신경제 시절은 물론이고, 최소한 김영삼-김대중-노무현 정부에 이르기까지 각 부처에서 파견된 사람들과 5년의 기한만 주어진 대통령의 측근들 사이에서 벌어지는 갈등은 구조적인 문제다. 주어진 5년 동안에 더 많은 것을 바꾸려는 사람들과 자신이 가진 것을 지키려는 정부의 각 부처를 대변하는 사람들이 하나의 '오피스'에 모였을 때 당연히 갈등은 최고치에 이른다.

셋째, 갈등의 단위만을 놓고 본다면 조계종을 그 다음 자리에 올리지 않을 수 없다. 1998년 조계종 사태로 폭발한 조계종의 내부 갈등은 이미 후계 계승 문제로 골머리를 앓고 있던 대형 교회의 내부 갈등에 비할 바가 아니었다. 종교라는 틀 내에서 움직이는 폐쇄적 집단끼리의 경쟁은 상당히 기원이 오래된 일이고, 극심했던 조계종의 내부 경쟁은 이승만 시절까지 그 사회적 기원이 올라간다. 그렇지만 한국에서 조직의 내부 문제를 가장 잘 해결한 집단 역시 지금으로서는 조계종이라고 평가할 수 있을 듯하다. 그야말로 위기가 기회가 된 경우다.

넷째, 경영 주도권을 두고 벌어지는 기업 내부에서의 갈등도 상당히 구조적인 문제다. 기업 내에서도 크고 작은 사조직 사이의 갈등이 언제나 존재하지만, 외부에 보일 정도로 튀어나오지는 않는다. 특히 '오너'가 존재하는 조직에서 이런 일이 심각하게 벌어지지만, '주인에게 들키지 않을 정도로' 살짝 작동하는 경향이 있다. 외부에서 보일 정도로 규모가 크고 심각한 갈등은 결국 오너들의 경영 주도권을 두고 벌어지는데, 지켜보는 입장에서 가장 치열했던 것은 1990년대 삼성 이건희 회장이 아버지 시절의 공신들로부터 실질적인 권한을 확보하는 과정에서 벌어진 일들이었다. 현재의 왕당파와 아버지 시절의 공신파 사이의 갈등은, 밖으로 드러나지는 않았지만 보통 수준은 넘었다.

다섯째, 갈등이 외부로 튀어나오지는 않지만, 조직론이라는 관점에서 역시 심각한 문제를 보이는 것은 지방정부의 공무원 조직을 둘러싼 다양한 이해관계라고 할 수 있다. 조직의 '오너'가 인사권을 직접 행사하는 경우는 대기업에서도 드문 일이다. 또한 중앙정부에서 형식적으로는 장관이 인사권을 가지고 있지만 상대적으로 장관의 임기가 짧은데다 조직 내부에 구성원들의 여론을 수렴하는 일종의 비공식적 공론장치들이 존재하기 때문에, 장관이 인사권을 마음대로 휘두를 수 있는 여지가 그렇게 넓지는 않다. 어쨌든 기관장을 견제하는 장치가 그런대로 작동한다고 할 수 있는데, 이로 인해 최적은 아니더라도 아주 불합리하지는 않은 나름의 균형을 찾아간다.

그러나 선거로 선출되는 지방자치단체장의 경우, 특히 구청이나 지방 소도시 시장의 경우에는 임기가 4년인데다 지방토호들과 공식적·비공식적 네트워크를 통해 연계되기 때문에, 현실적으로 이러한 결탁을 제어할 수 있는 거의 유일한 장치인 공무원 조직과 단체장 사이에서 대척관계가 발생한다. 자신의 왕국을 구축하려는 단체장과 이 왕국을 견제하려는 지방공무원 사이에서 벌어지는 게임의 양상은, 진화게임의 시각으로 보면 단체장에게 유리한 방향으로 전개된다. 이 싸움도 겉으로 드러나는 것보다는 실제가 훨씬 격렬한데, 공무원들이 할 수 있는 대응전략은 복지부동과 내부고발 두 가지가 있지만, 단체장은 인사권이라는 전략수단을 가지고 있다. 단체장이 새로 당선될 때마다 반복되는 이러한 힘겨루기에서 대개는 단체장이 승리하는데, 이렇게 지방공무원들이 패배한 뒤에 생기는 것이 지방자치단체의 '왕국 현상'이다. 서울시나 경기도 같은 광역단체의 경우는 여러 가지 다양한 견제장치 때문에 왕국을 만들기 쉽지 않지만, 구청이나 지방도시의 경우에는 결국 구청장의 왕국으로 변한 곳이 많다.

이렇듯 한국에 존재하는 조직들 중에 조직논리가 가장 강하게 작동한 실제 사례로는 두 가지가 있다. 기초지방자치단체에서 볼 수 있는 '구청장 왕국'과 대형 교회에서 종종 볼 수 있는 '목사 왕국' 같은 왕국 모델이 첫번째 사례이고, 유기농업운동의 일환으로 만들어졌던 많은 공동체 모델이 두번째 사례다. 차이가 있다면, 전자는 단 하나의 고정점에 모든 권한이 집중된 경우이고, 후자는 모든 구성원에게 거의 균등하게 권한이 배분된 점이다. 권한이 배분되면 반드시 협동진화가 일어나 조직이 효율적으로 굴러갈까? 공동체운동은 많은 경우 개인들 사이의 작은 감정의 골이 너무 깊어져 결국 상처만 받고 뿔뿔이 흩어지기도 한다.

주식회사라는 조직형태는 이 두 극단의 중간쯤 어디엔가 있는 조직이고, 시장과 조직이라는 두 가지 속성, 다시 말하면 경쟁과 협동이라는 두 요소를 모두 가지고 있는 곳이다. 조직의 내부 논리와 지나치게 강화된 내부 경쟁이라는 두 극단 사이에서 불안한 균형을 찾아나가는 것이 잘 되는 조직이 가진 비밀의 특징이라고 할 수 있다. 시장원칙을 기계적으로 도입해서 경쟁논리가 너무 강화되어도 기회주의자 전략이 우세해지면서 마피아 현상이 생겨나고, 조직이 너무 강화되어도 섹트sect라고 할 수 있는 일종의 비밀결사가 등장해서 내부 권력을 둘러싼 경쟁이 생겨난다. 이 불안한 갈등 사이에서 주식회사는 현재로서는 인류 역사가 만들어낸 가장 안정적인 조직 가운데 하나지만, 그렇다고 형식적으로 주식회사 방식을 도입하거나 주식회사를 모방하는 것만으로는 조직의 모든 문제가 해결되지는 않는다.

양 극단의 지옥 사이에서 낙원을 찾으며 불안한 균형점을 찾아나가는 것, 이것이 결국 좋은 조직이 찾아내는 '불안한 균형'이다. 그러면 도대체 몇 퍼센트가 경쟁이고 몇 퍼센트가 협동인 상황이 좋은지, 그 황금률을 과학적으로 찾을 수 있을까? 90:10인가, 아니면 80:20인가? 혹은 50:50인가? 경제학은 정량적으로 그 황금비율을 찾아낼 정도의 연구 수준에 아직 도달하지는 못했다.

결국 기업도 사람 장사를 하는 곳인데, 사람이라는 존재는 자신을 지키기 위한 개인전략과 함께 약간의 상식, 그리고 고유한 감성을 가

——— y=ax+b와 같이 선형의 형태로 이루어진 추정식은 여전히 경제적 현상을 설명할 때 중요한 역할을 한다. 그러나 자연계의 현상들은 로그함수의 형태나 지수함수 혹은 로지스틱 함수와 같이, 이렇게 선형으로 설명하기 어려운 것들이 많다. 조직 내부에서 벌어지는 많은 행위들도 비선형의 형태를 띠는 경우가 많다. ———

지고 있는 존재들이다. 그래서 기업 내에서도 매우 다양한 조직현상이 벌어진다. 이런 것들에 잘 대처하는 좋은 조직이 되는 것이 기업의 영속성 측면에서도 유리하고, 매출액과 같은 최종 성과에 관한 변수들도 이런 조직의 함수로 대부분 설명될 수 있다. 재정이나 금융의 눈으로 보면 기업은 돈만 많이 벌면 되는 돈 장사를 하는 곳이지만, 실물경제나 기술 혹은 조직의 눈으로 보면 사람 장사를 하는 곳이고, 비선형 현상들이 존재하는 곳이다. 그런 점에서 시장의 비밀은 '과정'에 있다고 얘기한 하이에크의 진단은 여전히 곱씹어볼 만하다.

"기업처럼 하면 된다"라는 말은 반만 맞고 반은 틀리다. 정작 다국적기업들이 오히려 조직으로서의 군대를 모방하거나 공동체에 기반한 시민단체를 벤치마킹하는 중이라는 사실을 환기할 필요가 있다. MBA 과정에서 1990년대에 생산적인 토론을 위해 엔지니어들을 적극적으로 입학하게 했던 것처럼, 요즘은 시민단체 활동가들을 적극적으로 초청한다는 사실도 환기할 필요가 있다.

최고의 성과를 올렸던 한국 자본주의는 어쩌면 조직의 문제를 조절하는 나름의 방식을 갖추고 있었는지도 모른다. 그러나 지금은 그렇지를 못하다. 우리나라 기업들에게 조직의 역동성은 여전히 비밀스럽고 신비로운 대상이다. 지금 잘 되는 조직의 비밀이 무엇인지를 찾는 것이야말로 한국 자본주의가 풀어야 할 가장 큰 숙제일 것이다. 서로 가족 같고, 선해 보이며, 또 사회에서도 사랑받는 기업이 되고 싶으냐고 물으면 아마 모든 조직은 그렇다고 답할 것이다. 사랑도 받으면서 영원히 존재할 수 있는 길이 있다면 그 길을 가지 않을 기업이 있겠는가. 문제는 가는 길을 잘 모른다는 데 있다. 세계화라는 특수한 조건을 맞아서 더 열심히 경쟁해야 한다는 말은 조직론적으로 볼 때 정말 이상한 말이다. 이런 말이야말로 이데올로기적인 말이다. 기업의 오너라면 자신의 조직이 이상한 패거리들의 밀교집단처럼 움직이면서 집사들이 톡톡히 주인 행세를 하다가 진짜로 필요한 사람들은 다 나가버리는 그런 상황을 누가 바라겠는가? 경제학에서는 점잖게 '블랙박스'라고 표현하지만, 그것의 진짜 의미는 이런 위험성에 대한 경고이기도 하다.

기업의 개혁을 요구하는 사람도 많지 않고, 기업 내부 구조에 관심을 갖는 사람도 별로 없다. 그러나 이는 간과하기에는 너무나 중요한 문제다. 이런 문제를 제대로 풀지 못한 상태에서 노동자들이 일을 열심히 하지 않는다거나, 요즘 대학에서는 기업에서 필요로 하는 인재 양성을 제대로 못한다고 말하는 것은 이상한 얘기다. 기업이 반드시 착할 필요는 없지만, 재생산할 정도로는 '스마트해져야' 한다는 것은 맞는 말인 듯싶다. 현재 조직의 실권을 쥔 대한민국의 사오십대 남성들은, 전술했듯이, 지독한 마초 집단인데다가 다양성과는 벽을 쌓은 채 그들만의 닫힌 공간에 머물며 진화를 거부하는 집단이다. 정부조직, 심지어 많은 운동조직들 역시 이 획일성의 함정에 빠져 있는데, 효율성을 최고로 여긴다는 한국의 주식회사 조직도 현재로서는 같은 유형의 함정에 빠져 있는 듯하다. 거기서 빠져나올 것인가, 아니면 이 상황에 갇혀 있을 것인가? 만약 지금의 기업들이 자신들이 자부하는 것처럼 충분히 스마트하다면 이 잠김 현상에서 빠져나올 수 있겠지만, 획일적 집단이 종종 그렇듯이, 정작 이들은 무엇이 문제인지 아직 잘 모르는 것 같다. 그래서 기업만 어려워지는 것이 아니라, 사회 전체가 다 어려워지는 중이다.

 그래도 우리나라에서 스스로 잠김현상에서 빠져나올 역량을 발휘할 가능성이 유일하게 남은 집단은 결국 기업이다. 한때는 세계에서 최고의 성과를 올렸던 시절의 좋은 자산들이 남아 있기 때문이고, 변화하지 않으면 죽는다는 냉정한 외부 조건이 가장 강력하게 작동하는 영역이기 때문이다. 한나라당이 변하겠는가? 절대 안 변한다. 잘하면 대통령을 계속 배출할 수 있고, 못해도 토호들의 왕국에서 구청장 왕국을 만들 수 있는 최대 규모의 정당이라는 객관적 조건이 존재하기 때문이다. 기업은 이와 다르다. 삼성전자? 아무리 삼성전자라도 언제든지 망하고 간판 내릴 수 있는 조직이다. 이 점이 일반 사회조직과 기업조직의 분명한 차이다.

보론 2 | 조직론으로 본 민주노동당과 진보신당의 분당

1.

'운동권 사투리'라는 게 있다. "부문"이란 말을 유달리 자주 사용하는 어법이 대표적이다. '서울대 사투리'라는 것도 있는데, 오리지널이라는 의미로 "원단"이라는 단어가 서울대 내에서 유독 자주 사용되었고, "기왕"이라는 단어를 '기존'이라는 뜻으로 사용하는 것도 서울대 사투리의 특성으로 알고 있다. 오랫동안 같은 문화를 공유하면서 지내다 보면, 자연스럽게 특수한 문화현상이 생겨나게 되고, 말도 조금씩 변화하게 된다.

민주주의 시대에는 잘 쓰지 않지만, 이른바 '주사파'들이 선거 없이 대표를 뽑을 때 자주 사용하는 "옹립"이라는 단어나, 이제는 어느 정도 일반용어가 되었지만 주체사상의 품성론에서 비롯된 "품성"이라는 단어도 '주사파 사투리'에 속할 것이다. 그렇다면 주사파(자주파)와 반대되는 사람들에는 이런 사투리가 없을까? 사투리라기보다는 영웅주의 시각이 강하고, 직설법을 많이 사용하고, 유달리 마초주의가 강하면 소위 '자주파(NL)'와 오랫동안 싸워왔던 '평등파(PD)'일 가능성이 높다. 역시 일반인들이 보았을 때 친밀감을 느끼기는 좀 어렵고, 직접 보았을 때 존경심이 잘 생기지는 않는다.

1990년대 중·후반 이후 한국에 자리를 잡은 시민단체에서도 영락없이 이런 사투리들이 쓰였는데, "단위"라는 단어가 '시민단체 사투리'쯤 될 것이다. "어느 단위에서 결정했는가?" 혹은 "어떤 단위를 만들어야 하는지가 고민이다"와 같은 것들이 그 용법이나. 대표에서 실무자, 각 위원회별로 다양하고도 중층적인 조직

을 운용하게 된 시민단체 구조의 특징에서 나온 사투리로 이해할 수 있을 것 같다. 일반인들은 '단위'라는 단어에서 집행위원회, 운영위원회 혹은 평간사협의회 같은 조직을 연상해내지 못한다.

이런 운동권이 아니더라도 회사에 다니는 사람들도 특유의 사투리들이 있는데, 삼성 계열에 있는 사람과 현대 계열에 있는 사람들이 자주 사용하는 단어들이 묘하게 다르고, 한전에 있는 사람들, 그리고 심지어 포스코에 있는 사람들도 자신들은 잘 느끼지 못하겠지만 묘한 조직 사투리가 있다. 공무원들도 마찬가지인데, 사십대 이후 정도를 대상으로 한다면, 기획재정부와 같은 경제 계열 공무원들의 말투와 총리실에서 주로 행정을 보았던 사람들의 말투, 그리고 통계청이나 특허청과 같은 전문직에 가까운 공무원들의 어투와 주로 사용하는 단어들 사이에는 미묘하게 차이가 있다.

물론 나는 언어학자가 아니라서 이렇게 다른 언어나 단어의 용법들이 직업별로 혹은 사상별로 어떤 특징을 가지고 있고, 그것들이 또 다른 측면에서 조직론에 어떤 영향을 미치게 되는지 이론화할 능력은 없다. 그러나 확실한 것은 언어가 나뉠 정도로 특수 방언들이 많아지게 되면, 생각의 차이와는 전혀 상관없이 의사소통이 힘들어지게 되는 현상이 나타날 수 있다는 점이다. 이는 조직론적으로 중요한 문제다. 옷의 색깔, 스타일, 머리 스타일, 신발이나 구두의 색깔이나 높이, 아니면 넥타이의 무늬 같은 것들도 모두 일종의 언어이다. 그런 것들은 구분과 동일시 혹은 찬성이나 항의와 같은 메시지를 담고 있다. 의식하든 의식하지 않든, 이런 것들은 모두 말을 하는 존재들이다. 말 속에 담긴 방언과 특수 단어 혹은 습관, 이런 것들 역시 조직 속에서는 물질보다 더욱 물질 같은 기능을 한다.

2.

1980년대 후반 이후 한국의 운동권은 NL과 PD라는 두 가지 흐름으로 크게 대별된다. 때로 주체사상파와 비주체사상파 혹은 엘리트파와 비엘리트파라는 식으로 부르기도 했지만, 사실은 같은 얘기이다. 그러다 1990년대 중반 이후에는 일종의 '신좌파'라는 이름으로 묶을 수 있는 '시민단체파' '환경운동파' '풀뿌리민주주의파' '여성운동파', 심지어는 최근의 '내 마음의 평화파'까지 다양한 흐름들이 등장했다. 그러나 2000년대 이후 새롭게 사회운동을 시작한 이십대가 아주 드물기 때문에, 결국 그 신좌파적 그룹들 속에도 여전히 NL 계열인가 혹은 PD 계열인가라는 해묵은, 그러나 아직도 멈추지 않은 두 흐름이 혼재되어 있는 게 사실이다. 1980년대 중·후반에서 90년대 중반 사이에 사회운동을 시작했던 사람들은 어쨌든 둘 가운데 하나를 선택할 수밖에 없었고, 둘 다 선택하는 방법은 거의 없었으며 그 혼합지대 역시 매우 좁았다.

이를 조직론의 시각으로 보면, 이유는 알 수 없지만 어쨌든 서로 섞이기 어려운 뿌리를 가지고 있는 두 개의 내부 그룹이 하나의 조직 안에 뒤섞여 있는 상황으로 진단할 수 있겠다. 다른 뿌리들이 모여서 더 큰 새로운 조직을 이뤘을 때, 그 안에서 벌어지게 되는 일들에 대한 일반적인 분석과 민주노동당의 분당을 분석하는 방식 사이엔 근본적으로 차이가 없을 것 같다.

유사한 사례는 아주 많다. 엔지니어들이 주를 이뤘던 동력자원부와 문과(상경계열) 출신의 경제관료가 주가 되었던 상공부가 산업자원부로 합쳐지면서 생겨난 '에너지맨'과 '통상맨' 사이의 내부 갈등, 혹은 경제기획원과 재무부가 합쳐지면서 한국 경제의 큰 흐름에 막대한 영향을 미치게 된 것이 대표적인 사례들이다. 인수 및 합병 등으로 태생과 철학이 다른 조직들이 합쳐지는 민간기업에서는 말할 것도 없고, 정당이나 정치권으로 눈을 돌리더라도 내부에 극좌부터 극우까지 다양한 흐름을 모두 포괄하고 있는 일본의 자민당도 이런 사례일 것이다.

그러므로 "평등과 자주"라는 민노당의 구호처럼 두 개의 서로 다른 정파가 합쳐지면서 생겨난 하나의 조직이 원칙적으로 두 개로 쪽 갈라져야 할 필요는 없다. 그러나 2007년 대선 이후 내홍을 극복하지 못한 민노당은 결국 일부 조직원들이 진보신당이란 이름으로 딴살림을 차려 나가게 되었다. 이런 결과에 대해 평가하기는 아직 때 이른 시점이지만, 조직론이라는 시각으로 몇 가지는 반드시 짚어봐야 할 것 같다.

3.

우리나라의 모든 정당에는 계파가 있고, 계보라는 게 있다. 억지로 분석하자고 들면 여기에도 약간의 철학적 차이, 혹은 강경파와 온건파 정도의 차이가 있기는 하지만, 대부분의 경우는 '인물'을 중심으로 생겨나는 계파이다. 결국 누가 대통령 후보가 될 것인가를 중심으로 분석하면 크게 틀리지 않을 터인데, 민주당이 '열린우리당'으로 나뉘었다가 '도로 민주당'이 되는 과정에서 둘 사이의 철학적 차이가 뭐 대단했던 것 같지는 않다.

그러나 민노당 내의 두 정파는―그것이 전도된 것이었든 비정상적인 것이었든 간에―분명히 철학을 달리하고―때로는 사유의 방식 자체를 달리하는―두 개의 철학집단이었고, 그로 인해 둘 사이에 갈등이 발생한 게 사실이다. 물론 "당 안에 100개 이상의 분파가 있다"라는 표현처럼, 이렇게 두 개의 흐름이라고 단순히 말하기에는 그 내부에 훨씬 더 복잡한 모임들이 있기는 하다.

민노당에 대해서는 외부자에 불과했던 내가 아주 근접거리에서 그 내부를 들여다보게 된 계기는 2004년 4월의 총선이었다. 한국의 진보정당이 최초로 원내에 진출했던 바로 그 총선. 당시 나는 녹색당을 준비하던 조직인 초록정치연대의 정책실장으로 일하고 있었는데, 진보정당의 원내 진출을 지원하는 차원에서 공약을 같이 준비하게 되었다. 처음에는 환경공약에만 자문하기로 했었는데, 진보 진영에 실무를 해보았던 경제학 박사가 워낙 드문 관계로 나중에는 농업공약과 노동공약 그리고 경제공약까지 소위 '튜닝'을 하게 되었다. 아마 그 시절이 적어도 겉으로는 NL과 PD라는 두 흐름이 가장 화목하게 지내던 때였을 것이다.

헌데 당시를 되짚어보면 정말 이해되지 않는 게, 물론 그때에도 정상적으로 느껴지지 않았지만, 모든 회의를 꼭 두 번씩 해야 했던 일이다. 아마 실무자들은 자신의 정파에서 또 한 번씩 해야 했을 테니, 합치면 세 번씩 회의를 했을 것이다. 간단한 의사결정을 위해서도 이렇게 최소 세 번씩의 회의가 필요한 조직이 있다는 사실은 충격적이었다. 그런 비효율적 구조는 차츰 안정되는 수순으로 나아가는 게 아니라, 점점 더 그 비효율이 증폭·발산하게 되기 십상이다. 결국 2007년 대선이 끝나고 2008년 총선을 앞둔 순간에 이 조직은 두 개로 쪼개지고 말았다.

4.

물론 그사이, 이에 대한 대책이 없지는 않았던 것으로 알고 있다. 사실상 가장 큰 정파이지만 형식적으로는 비공식조직인 '자주파'와 '전진'과 같은 정파들이 자신들의 활동을 공식화하고 공개하는 정파등록제 같은, 문제의 해소와는 다소 거리가 멀어 보이는 수십 개의 제안들을 내놓기는 했다. 어쨌든 내가 이해한 바로는 대책의 기본 방향이, 2004년 총선의 성공 이후로 정파와는 아무 상관없는 일반 국민들이 다수 당원으로 가입하게 됨으로써 어떤 정파도 독자적으로 당내 크고 작은 결정들을 좌지우지할 수 없게 되는 것이었다. 쉽게 말하면, '운동권 사투리'를 쓰지 않는 시민들, 아주 상식적으로 판단하는 국민들이 더 많이 당원으로 가입하게 되고, 이런 사람들이 정파의 구도와 전혀 상관없이 움직이게 됨으로써 정파로 인한 많은 문제들이 해소되리라는 거였다. 즉, 두 정파가 굳이 철학적으로 결합하거나 타협하지 않더라도 당이 정상화되리라는 기대가 기본 전략이었던 셈이다. 그야말로 그 상태에서는 최적의 대책이요 전략이었던 셈인데, 정부조직의 예를 들면, 서로 다른 두 개의 부서가 합쳐지더라도 이런 기존의 상황과는 관계없는 젊은 공무원들이 자꾸 밑의 자리를 채우면서 원래의 갈등이 해소되는 과정과 같을 것이다.

사실 다 큰 어른이 자신의 생각을 바꾸고, 특히 자신의 철학 혹은 세계관을 바꾼다는 건 어지간해서는 잘 생기지 않는 일이다. 결국은 조직 구성과 운용, 적절한 제도로써 그 문제를 해소하면서 진행될 수밖에 없는데, 불행히도 일반 국민들을 더 많이 당원으로 받아들여 정파간 갈등 문제를 해소하자는 기본 전략을 세웠던 민노당 사람들의 바람은 이루어지지 않았다. 역설적으로, 원래는 민중을 지도하고 이끌겠다고 하는 사람들의 정치적 결사체인 정당이, 일반 국민들이 상식으로 받아들이는 것을 중요한 조직론적 해결책으로 삼았던 셈이다. 당시 민주노동당은 그 어느 때보다 NL이나 PD라는 사투리를 들어본 적도 없는 일반 국민들을 당원으로 절실하게 원하고 있었다. 아이러니하기는 하다. 그러나 그것이 엄연한 현실이었다.

그런데 여전히 조직론의 관점에서는 잘 설명되지 않는 것들이 있다. 분명히 2004년 총선 이후 10만 명에 가까운 당원들이 추가로 가입했는데, 이중에는 분명 많은 생활인, 그리고 사실은 그보다 훨씬 많은 중산층이 포함되어 있는 것으로 집계된다. 그런데 왜 이렇게 많은 '비정파 당원' 혹은 '평당원'들이 있었음에도 불구하고, 이를테면 '평당원 혁명'이 일어나지 않았을까? 아니, 국민들의 평균적 상식 수준의 결정들이 왜 투표 과정에 반영되지 않았을까? 이를 설명할 수 있는 가설들이 몇 있을 수야 있겠지만, 아직까지는 명쾌하게 이 문제가 설명되지 않은 것 같다. 모든 국민들 혹은 진보정당에 가입했던 모든 국민들의 피 속에 잠재적으로 NL 혹은 PD의 유전자가 있는 걸까? 물론 그럴 리는 없지만, 이런 가설을 동원하지 않으면 잘 설명이 되지 않을 정도로 특이한 일이 벌어진 것만큼은 사실이다.

머리만 있는 조직과 머리는 없고 몸통만 있는 조직, 이 두 조직이 만났을 때 나타나는 현상이라는 방식으로 설명할 수도 있는데, 어쩐지 어색하다. 물론 어느 한쪽이 조금 더 양보를 했더라면 쉽게 풀릴 수 있는 문제라고 할 수도 있는데, 가장 간단한 게임 이론만 적용해보더라도 그런 일들은 거의 벌어지지 않는다. 어쨌든 이렇게 하여 당분간 한국의 운동권 내에서는 주사파와 비주사파 사이의, 서로 다른 방언으로 말하는 '바벨탑 현상'은 당분간 계속될 것 같다.

5.

여담이지만, 조직론이라는 눈으로 볼 때 사실상 같은 현상이 분당 이후의 민주노동당 내부에서도, 그리고 여기에서 갈라져 나간 진보신당 내부에서도 발생했다. 민노당 내에서는 기존의 NL과 잔류한 민주노총의 '국민파' 사이에, 그리고 진보신당에서는 노회찬을 지지하는 그룹과 심상정을 지지하는 그룹 사이에서 또 다른 방언의 문제가 생겨났다.

진보신당의 경우에는, 노동운동을 중심으로 성장한 두 개의 메이저 그룹 외에 생태, 여성 혹은 지역운동 등 사실상 두 개의 큰 정파와 전혀 상관없이 활동하는 소위 '신좌파'를 대거 수혈하여 완전히 성격을 달리하는 형태의 진보신당으로 전환하려고 했었다. 그러나 최소한 내가 이해하기로는, 아직은 이런 움직임이 본질을 바꿀 수 있을 정도로 규모에 의한 변화를 만들어내지는 못한 것 같다. 이 상황에서 5월 촛불집회 이후로 그야말로 '평범한 시민'들이 대거 진보신당에 가입하는 일이 벌어졌고, 결과적으로 민노당에서 탈당했던 당원들과 '촛불 당원'이라고 부를 수 있는 그야말로 순수 시민들의 비율이 3:7 정도가 된 것 같다. 자, 이렇게 새로 당원이 된 사람들의 상식적이며 평범한 선택으로써 진보신당이 국민의 상식 수준에서 움직이는 상황이 만들어질까, 아니면 심상정 계열과 노회찬 계열, 그리고 기타 분류되기 어려운 노동 계열들이 이 '촛불 당원'들에게 단단히 주인 행세를 하려는 구도로 가게 될까? 불행히도, 현재로서는 후자가 될 가능성이 높다. 당이 '엘리트'들의 모임인가, 아니면 평범한 시민들이 정치행위를 위해 만든 자발적 정치결사체인가라는 기본적인 질문이, 지금까지 한국의 진보정당 속에서 나타난 수많은 이상한 조직론적 현상들을 설명할 수 있을지도 모르겠다는 생각이 든다.

앞으로 2010년 지방선거에서 2011년 총선, 2012년 대선에 이르기까지, 한국의 많은 정치조직들은 수없이 흩어지고 헤어지는 과정을 또 겪을 텐데, 조직론의 관점에서 경쟁과 효율성을 어떻게 조화시킬 것인가는 여전히 열린 질문이라고 할 수 있다.

3장
위기의 한국 조직들

★ 3장에서는 여덟 가지 한국 조직의 사례분석을 통하여 과연 지금의 한국 대기업들은 물론, 공기업과 유통업체들이 최근 어떠한 종류의 위기에 봉착하고 있는지를 살펴볼 것이다. 독자 여러분들이 꼭 대기업에 다니지 않더라도 자신이 직간접적으로 속해 있는 조직에 대해 분석해볼 수 있는 접근방식들을 상상하면서 읽으면 더 재미있을 것 같다. ★

경마장 가는 길의 위기: 삼성전자와 현대자동차

삼성전자, 현대자동차와 같은 큰 기업들이 문제가 생기면 그야말로 국민경제가 휘청할 정도로 커다란 파장이 생긴다. 업종 자체가 가지고 있는 특징 때문에 그렇다. 외국에서는 자동차 산업을 '카지노'라는 별칭으로 부르는데, 우리에게 좀 익숙한 걸로 바꾸자면 '경마장'쯤 되겠다. 오랫동안 누적된 적자를 안고 있다가도 신규 모델이 하나 성공하면 일시에 이를 해소하고 우량기업으로 새 출발을 할 수 있게 되기 때문이다. 푸조사를 기적적으로 회생시킨 전설의 명차 '푸조 205'나, 폭스바겐을 완전히 현대식 기업으로 탈바꿈시킨 '골프', 또는 크라이슬러를 살려낸 몇 개의 모델들, 도요타에 세계 1위라는 자리를 만들어준 '렉서스'가 이런 '경마장 가는 길'에서 잭팟을 터뜨린 모델들이다.

1990년대 이후 한국에서 '제2의 경마장 가는 길'에 올라설 산업이 등장했는데, 그게 바로 반도체다. 삼성전자가 업계의 주도권을 놓고 치열하게 경쟁하던 시기에, 공교롭게도 이 분야에서 경쟁중이던 일본은 대지진을 만나 생산 시스템이 정지했고, 타이완은 몇 개의 화학공장에서 연쇄적으로 화재가 일어나는 사태를 겪었다. 아무도 의도하지 않았지만 그런 행운도 겹친 나머지, 삼성전자가 반도체 업계를 독점하는 일이 벌어졌다. 그 후 선도업체가 된 삼성전자에는 싱크 코스트 sink cost 현상(매몰비용 효과)이 발생하면서, 연속으로 몇 년 동안 잭팟을 터뜨리는 슬롯머신처럼 움직였다. 선발업체가 제품을 출시하고 나서 후발업체가 따라올 때쯤이면 연구개발 등 매몰비용에 대한 감가상각을 미리 끝내고 시장가격을 대폭 낮출 수 있는 여력이 생기는 법이다. 삼성전자는 바로 이런 경우였다.

삼성전자와 현대자동차는 산업의 특성상 위험요소를 주기적으로 만난다는 공통적 특징을 가지고 있다. 쉽게 말해, 잘나갈 때 힘든 순간을 대비하지 않으면 산업주기에 따라 어려워질 때 견디기가 힘들어진다는 애기다. 재정 흐름의 눈으로 보면 몇 가지 위험 회피 전략을 상정해볼 수 있겠지만, 이걸 조직의 눈으로 보면 과연 구조적 위기가 닥쳤을 때 조직 내부가 이를 충분히 견뎌낼 수 있느냐 하는 질문이 된다. 두 업종 모두 비슷하게 '경마장 가는 길'에서 위험한 주기를 타면서 장사하는 업종인데, 이 두 곳의 조직관리는 전혀 다른 식으로 진화해왔다.

현대자동차는 우리나라를 대표하는 강성 노조가 있는 조직이고, 삼성전자는 노조를 안 만드는 대신 세계 기업사에서 유례가 없을 정도로 비정기적인 큰 보너스로 조직 구성원의 참여와 협동을 이끌어온 모델이다. 위기가 닥쳤을 때 어느 편이 더 조직적으로 안정성을 보일까? 이렇게 질문해보자. 삼성전자가 기업 순수익의 상당 부분을 더 이상 연말 보너스 형태로 지급할 수 없는 순간이 왔을 때, 과연 어떤 일이 소식 내에서 벌어질까? 국제적으로 조직론 논의에서 많은 전문가들이 궁금해 하는 질문이다. 이런 방식으로 움직인 사례가 없기 때문에 답도 삼성전자 스스로 찾는 수밖에 없다.

현대자동차의 경우, 가장 적합한 위기 돌파 모델은 포스트 포디즘 기업 모델에서 도요타주의와 정반대 위치에 놓이는 기업으로 분석되는 스웨덴의 볼보사 사례다. 경영 위기 상황에서 볼보사의 노조는 감원 대신 감봉을 받아들이는 '일자리 나누기'를 최초로 택했는데, 이게 우리나라에서도 한때 고용문제의 대안으로까지 거론되었던 4조 2교대와 같은 여러 가지 제안들의 원형이 된 바로 그 모델이다. 우리나라에서는 일자리 나누기의 고용 측면만 지나치게 강조된 경향이 있지만, 이 모델은 회사에 위기가 왔을 때 노동자들이 그 위기의 일부를 나누어 갖는, 경영주와 노조 사이의 가장 고전적인 협동게임이 구현되었다는 데 더 많은 시사점이 있다. 이 볼보 모델이 현대자동차에 정착될 수 있다면, 자동차 불량률 관리만이 아니라 새로운 조직유형을 찾는 데에도 훨씬 유리할 것이다. 외부에서는 잘 주목하지 않지만, 현대자동차의 경우는 우리나라 민간기업으로서는 드물게 엔지니어들이 비교적 안정적으로 경영의 상층부에까지 집단적으로 진출한 전통을 가지고 있다는 점도 조직론적으로 유심히 지켜봐야 할 대목이다.

이에 비해 삼성전자는 '임금 상승'과 '사회적 지지'라는 두 가지 강점을 가지고 있는데, 그게 노조를 만들지 않고도 버틸 수 있게 한 요소일 것이다. 그야말로 '대한민국의 삼성'이 아니라면 그 누구도 구현해내기 어려운 구조이다. 그러나 지금은 위기가 등장하고 있는 때다. 오랫동안 대졸자가 가장 선호하는 직장이었던 삼성전자는 한국전력에 1위 자리를 내어주었다. 아무리 월급이 높아도 사십대 초반에 퇴사하는 경우가 늘어나 상대적으로 공기업에 비해 평가절하되기 시작한 것

★ '무노조 삼성'이 가능했던 이유는 높은 임금과 사회적 지지, 이들에 두 가지로 요약할 수 있다. 하지만 삼성이 연체까지 조직 내부 구성원들의 협조를 얻어낼 수 있을지는 의문이다.(『한겨레21』 705호, 2008년 4월 15일자)

은 삼성전자에게 대단히 치명적인 부분이다. 직업 안정성을 더 선호하게 되는 추세는 조직 외부에서만 진행되는 일이 아니라 조직 내부에서도 거의 동시에 진행되기 때문에, 현재의 구조 안에서는 조직 구성원의 적절한 협조를 받기가 점차 어려워진다. 떠나기로 마음먹은 사람들이 기술을 빼돌리거나 조직의 네트워크를 자신의 네트워크로 전환하는 현상은 앞으로 더욱 늘어날 수밖에 없다. 여기에 외국인 주주를 포함해서 이익금 배당에 대한 요구가 높아지면, 지금까지 무노조 경영의 원천이 되었던 보너스 메커니즘이 더 이상 지속되지 못할 가능성이 높다. 이렇게 많은 수익을 보너스 형태로 바꿀 수 있을 때에만 작동하는 내부 협력구조는 반도체 경기의 쇠퇴와 주주자본주의의 강화를 만나면 언젠가는 붕괴될 수밖에 없다.

조만간에 삼성도 노조라는, 자신들에게 익숙하지 않은 내부 조직틀을 받아들여야 하는 순간이 올 것이다. 선진국의 몇몇 기업이 오랫동안 '노조와 대화하고 협력하는 법'이라는, 매우 중요한 무형적 자산을 만들면서 진화한 데 비해, 일방적인 지시와 보너스에 의한 보상이라는 조직 패턴에 이미 익숙해진 삼성전자가 그런 자산을 단기간에 형성하기란 쉽지 않을 것이다. 노조를 허용할 수도, 불허할 수도 없는 딜레마가 발생하는 셈인데, 같은 위기 조건이라면 현대자동차보다 삼성전자의 위기가 더욱 격렬하게 나타날 것이다. 두 조직 모두 현재의 거시경제 지표 및 국제적 선행지수들로 보면 1~2년 내에 창업 이래 최대 위기를 맞을 가능성이 대단히 높다.(이 책의 초판이 나온 1년 전과 비교하면 위기는 여전하지만 현대자동차가 드러내는 양상은 상대적으로 덜하다고 할 수 있다. 뭘 잘해서가 아니라, 도요타와 GM 사이의 전쟁이 격렬했던 탓이다. 산업구조상 한국의 자동차 업종은 일본 자동차 회사들의 장점을 비교적 많이 수용한 경우다. 그래서 GM과 포드가 지난 1년 동안 겪었던 위기들보다는 타격을 적게 받은 것으로 이해할 수 있다. 물론 그렇다고 해서 현대자동차의 위기가 끝났는가? 조금 더 지켜볼 일이다.) 두 조직이 이런 위기를 타개해가는 서로 다른 양상에 대한 비교연구는 당분간 조직론 전공자에게 풍부한 사례를 제공할 것이다.

상층부와 하층부의 단절: 노트북과 데스크톱의 따로 놀기

모든 조직은 정보의 흐름이 원활하게 되기를 원하기 때문에 조직 내부에 단절이 생기는 것을 극도로 싫어하고 어떻게든 칸막이를 없애는 방향으로 진화하는 경향이 있다. 정부 연구소의 경우, 거의 모든 조직원에게 방을 따로 주는 것이 특징인데, 월급을 올려주기가 쉽지 않기 때문에 그 대신 개인 연구실을 제공하는 것이다. 그런데 방과 방 사이의 벽은 아주 얇지만 이것들을 경계로 정보 단절이 발생한다. 그렇다고 지금 와서 방을 없애는 변화를 시도하기도 쉽지 않다.

'위계'를 기계적으로 해석한 조직들은 책상을 일렬로 한 자리 배치만으로도 상하관계는 물론 업무 감시까지 한 번에 해결할 수 있게 해놓는다. 가장 무서운 경우는 수직형 조직형태인데, 이런 곳에서는 맨 뒤에 앉은 사람이 가장 높은 사람이다. 원론적으로는, 앉아 있는 사람이 모니터에서 무엇을 보고 있는지까지 전부 공개된 이런 수직형 조직을 '라인 조직'이라고 한다. 은행이나 금융 계열사처럼 돈을 직접 다루는 조직이나, 포디즘식 구조를 가진 조직들이 여기에 해당한다.

이런 조직보다 개인업무의 전문성을 조금 더 강조하는 조직은 동료들끼리 옆을 보고 앉을 수 있게 해서 작은 팀을 구성하고, 팀장이 대개 창가에 앉아 등 뒤에 창문이 오는 배치를 한다. 공무원들이나 정부출연기관들이 이런 식의 자리 배치를 많이 하며, 외국 언론사들도 대개 이런 식으로 자리를 배치한다. 이런 배치는 팀원들 사이에는 위계보다 협조를, 그리고 팀장과 팀원들 사이에는 위계를 설정한 조직에서 자연스럽게 나온 것이다. 이런 구조에서는 부서원과 부서장 사이에 단절이 생겨날 가능성이 높아서, 실제로 잘못 운영되는 부서에서는 내부에서 벌어지는 일을 정작 부서장만 모르는 경우가 많다. 그 대신 같은 창가에 앉아 있는 부서장들끼리는 협동 라인이 생겨나는 경우가 많다. 이 창가에 앉은 부서장들 사이에서만 정보가 유통될 때 하급 직원들이 이를 '악의 축'이라고 부르기도 한다.(사실 일본의 '조장' '반장'이라는 용어가 미국으로 건너가 '팀 리더'가 되었다가 다시 한국으로 수입되어 '팀장'이라는 기상천외한 용어로 재탄생했다.)

아무리 작은 조직이라도 위계가 잘못 작동하면 어디에선가 정보의 단절축이 생겨난다. 우리나라의 많은 조직들에서도 자리 배치의 특징에 따라 각각 다른 정보 흐름이 만들어지곤 한다. 이런 자리 배치가 얼마나 중요하면 켈트족의 영웅이었던 아서 왕의 '원탁의 기사'가 지금까지 전설이 되었겠는가. 자리 배치와 업무에 대한 분석에서 가장 많이 인용되는 사례는 정보기관 중의 정보기관이라고 할 수 있는 미국 CIA의 자리 배치이다. 여기서도 중요한 자리 재배치가 세 번 정도 있었던 걸로 알려졌는데, 미소간의 냉전이 종료되었을 때 자리 배치에 가장 큰 변화가 있었다고 한다.

지금 한국의 기업 중 상층부와 하층부 사이에 단절이 생겨난 대표적 사례로는 '데스크톱과 노트북의 갈등'이라 할 대형 언론사 조직을 들 수 있다. 예전에 '데스크'라고 불렸던 편집국장을 비롯한 고위직 기자들이 주로 데스크톱 컴퓨터를 사용하는 반면, 현장을 누비는 평기자들이 주로 노트북을 사용하는 데서 생겨난 비유이다. 아마도 정부조직의 '빨간펜 현상'만큼이나 조직 실패의 대표적 사례로 꼽을 수 있을 것이다.

단순히 갈등 양상으로만 보면, 대학 연구실에서 발생하는 지도교수와 학생 사이의 갈등이 훨씬 크기는 하다. 그러나 재정권은 물론, 학위 심사권과 심지어 취업이나 유학에 필요한 추천권까지 다 가지고 있는 지도교수와 대학원생 및 박사과정 연구원의 관계에서는 워낙 한쪽의 권한이 막강하기 때문에 실제로 대립관계가 충돌로 나타나는 경우는 매우 드물다.

그러나 언론사의 데스크와 평기자 관계는 팽팽한 갈등이 지속적으로 발생하기 딱 좋은 구조를 가지고 있다. 편집과 취재라는 두 가지 활동에서 데스크톱들이 노트북들을 일방적으로 제압하기가 쉽지 않은 이유는, 노트북들의 경우에는 정보를 아예 감추거나 일부분을 빼고 보고하는 아주 강력한 정보 차단 전략을 갖고 있기 때문이다. 또한 '부작위의 작위'라고 부르는 약간의 뉘앙스 조절 등 자신을 보호할 수 있는 작은 장치들도 여럿 갖고 있다. 따라서 데스크톱과 노트북의 갈등은 상당히 격렬해지기 쉽다.(중소기업에서도 이러한 일이 벌어질 수 있지만, 이 경우에는 대부분의 정보가 사장에게 집중되기 때문에 정보 단절까지 벌어지는 일이 자주 발생하지는 않는다.)

이런 식의 일들은 노트북과 데스크톱 구조를 가진 곳에서는 언제든지 생길 수 있는데, 개인별 체득지식과 개인 네트워크가 중요한 조직일수록 이런 단절들이 야기될 소지가 많다. 예컨대 경찰서의 강력계 같은 곳에서도 이런 일은 언제든지 생길 수 있으며, 개인별 서비스 생산 업종일수록 이런 단절들은 더 빈번하게 생겨난다. 고급 서비스 업종일수록 안정적인 조직 디자인이 어려운 이유도, 바로 개인들이 더 많은 지적 자산과 상징적 자산을 가지고 있을수록 조직 내에서 정보 단절점이 더 많이 생기기 때문이다. 미국 기업들이 고급 서비스 분야에서 특별한 강점을 보여주는 것은 단순히 임금을 더 많이 주기 때문이 아니라, 그들이 포스트 포디즘에 상대적으로 적절한 협동구조를 찾아냈기 때문일 것이다. 피터 잭슨 감독의 〈반지의 제왕〉 제작팀은 스태프들이 분야별 최고 전문가들로서 매우 안정적으로 자신들의 능력을 발휘한 조직으로 유명하다. 단순히 최고의 임금을 준다고 해서 이렇게 개성이 뚜렷한 스태프들이 최고의 능력을 발휘하지는 않았을 것이다. 3년 이상 계속된 제작과정에서 '데스크톱과 노트북의 갈등'이 발생하지 않은 것은 감독으로서 피터 잭슨이 보인 능력 중 하나로 평가받는다.

데스크톱과 노트북 사이에 소통이 불가능한 상태로까지 문제가 심각해지면, 대부분의 조직은 아예 특정 부문을 외부화하는 방식을 선택한다. 그러나 이렇게 하면 조직 내부의 단절 문제는 사라지지만 전문성은 현저하게 떨어지게 된다. 이런 종류의 진화는 '숙련도'를 높이는 것과는 반대 방향이지만, 조직의 문제를 처리할 길이 정히 없을 때에는 그냥 그 업무를 아웃소싱 해버리는 것이 한 방법이기는 하다. 방송국에서 내부 인력의 공채를 계속해서 줄이는 것도 이러한 조직 진화의 한 방법인 셈이다. 그러나 방송국과 달리 중앙 언론사에서 갈등을 그런 식으로 간단히 외부화하지 못하는 이유는 그들이 다루는 정보 자체가 '비밀'에 해당하는 경우가 많다는 특징 때문이다. 같은 언론사라도 일반 기자에 비해 엄청난 정보를 다루지 않는 여성지 같은 곳이 먼저 '프리랜서' 기자들로 채워지는 이유는 이렇게 설명된다.

외부 변호사들을 일종의 '풀제'를 통한 계약제로 운용하면 단가가 더 싸질 텐데, 굳이 비싼 비용을 들여서 조직 구성원으로 내부화하는 로펌의 경우는 어떨까? 로펌이나 컨설팅 회사 혹은 회계 법인에서는 이러한 데스크톱과 노트북 사이의 갈등이 없는 걸까? 그곳들 역시 구조적으로 언론사와 유사한 문제점을 안고 있지만, 그들은 이 문제를 고용의 '안정성'이라는 변수를 통해 해결한다. 이런 고급 서비스 업종에서는 '어소시에이트'라는 동업자 시스템을 만들어서, 경쟁보다는 사업 지분을 공유하는 방식으로 나아간다. 컨설팅 회사들 역시 대개는 2~3년이 지나면 더 있을 사람과 그렇지 않은 사람으로 나뉘며, 더 있을 사람은 조직에 출자해 자신의 지분을 가짐으로써 조직운영권을 공유한다. 그러나 언론사에서는 이런 방식을 쓸 수 없기 때문에, 노트북과 데스크톱의 갈등에는 구조적인 해법이 아니라 다른 임시 장치를 통해 갈등을 완화하는 방법을 택한다. 매일 신제품을 만들어야 하고, 이러한 신제품이 최고급 정보인 업종에서는 이런 문제를 필연적으로 만나게 된다. 현재 한국 언론에서 상층부와 하층부의 단절 문제는 점점 더 해결하기 어려운 방향으로 가고 있다.

대량생산 체제와 다양성의 위기: 대형 교회

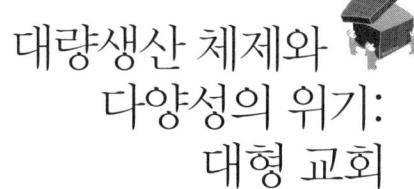

한국은행에서 사용하는 한국산업표준분류에서 교회는 '협회 및 단체, 수리 및 기타 개인 서비스업' 중 '기독교 단체' 항목으로 분류되어 있다. 아직까지는 세금을 내지 않기 때문에 교회는 비영리법인으로 볼 수 있지만, 한국의 대형 교회들은 이미 10여 년 전부터 '교회 경영학'의 대상이 되었다. 세금을 내지 않는다는 점만 빼고는 본질적으로 기업과 다른 점이 거의 없기 때문이다. 더구나 1990년대 이후 한국 대형 교회의 성장은 세계적으로도 유례가 없는 일이다. 한국과 유사한 사회경제 구조를 가지고 있다고 간주되는 일본에서는 나타나지 않은 일이라는 점을 생각해보면, 대형 교회들의 발생과 진화는 한국 자본주의의 고유한 현상이라 하지 않을 수 없다.

한국에서 경제적 실체를 가지고 있는 여러 집단 중에서 아마도 기독교가 고급 네트워크를 가장 많이 확보하고 있고, 고급 인재들이 가장 폭넓게 모이는 곳일 것이다. 1990년대 이후 우리나라에서 대형 교회들이 등장한 데에는, 사회 자체를 거대한 교회처럼 인식하는 미국

문화 모델이 그만큼 한국에 더 크게 영향을 미쳤기 때문이라고 볼 수 있을 것이다. 국민경제 자체를 거대한 군대처럼 생각해서 사실 총동원령 상태에서 경제가 운용되는 것 같았던 유신경제와 비교하면, 교회 위에 세워진 미국 모델이 좀 더 부드러운 측면은 있다. 물론 이러한 배경 속에서 등장한 교회 역시 분명 국민경제 내에서 여전히 강력한 동원 기능을 가지고 있기는 하다.

대형 교회가 서비스 업종의 경제조직이라면, 이 기업형 기관은 도대체 어떤 종류의 서비스를 생산하는 것일까? 경제학의 비용편익분석 논리를 적용하자면, 사업하는 사람들에게는 비즈니스 기회와 연관된 개인 네트워크를 제공하고, 가끔은 사회 상층부 사이의 결탁 구조도 만들어낸다고 말할 수 있겠다. 하지만 이것만으로는 동창회나 향우회 같은 또 다른 조직들과의 차이가 설명되지 않는다. 실제로 한국에서는 1990년대 이후, 동창회와 향우회처럼 1970년대에 정점에 달했던 비공식 사조직들이 약화되는 경향을 보였다.

교회가 제공하는 서비스를 이해하기 위해 잠깐 유럽 모델을 살펴보자. 종교를 일종의 시장으로 본다면, 서비스 업체로서 교회와 경쟁하는 관계에 있는 경제조직은 다름 아닌 공공이 운영하는 심리상담소다. 푸코가 이데올로기 장치를 분석한 『감시와 처벌』에서 심리상담소의 부정적 기능에 대해 지적했듯이, 유럽 경제에서 '영광의 30년'인 1945~75년에 교회와 실제로 경쟁관계에 있던 기관은 심리상담소였다. '대량생산 대량소비' 체제는 국가 전체를 거대한 공장처럼 '풀가동'한다. 이런 상황에서는 당연히 이전에 비해 사람들의 정서적이고 심리적인 '비정상 상태'가 더욱 심해진다. 사회 전체적으로도 개인들이 감내해야 하는 '심리적 긴장도'는 경제적 풍요에도 불구하고 매우 높아졌다. 유럽 자본주의의 등장과 그 부정적 폐해에 대한 분석으로 유명해진 에밀 뒤르켐의 『자살론』 시대보다 더 자살률이 높아지는 사회경제적 조건이 발생한 것인데, 이러한 사회적 긴장도의 폭발적 상승에 대응하기 위해 구청을 비롯한 유럽의 각 공공기관에서는 무료 혹은 실비 정도의 비용으로 정신상담을 할 수 있는 곳들을 앞 다투어 설립해야 했다. 공공의료 체계를 정비하지 않은 채 자본주의를 밀고 나간 미국의 경우, 심리상담사들이 변호사만큼 많은 돈을 버는 양상도 벌어졌다. 변호사가 중요한 고리로 등장하는 〈대부〉 계열의 영화와 달리, 후편까지 나올 만큼 성공한 마피아 영화 〈애널라이즈 디스〉에서는 임상심리학을 전공한 의사가 주인공으로 등장한다. 이 영화에서 마피아 보스들은 변호사와 상담하는 것이 아니라 정신과 의사와 상담한다.

한국에서는 유럽보다 20년 정도 늦게 포디즘이 작동했는데, 이 한국형 포디즘 시기에 유럽의 심리상담소 같은 사회적 장치의 빈자리를 채운 것은 교회와 점집이었다. 한국 근대사를 관통하는 주요 종교인 개신교와 가톨릭과 불교의 전통적 경쟁이 그대로 남아 있는 가운데 1990년대에 급격히 강화되기 시작한 '대형 교회 현상'은, 1960~70년대의 자본주의형 계몽시대에 곧 사라질 것처럼 보였던 점집이 왜 1990년대 이후 오히려 대성공을 거두었는가 하는 질문과 밀접하게 관련된다. 포디즘의 강화로 생겨난 개인들의 '비정상 상태'에 대해 대형 교회와 심리상담소, 점집은 상호 대체될 수 있는 재화로서의 관계를 가지고 있었던 셈이다. '심리적 안정과 대화'라는 특수한 서비스와 연관지어 볼 때 심리상담소가 신케인스주의 전통이 강한 유럽 사회가 제시할 수 있는 공공적 해법이었다면, 한국의 대형 교회는 공적 장치

없이 포디즘을 강화한 시대의 산물이라고 할 수 있다. 이러한 구도에서 대형 교회가 포디즘 시대의 집단적 심리상담소라면, 점집은 포스트 포디즘에 적합한 명품 브랜드 방식으로 운용되는, 그야말로 '하이엔드 시장'에 속한다. 차별화된 고품격 심리상담 서비스를 제공하는 점집은 대형 교회에 비하면 맞춤형 고급 서비스인 셈이다. 대통령 선거에 출마하고자 하는 대선 후보들부터 새로운 투자를 앞두고 초조해하는 대기업의 총수들, 그리고 별을 몇 개 달고 있는 군대의 장군들에 이르기까지 자신들의 심리적 위안과 미래에 대한 고민을 상담하기 위해서 찾는 곳이 대부분 이 점집이다.

공공 심리상담소와 대형 교회와 점집의 운용 양상을 비교해보면, 신분과 계급에 따른 서비스의 선택은 물론이고 포디즘과 포스트 포디즘, 그리고 유럽의 좌파 케인스주의자들이 생각했던 공공 영역의 기능에 대한 시각차가 아주 극명하게 드러난다. 대형 스크린을 설치하고, 번호표를 받고 몇 시간을 기다렸다가 예배당에 들어가는 전형적인 포디즘 양식을 받아들인 대형 교회는, 한국 자본주의가 만들어낸 최고로 기괴하면서도 진귀한 풍경이 아닐 수 없다. 우리나라의 경우는—베버가 분석한 것처럼 미국의 프로테스탄트가 미국식 자본주의를 만들어낸 것과 달리—군대식 동원 시스템으로 형성된 한국 자본주의가 오히려 대형 교회에 의해 재생산되는 한국형 개신교를 만들어냈다고 할 수 있다.(여공들이 주요 노동력이던 섬유 업종이 붕괴된 이후, 교회는 현재 대형 경제조직 중에서 여성 비율이 가장 높은 조직이기도 하다. 조직 구성원 내의 여성 비율이 대단히 높은데도 대형 교회들이 지독할 정도로 마초적인 양상을 보이는 것은 정말 연구대상이다.)

한국 대형 교회들의 연합체인 한기총(한국기독교총연합회)은 기업으로 비유하면 일종의 협회에 해당하는 기관인데, 우리나라 대형 경제기관들 가운데 이념 지형도에서 가장 오른쪽에 위치한다고 할 수 있다. 물론 생태주의 안에도 극좌에서 극우까지 모두 존재하는 것처럼, 종교기관 역시 그 내부에서는 자연스럽게 다양한 스펙트럼이 나타난다. 한국 대형 교회는 다른 나라 종교단체들에 비해 상당히 강한 극우파 편향을 보인다. 또 유럽에서는 가톨릭이 전통적인 극우 이데올로기를 담당하고 개신교는 노동자와 중산층을 지지하는 좌파 성향이 강했는데, 우리나라에서는 대체로 대형 교회들이 유럽의 가톨릭이 차지했던 사회적 위상과 비슷한 위치에 있다. 민중신앙을 발전시킨 중남미의 가톨릭이나 개신교와 비교해봐도 확실히 우리나라 대형 교회의 정치적 위상은 특이하다.

한국의 대형 교회는 한국 포디즘 시절의 고성장·대형화의 특징을 그대로 가지고 있다. 이 조직 모델이 나름대로 성공을 거둔 셈이다. 이미 한국 사람들은 대형 할인매장에서 카트를 밀고 쇼핑을 하는 것이나 컨베이어 벨트의 연속작업 공정을 본뜬 대형 교회의 예배 방식에서 아무런 차이점을 느끼지 못하는지도 모른다.

그러나 전세계적으로 유례가 없던 포디즘형 대형 교회에도 위기가 오는 중이다. 규모를 늘리려고 내부 관리의 편의를 위해 만들어낸 획일적인 방식들이, 1997년 이후 서서히 강화되기 시작한 개별화라는 포스트 포디즘의 흐름에 맞지 않기 때문이다. 이십대 엘리트 집단, 예를 들면 육군사관학교 같은 집단에서는 벌써부터 불교에 밀리기 시작하고 있다. 이는 지나친 획일화를 통한 대형화가 포스트 포디즘 시대 사람들의 감성에 적응하는 데 문제가 생겼다는 것을 의미한다.

한국의 포디즘 시스템이 가진 가장 큰 약점은 조직 내부의 문제를 외적 성장으로 푸는 방식이었는데, 대형 교회들도 성장이 정지하면 내부 문제가 발생하는 한국 자본주의의 취약점을 그대로 갖고 있다. 포디즘 시스템을 받아들인 조직들이 1990년대 이후 인수합병을 통해 대규모화를 추진하거나 외부화를 통한 조직 축소라는 두 가지 전략을 많이 사용했듯이, 이런 전략들은 교회에도 똑같이 적용될 수 있다. 그러나 어떤 전략을 사용하더라도 교인 수가 더 늘지 않는다면 교회 조직 내의 문제를 해소하기 어렵고, 이를 위해 교회끼리 통폐합을 시도하기도 쉬운 일이 아니다. 이질적으로 보이는 기업들도 '시장에서의 이윤 창출'이라는 한 가지 목표를 공유하기 때문에 합병이 가능하지만, 교회는 교단이라는 내부적 이질성이 역사적으로 형성되어 있기 때문이다. 이는 사실상 단일 종단에 의해 교구별로 조직을 관리하는 가톨릭이나 조계종과 대형 교회가 결정적으로 다른 점이기도 하다.

한국 대형 교회가 맞은 두번째 위기는 교회 내부의 지배구조와 연관된 것으로, 이 문제는 조금 더 심각하다. 내부 구성원들의 평균적 성향과 조직이 내리는 결정 사이의 괴리가 점점 더 커지면 모든 조직은 위기를 맞는다. '시민 없는 시민단체'라는 비판을 종종 받는 우리나라의 시민단체들 역시 이런 종류의 위기를 지금 심하게 겪는 중인데, 이보다 더 근본적인 위기가 대형 교회 내에서 커져 가는 중이다. 우리나라 대형 교회는—한국 경제가 1987년 민주화 항쟁에서 1997년 IMF 경제위기를 맞을 때까지—소위 한국 자본주의의 '중산층 전성시대'로 부를 수 있는 이 10년 동안 최고의 전성기를 맞았다. 하지만 한국의 상황을 볼 때 1997년 이후 초기 5년간은 천천히, 그 다음 5년간은 매우 빠르게 중산층 내부에서 분화가 진행되고 있다. 역사적으로는 중산층이 붕괴하는 시점이 극우파들이 등장하는 시점과 대체로 일치하는데, 지금 우리나라의 경우도 딱 그렇다. 그래서 교회 내부에서도 중산층들이 점점 줄어드는 반면에 교회의 의사결정은 더욱 극우 쪽으로 흘러가는 경향이 있다. 문제는 지금까지 대형 교회 모델을 작동시켜온 힘이 1987년 이후에 강화된 중산층으로부터 나온 것이라는 점이다. 중산층 붕괴가 시작되는 초기에는 일부 중산층이 더욱 넉넉해지기 때문에 대형 교회가 여전히 잘 운영되는 것처럼 보이지만, 장기적으로 중산층이 현저히 줄어들면 포디즘식 대형 기관을 유지하기가 점점 더 어려워진다. 중산층에서 하층민으로 전락한 사람들은 자신들의 이해를 대변하지 않는 집단에 굳이 비용을 지불할 필요성을 점점 못 느끼게 된다. 중남미 교회들이 민중주의 쪽으로 방향을 전환한 이유가 지금 우리와 유사한 변화를 먼저 겪으면서 자연스럽게 적응한 결과라는 점을 환기할 필요가 있다.

그렇다고 신귀족으로 전환되는 중산층의 상층부에게 중산층 모델 위에 서 있는 교회가 심리상담소로서 여전히 매력적일 가능성은 별로 없다. 고급화하면 빈민층이 떨어져 나가고, 기존의 중산층 모델을 유지하면 상층부가 떨어져 나가는 딜레마 상황에 빠진 셈이다. '대량생산 대량소비' 체제가 깨어지면서 거의 모든 부문에서 '하이엔드 마케팅'이 강화되는데, 이러한 흐름은 교회가 속한 서비스 업종의 경우라고 해도 크게 다르지 않다.

지금 상황대로라면 진짜로 구매력을 갖춘 하이엔드 소비자들은 교회 대신에 점집으로 갈 가능성이 높다. 개별화되고 차별화된 포스트 포디즘에 적합한 고급 서비스 상품을 훨씬 용이하게 만들어낼 수 있는 생산방식과 독자성은 우리나라 점집들이 갖추고 있는 가장 큰 경쟁력이다. 사주팔자가 미신이냐 아니냐와 같은 복잡한 질문들은 제쳐

두고, 정말 단순하게 '심리상담'이라는 특별한 서비스 생산방식만 놓고 보자. 이미 예전에 없어졌을 것 같은 점집은 20세기를 당당하게 뛰어넘어 가난한 사람들에게는 저가형 상품을, 부자들에게는 그들에게 적합한 고품격 상품을 만들어내는 데 성공한, 전통형 자영업이라고 할 수 있다. 교회에서 고급 간부에 해당하는 신도들이 유명한 점집에서 서로 마주쳤다는 얘기는 과거의 일이 아니라, 바로 최근에 새롭게 발생하는 일이다. 산업의 눈으로 본다면, 대형 교회의 목회 시스템은 점집만큼 고급 서비스를 절대로 제공하지 못한다. 앞으로 부자들은 점점 더 많이 점집에 가고, 가난한 사람들 역시 점집으로 가는 일들이 벌어질 것이다. 만약 우리나라에서 유럽형 공공 심리상담소가 늘어나면 대형 교회는 진짜 위기를 맞게 될 것이다.

물론 포스트 포디즘에 의해 교회의 사회적 기능이 도전받는 것은 유럽이나 미국의 경우도 마찬가지이기는 하지만, 풀어나가는 방식이 한국과는 달랐다. 우리보다 먼저 포스트 포디즘의 길을 걸은 미국 교회들의 사례는 그래서 참고할 만하다. 미국 교회들은 분화의 길을 걸었다. 흑인을 비롯한 마이너들의 교회는 더욱 대형화했고, 중산층들의 교회는 더 폐쇄적으로 문을 걸어 잠가 미국식의 '교회공동체' 방식으로 진화했다. 전형적인 중산층 도시에서는 교회를 중심으로 유기농 생활협동조합을 구성했는데, 이런 변화가 유색인종과 저소득층에게는 진입 장벽 역할을 한다. 이런 교회들은 더욱더 생태주의적인 새로운 삶의 방식을 강조하거나 공동체주의의 기치를 높이 들기도 한다. 맨해튼을 기점으로 등장한 미국 '웰빙 문화'의 출발점은 이교도적인 기원을 가지고 있지만, 교회공동체를 따라 폭발적인 영향력을 갖게 되었다. 어쨌든 미국 교회는 단순히 덩치를 키우면서 진화하고 있지는 않다. 이런 점에서 미국 교회들은 포스트 포디즘의 끝에서 자신들이 출발했던 청교도 전통을 다시 만난 셈이다. 그렇다면 우리나라 교회들은? 이렇게 웰빙의 또 다른 정신적 결합요소인 청교도 전통을 가지고 있지 않기 때문에 단순하게 '공동체'만을 강조하는데, 국가 공동체주의는 바로 극우파가 고전적으로 정의하는 공동체 그 자체다.

현재 한국의 대형 교회들은 덩치가 커지면서 다양성이 떨어져 사회적 생산양식의 변화에 대응하기 어려워진 조직의 대표적 사례라고 할 수 있다. 그렇다고 극우파 마초들의 천국이 된 한국 대형 교회가 지금 와서 새롭게 가난한 사람들이나 중산층들에게 더 친근한 조직문화를 만들기도 쉽지 않아 보인다. 경제와 달리 조직의 기반을 형성하는 문화는 굉장히 느리게 천천히 변화하기 때문이다.

한편, 우리나라 대형 사찰 중에서 가장 넉넉한 사찰을 꼽으라면 아마도 서울 강남 코엑스 옆에 있는 봉은사일 것이다. 강남 개발을 하면서 사찰의 땅이 정부에 많이 수용되었는데도 이 사찰은 여전히 보유 부동산이나 현금 순환 면에서 볼 때 우리나라에서 가장 넉넉한 사찰이다. 이 봉은사에 4년 전 불교생협이 생겨 지리산의 생태공동체에서 재배된 유기농 식재료를, 개량한복으로 화사하게 꾸민 여성 불자들이 봉사하면서 판매하는 진풍경을 볼 수 있다. 미국의 대표적인 중산층 도시의 교회에서나 볼 수 있는 이런 풍경이 강남 한가운데 있는 사찰에서 먼저 등장한 것은 상당히 중요한 점을 시사한다. 현재로서는 중앙형 단일 교단인 불교가 시대의 변화에 적응하는 속도가 분산형 의사결정 시스템인 복수 교단으로 구성된 대형 교회들보다 더 빠르다는 점이 그것이다. 일반적으로는 그 반대 현상이 벌어지게 마련이지만, 우리나라 종교계에서는 중앙형 시스템의 적응 메커니즘이 더 빨랐다.

분산형 시스템에서 경쟁이 높아지면 오히려 변화 대응력이 빨라질 것 같지만, 전문적인 용어를 사용하자면 '미메티즘Mimetism' 현상이 강화되면서 주요 기관 사이의 상호 모방성이 높아지고, 문제가 생겨도 단순히 규모만 키우는 식의 과거 생존전략에 갇혀버리는 현상이 벌어진다. 지금 한국 대형 교회가 조직론적으로 만난 위기는 미메티즘 강화에 의한 다양성의 상실과 연관된다.

——— 등에가 꿀벌 모습의 의태를 하면서 진화해서 스스로를 보호하게 되는 것처럼 다른 종을 모방하는 진화전략을 의미한다. 시스템 이론에서는 1990년대 초반 프랑스의 장 피에르 뒤피가 '미메티즘'이라는 제목의 분석서를 발간하면서, 한 시대를 풍미할 정도로 유행했던 단어다. ———

학회, 대학 혹은 많은 정치단체들이 포스트 포디즘의 등장 이후 대형 교회가 만난 조직의 위기와 유사한 구조적 위기를 겪는 중이다. 아무리 분산형 시스템이라고 하더라도 기계적인 미메티즘이 작동하면 획일성의 함정에서 빠져 나오기가 어렵다.

과잉 경쟁과
인력 재생산의 실패:
건설업계

한국 자본주의를 좋게 표현하면, 세계은행이 1990년대 중반에 지적했던 것처럼 국가를 기본 매개체로 작동하는 경연적 시장contestable market이라고 할 수 있다. 즉, 일반적인 '경쟁적 시장'은 아니지만 실적에 따른 수출금융을 따내기 위한 대기업간의 '경연'이 존재한다는 것이 IMF 이전의 한국 경제에 대해 세계은행이 가지고 있던 작업가설이다. 경연은 경쟁이 아니지만 독점에 의한 비효율성을 줄여줄 수 있다. 우리나라에서 국가는 여전히 국민경제 체제에서 제일의 수렴점이라고 할 만큼 많은 경제적 행위가 정부의 의지나 계획을 중심으로 움직이는데, 이런 점에서 박정희가 선택했던 유신경제 모델이 미국식 경쟁 모델과 질적으로 다른 속성을 가지고 있었던 것은 확실하다. 국제경제학에서는 유신경제 시절 한국 경제운용의 특징을 드골 대통령 시절 프랑스의 시그널 경제signal economy와 이집트 계획경제의 중간 그 어디엔가 위치한다고 분석하고, 이를 '혼합형 계획경제'라고 부른다. 나쁘게 얘기하면 '개발독재'지만, 단순히 독재 현상만으로 한국의 압축성장 과정을 설명하기가 쉽지 않기 때문에 이런 다양한 개념적 시도들이 등장한 것이다. 단순히 한 면만 본다면 재벌이 있었던 덕분에 우리나라가 이 정도 왔다고 얘기할 수도 있고, 혹은 전세계 어디에서도 찾아볼 수 없는 근면함과 높은 교육열 덕분이라고 말할 수도 있고, 이도저도 아니면 그저 "박정희가 똑똑해서 잘된 것이다"라고 말하게 된다. 그러나 약간 과학적인 사고를 갖고 들여다보면 어느 한 가지 단순한 요소로만 설명하기에는 한국 경제의 기적이 복합적이라는 것을 알 수 있다.

박정희 이후에 한국 경제의 지휘권을 받은 사람들과 비교해서 박정희가 유별나게 잘한 것이 한 가지 있기는 하다. 그것은 인력의 재생산 구조에서 고급 인력의 확보가 가능한 시스템을 그가 최초로 만들어냈다는 점이다. 장기적 관점에서 보면, 전두환 시절의 '전인교육'과 과외금지가, 이 한국 경제가 1990년대의 장기적인 호황기를 맞는 데 결정적으로 기여했다고 볼 수 있겠지만, 고급 인력을 재생산할 수 있는 구조의 기본틀이 만들어진 때는 박정희 시절이다. 카이스트를 비롯해, 그 당시 개발도상국에서 쉽게 생각하지 못했던 고급 인력의 재생산 구조를 만든 것은 1970년대의 일반적인 경제도약 모델은 아니었다.

현대 경제학의 가장 선구적인 이론들로도 잘 해결하기 어려운 문제 가운데 하나가 바로 '경제주체의 재생산' 문제인데, 고급 인력의 조절에 관한 한국의 집중형 시스템은 결국 문제를 일으켰다. 최소한 5~10년의 격차를 두고 발생하게 될, 특정 부문에 특화된 전문가들에 대한 수요의 흐름을 확실하게 예측할 방법이 경제학에는 없다. 아마 이런 예측을 1980~90년대 청와대나 경제기획원 혹은 총리실에 들어간 경세학사들이 좀 더 적극적으로 고민했다면, 지금 우리나라가 만나는 여러 가지 어려움들은 훨씬 더 줄어들었을 것이다. 한국과 같은 집중형 국민교육 모델이 사회적 수요를 세밀하게 반영할 수 있는 유럽의 국립대학 모델과 연결되었다면 이런 종류의 문제가 줄어들었을지도 모른다. 하지만 막상 대학은 학과별로 장벽이 높은데다 정원을 계속 묶어놓는 방법을 사용하다 보니 특정 전공별로 고급 인력을 수급하는 구조가 한국 경제에는 약점으로 작용하게 되었다. 지금으로서는 이 문제를 풀려면 북유럽 모델처럼 엄청난 재교육 장치를 만드는 수밖에 없는데, 교육에서의 조절장치를 세밀하게 디자인하기가 정치적으로 곤란한 상태이므로, 한국 자본주의는 상당히 오랫동안 지금의 시스템을 그대로 유지하는 수밖에 없다. 그러다 보니 무엇이 문제인 줄은 누구나 아는데, 아무도 풀지 못하는 잠김 현상이 또 발생한다.

보통은 문과 계열보다는 공학 계열이 노동시장에서 인력 수급상의 변화에 더 민감한 경향이 있다. 박정희 시절 한국 경제의 2단계 고도화를 추진하면서 석유화학과 철강업을 요즘 표현대로 하면 '국책사업'처럼 끌고 가던 시기가 있었고, 이때에는 화학공학이 가장 인기 있었다. 1980년대가 되면서 전기·전자에 이 자리를 내주었고, 1990년대 중반에 다시 석유화학 붐이 올 때까지 오랫동안 화학공학은 배고픈 학문이 되었다. 대체로 이런 식의 변화에 대한 미세한 조정은 정부 아니라 '정부 할아버지가' 한다고 해도 쉬운 일이 아니고, 시장경제 내에서는 개인들이 알아서 하는 수밖에 없다. 여기에 대해 경제학자들에게 물어본다면 "수요와 공급이 알아서 균형을 찾는다"라는 정말 뻔한 얘기 외에는 나올 말이 별로 없을 것이다. 가끔은 그렇게 수요와 공급을 믿는다고 했던 사람들이 내놓은 정책이 실로 황당할 정도로 실패작이어서 지켜보는 사람을 민망하게 만들기도 한다. 예컨대 김대

중 정권 시절에 IMF 경제위기를 '문화 콘텐츠'로 극복하겠다며 애니메이션 학과를 엄청나게 신설해 많은 예비 인력을 만화산업으로 보냈는데, 요즘 이 사람들이 겪고 있는 좌절감은 정말이지 눈물 나서 옆에서 지켜보기가 어려울 지경이다. 그렇지만 이런 종류의 정책 실패에 책임질 사람은 우리나라에 존재하지 않고, 그야말로 "각자 알아서 합시다"가 될 뿐이다. 사실 적절한 규모로 각 부문에 필요한 경제주체를 재생산하는 일은 아주 강력한 전체주의 방식으로 운영되는 사회주의 시스템에서도 어려운 일이다.

한국 자본주의가 안고 있는 이런 문제들이 한꺼번에 모여 있는 곳이 바로 건설업종으로, 대형 건설사의 현실을 보면 과거 우리의 슬픈 자화상을 한꺼번에 볼 수 있다. 국민총생산의 20% 가까이를 건설업이 차지하는 우리나라는 수치로만 비교하면 일본보다도 훨씬 더 건설 의존도가 높고, 대충 레바논이나 베트남이 보여주는 지표와 비슷하다. 사람들은 일본을 두고 '토건국가'라고 비꼴 때가 많은데, 그런 기준을 적용한다면 한국이야말로 '슈퍼 토건공화국'이다. 일반 제조업에서 공해 저감 및 계측 설비 등의 환경 투자를 위해 기울인 노력을 감안하면 우리나라는 오래전에 친환경 경제구조로 나아갔을 것 같지만, 여전히 새만금 개발과 같은 국책사업이나 각종 개발사업, 부동산 택지 개발 등 토목건설 사업으로 사회 전체의 친환경지수가 상당히 떨어진다. 세계 140개 국가 중에서 한국의 환경 순위가 2002년 136등을 한 것은 유명한 사건인데, 이런 일들이 발생한 이유는 지나치게 높은 건설업 의존 구조 때문이다.

물론 이런 구조가 생겨난 데에는 압축성장이라는 요소만 개입한 것은 아니다. 재벌 구조의 폐해를 줄이기 위해 다른 회사의 주식을 보유

함으로써 그 회사를 관리하게 되는 지주회사holding company를 오랫동안 금지한 것과도 관련이 있다. 예전에 재벌 회사에서는 지주회사 대신에 '모기업'이라는 표현을 썼는데, 현대건설이나 삼성에버랜드 같은 회사들이 모기업으로서 사실상 지주회사 역할을 했고, 대형 건설사가 재벌 회사들의 실질적인 자금조달이나 운영의 버퍼 역할을 담당했다. 당연히 이러한 모기업의 사업 규모가 일정하게 유지되는 것이 재벌 시스템에서는 대단히 중요했다. 지금도 골프장이나 레저 시설물, 혹은 회사의 사옥 같은 부동산 자산은 대개 이런 대형 건설사들이 보유하고 있다. 이렇게 건설사가 일종의 지주회사 역할을 하면서 일본보다 더 이상한 대형 건설업 구조가 발생한 것이다. 여기에 분양권이라는 해괴한 제도가 결합되면서 경제학에서 일반적으로 사용하는 이론으로는 도저히 분석할 수 없을 정도로 기괴한 한국 건설업의 현실이 만들어졌다.

상황이 이러면 건설사에서 일하는 사람들은 월급도 많이 받고 잘 먹고 잘살아야 할 것이고, 건축학과 학생들에게는 보람 찬 미래가 보장되어야 할 것이다. 그런데 현실은 그렇지가 않다는 데 문제 해결의 어려움이 있다. 작은 경제 규모에서 미국과 거의 비슷한 규모로 건축학과 졸업생을 배출하다 보니 이런 어려움은 애초부터 예견되었는데, 역사적으로 몇 번의 조정 기회를 놓치고 현재와 같은 기형적인 구조에 도달하게 되었다. 원래 건설은 대형 토목공사 및 공공택지 개발 등 정부부문의 개입이 높은 분야인데, 사회간접자본에 관련된 사업 자체가 공공 영역이기에 이는 당연한 현상이다. 정부와 결탁이 많을 수밖에 없는 이 분야에서 수주와 관련된 제도만큼은 한국이 세계에서 가장 정교하게 정비되어 있다고 해도 과언이 아니지만, 거래의 투명성이 제도만으로 확보되는 것은 아니기에, 지금과 같은 과도한 경쟁 상태에서는 부패가 만연해진다.

게다가 상황을 더욱 어렵게 만든 것은, IMF 경제위기를 극복하면서 건설업을 허가제에서 등록제로 바꾸면서 신규 업체의 진입을 전면적으로 자유롭게 해준 일이다. 요즘식으로 표현하면 전격적인 규제 합리화를 한 셈이다. 그러나 우리나라에 아무리 더 많은 도로와 아파트가 필요하다 한들 일단 1차 건설 국면이 끝나서 기초 수요가 포화점에 가까워진 시장 상황에서, 그렇게 하자 과잉 경쟁이 생겨나지 않을 도리가 없었다. 경쟁은 극도로 높아졌지만, 개별 업체들의 수익성은 생존 수준 이하로 떨어진 것이 현재의 상황이다.

이 과정에서 1차로 피해를 보게 된 것은 지방 건설업체이다. 경쟁은 극심해졌지만, 수주 조건이 까다로워지면서 하청업체에 비용을 전가할 수 있는 중앙 건설업체들에 오히려 더 유리한 조건이 생겨났기 때문이다. 물론 그렇다고 살아남은 대형 건설사들이 엄청나게 돈을 벌었는가 하면 막상 그렇지도 않다. 노무현 정부의 등장 이후에 일부 건설사들의 주식이 IMF 이전 수준을 회복하기도 했지만, 일반인들이 흔히 생각하는 것처럼 아파트 분양에서 건설사들이 떼돈을 번 것도 아니다. 국내 주택시장에서 벌어들인 돈은 규모를 유지하기 위해 적자 수주를 했던 다른 곳에서의 손실을 메우고 나면 힘들기는 마찬가지였다. 게다가 이러한 건설사의 규모를 유지하기 위해 정부에서도 어떤 식으로든 계속해서 대형 토목사업을 만들어냈는데, 이것도 한두 번이지, 결국에는 한국형 뉴딜에 의한 '골프장 300개 건설'이나 '한반도 대운하'같이 전대미문의 황당한 대역사를 일으키지 않으면 기본 규모조차 유지하기가 어려워진 상황이다.

수익률은 떨어지고 경쟁은 극심한 상태에서, 이미 증가할 대로 증가한 건축사나 설계사 같은 신규 전문인력을 추가로 소화할 여지가 없기 때문에, 신규 진출자들은 조경이나 부동산 거래와 같이 타의에 의해 다른 직종으로 옮겨 가야 하는 일이 지금 건설 인력시장에서 벌어지고 있다. 이런 상황인데도 건설현장에서 자동화율이 높아지고 설계나 구조 계산에서도 전산 프로그램의 도움으로 인력 감축이 계속 진행되기 때문에, 정부에서 엄청난 규모로 계속해서 토목사업들을 유치하고 있지만 건설업자들이 얘기하는 '연착륙'은 현실적으로 요원한 일이 되어버렸다. 물론 이 와중에도 졸업생들은 계속해서 배출되고 있다. 엎친 데 덮친 격으로 이런 상황을 더욱 어렵게 만드는 것은, 건설에서 최고 고부가가치에 해당하는 설계 업무를 아예 외국인들에게 맡기는 유행이 역시 몇 년 전부터 강해졌다는 데 있다. 실제 우리나라 설계사들이 정작 한국 시장에서 소외되는 일이 생겨난 셈이다. 건설사들은 지난 10년 동안 줄기차게 '규제 완화'를 주장해왔지만, 국내 건설사들을 위해 새로운 규제가 필요하다고 말해줄 경제학자도 없고, 정책적으로 새로운 가이드라인을 만들 분위기도 아니다.

이론대로라면 진입과 퇴출을 자유롭게 해주면 완전경쟁에 의해 '가장 싼 가격에 가장 좋은 품질'을 만들 수 있을 것 같지만, 시장구조와 인력 수급의 특징, 기업 사이의 수평적·수직적 연계와 같은 조건들이 복잡하게 걸려 있는 특수 시장에서는 현실이 그런 순수이론대로 움직이지 않는다. 사실 단 한 건이라고 해도 수백억 원 규모를 간단하게 넘어가는 건설시장에서 휴대전화처럼 완전경쟁시장은 애당초 불가능한데, 규제를 풀면 모든 것이 나아질 것이라고 생각하는 것 자체가 김대중 정부 시절의 순진무구한 접근이기도 했다. 이런 경우에는 산업조직론과 함께 산업 자체의 흐름을 예측하고 이에 적절한 정책 프레임에 따른 시장구조를 찾아나가는 해법을 찾았어야 했는데, 우리 나라에서는 그런 일이 벌어지지 않았다. 이 상황은 산업정책의 실패라고 표현할 수도 있고, '경로의존성經路依存性'에 의해 과거의 균형에 갇힌 경우라고 할 수도 있다. 어쨌든 더 늦기 전에 국민경제 내에서 건설업의 비중을 낮추어 정상적인 선진국형 균형을 찾아야 할 것이고, 대학마다 엄청나게 배출하는 건축학과 졸업생도 줄여야 한다. 그러나 이런 일을 마땅히 할 수 있는 주체가 현재로서는 없다는 게, 안타깝지만 현실이다.

현 상황에서 건설업의 경우는 이미 직업을 가진 사람들이 어디론가 사라질 때까지 새로운 건축학과 졸업자들의 사회 진출이 극도로 제한된다. 한국 건설업은 박정희 시절의 중동 특수로 형성된 과다 규모를 국내시장에서 어쩔 수 없이 흡수하면서 기형적으로 커진 부문이라서, 이 시스템을 지속시키는 것은 지금보다 훨씬 큰 규모의 해외시장을 찾아낼 때에만 가능하다. 특정 부문에 발생한 지나친 경쟁과 이로 인해 계속해서 낮아지는 수익률을 보존해주려다 보니, 이제는 국민경제의 구조 자체가 왜곡되어버린 것이다. 오랫동안 많은 사람들이 요구했던 아파트 원가 공개와 부동산 가격 안정화 정책이 사회에서 잘 받아들여지지 않는 것은 덩치 큰 건설사들마저 언제 부도날지 모르는 위태로운 시장 상황 때문이다.

그렇지만 제도적으로 보완이 이루어진다고 하더라도, 사실 국가의 '수요 독점' 속성이 워낙 강한 건설업 특성상 장기적으로는 지나친 경쟁 때문에 원가 이하로 계약 단가가 결정될 가능성이 높다. 현재의 수주 제도는 정부가 책정한 내부 단가의 70% 선에서 가격을 제출한 업

★ 채권 구조 위에서 모기업으로서 자금조달자 역할을 했던 대형 건설사가 지구화사조로 건설을 때마다 단지고 뛰가 된다는 것은가? 상황이 경우, 계열사별 자율경영이라지만 핵심충자 구조는 그대로도 채이의 애모랜드의 기준 약화에 무슨 변화가 있을까?(『한국일보』, 2008년 2월 19일자)

체가 가장 높은 점수를 받게 되어 있다. 적정 원가의 70% 선에서 단가가 결정되는 이 구조에서 도대체 건설업체는 어디에서 이윤을 만들 수 있겠는가? 정부가 거짓말을 하든지, 건설업체가 중간에 뭔가를 빼돌리지 않으면 움직일 수 없는 장치가 우리의 표준 수주 방식이다. 이러니 장기적으로 문제가 안 생길 리 없다. 과다 건설, 과잉 보호에도 불구하고 업체들은 수익성이 저하되고 있음에도 중앙 건설업체로서는 규모의 경제라도 유지하기 위해 확장경영을 피할 길이 없다. 이 상황에서 시공업체와 정부, 세금으로 이 재원을 부담해야 하는 국민들 모두 이 피곤한 상황을 감수해야 하는 것이 현 상황이다.

게다가 아무리 '한국형 뉴딜' 같은 인위적 장치나 공급 이데올로기 같은 것으로 억지로 건설공사를 늘려가려 해도 국민총생산에서 20% 가까운 건설업을 현재 수준으로 계속 유지하기 곤란한 물리적 포화점에 결국은 도달하게 된다. 그런데 이런 흐름들을 가장 먼저 알고 있는 사람들이 바로 건축업 내부에 있는 사람들이나 설계사들 아니겠는가. 지난 몇 년 동안 건설업은 외형적으로는 규모를 유지하고 있는 것 같아 보였지만, 1970년대 화학공학이 그랬던 것처럼 화려했던 건축가와 설계사의 전성시대가 끝나고 이미 다른 분야로 물밀듯이 빠져나가는 '엑소더스'가 진행되고 있다.

이 상황에서 최적의 해법은 경쟁을 완화하기 위해 부분적으로 구조조정을 함으로써 일종의 '사회적 최적점'을 찾아 전체적인 위험률을 낮추는 방식이다. 그러나 이미 우리나라는 사회문화 자체가 워낙 토목 구조물에 대해 문화적이고 정서적인 선호도가 높아진 상태이기 때문에 그렇게 하기가 어렵다. 그런 점에서는 박정희의 산업고도화 정책이 끝난 후 묵묵히 무대 뒤편으로 내려갔던 1970년대의 화학공학 엔지니어들은 담백한 여운을 남길 줄 안, 멋진 엔지니어들이었던 셈이다. 이에 비하면 지금의 건설업계 엔지니어들은 건축 '공학도'라는 사실이 믿기지 않을 정도로 끈적끈적하며, 마치 날 때부터 그랬던 것처럼 로비와 여론조작에 익숙한 사람들이 많다.

한국 건설업이 현재의 양상으로 계속 전개된다면, 바로 건설자본의 주역들과 그 지지자들이 한국을 평화국가 모델 대신 ― '프티 엥프petit imp(petit impérialisme)'라고 정치학자들이 표현하는 ― 소소제국주의로 몰고 갈 가능성이 높다. 한국의 이라크 파병 때 전에 없이 '국익'이라는 단어가 논의의 전면으로 부각된 적이 있었는데, 실제 국익의 주요 내용이 이라크 재건 복구에 한국 건설업체의 참여 가능성이었다는 사실은 우연은 아니다. 한국에서는 오랫동안 북한에 대해 지나치게 애틋한 시각과 지나치게 혐오스러워하는 상반된 두 가지 시각이 다 존재하는데, 이런 극단석인 힘늘을 모아서 결국 북한으로 들어가는 길을 맨 처음 연 것도 건설자본이라는 사실이 우연은 아니다. 현재의 조직 구조로 볼 때 한국에서 가장 높은 수준으로 소제국주의를 원하는 사람들은 군부도 제조업도 아니고, 바로 1국 모델에서는 도저히 균형점을 찾을 수 없는 건설업에 속한 사람들일 것이다.

우리나라에서 건설업은 자동차 산업이나 전자 산업과 발전방식에서 약간 차이가 있다. 앞의 산업들이 '수출 주도형 국민경제 모델'에 따라 내수가 아니라 처음부터 해외시장을 겨냥하고 육성된 산업인 데 비해, 건설업의 경우는 국내시장의 포화와 과열 경쟁에 의해 나중에 해외시장을 간절하게 원하게 되었다는 점이다. 건설업이야말로 제국주의의 교과서적 정의에 해당한다. 건축설계사와 건축학과 졸업생들을 먹여 살리기 위해 한 나라가 소제국주의의 길을 걸어가게 된다는 것은 국제적으로 유례없는 일이기는 하다. 하지만 지나친 과잉 경쟁과 인력 재생산 구조에 대한 최소한의 조정 메커니즘도 존재하지 않는 현 상황에서, 광고시장을 통한 여론 장악력 등으로 국내에서 가장 큰 경제권력으로 등장한 산업이 해외시장을 간절히 원한다는데, 어쩌겠는가? 한국에서는 현재까지 건설자본을 중심으로 소제국주의로 넘어가고자 하는 힘의 성장이 평화국가로 나아가고자 하는 힘의 성장보다 훨씬 빠른 것 같다.

순환형 시스템과
숙련도의 위기:
중앙공무원의 아마추어리즘

　제조업과 서비스업은 직제 자체도 다르고 조직의 구성원리도 많이 다르다. 생산품의 속성에 따라 조직의 내부 구성도 바뀌고, 작동원리도 다르게 진화하는 것은 당연한 일이다. 물론 '이윤 극대화'가 어차피 기업의 목표라 하더라도 생산품의 속성에 따라 협업방식이나 숙련도 및 작업 제어방식에 따라서 내부 조직은 전혀 다르게 전개되도록 만들어져 있다. 그러므로 결국 최적의 조직을 찾아낸 곳과 그렇지 않은 곳 사이에서는 창조의 능력과 위기에 대처하는 방식, 새로운 루틴을 만들어내는 능력이 전혀 달라진다. 아주 효율적인 고유 모델을 찾아내지 못하는 한, 대부분의 조직은 가족이나 군대 혹은 교회와 같은 방식으로 자신을 설명하게 된다. 많은 회사들이 '우리는 한식구'라고 표현하는 것은 그런 이유 때문이다.

　반면에 좁은 의미의 기업과는 약간 다른 방식으로 자신들을 이해하는 사람들이 있는데, 우리나라 공무원들은 자신이 속해 있는 부처를 '우리 회사'라고 부른다. 특히 중앙 공무원들이 자신이 속해 있는 곳을 '정부'라고 표현할 때와 '회사'라고 부를 때에는 미묘한 뉘앙스 차이가 있다. 단순하게 '일한다'고 표현하지만, 정부에서 일하는 것과 회사에서 일하는 것 사이에는 상당한 차이가 존재한다. 우선 일하는 사람의 자기정체성이 다르다는 점을 지적할 수 있다. 게다가 임금이 나오는 원천도 다르고 '이윤 극대화'와 '시스템 안정'처럼 일이 지향하는 목표도 다르다. 그렇다고 일의 물리적 성격도 다를까? 어차피 사무직 노동자들이 컴퓨터 앞에서 숫자나 글자를 만지듯, 대민 업무에서 민원인을 만나는 공무원들 역시 창구 업무 일반이 가지고 있는 속성의 일들을 하는데, 그 사이에 엄청난 차이가 뭐 있겠는가? 물론 이렇게 물리적인 눈으로만 보면 공무원과 일반 사무원 사이에 큰 차이가 없을지 모르지만, 공무원들은 국민경제 내에서 시스템을 디자인하는 일을 하기 때문에 아무리 일반 사무직과 비슷해 보여도 일의 성격이 전혀 다를 수밖에 없다.

"일을 안 하는 것이 일하는 것이다"라는 말이 세상에서 좋은 의미로 적용될 수 있는 거의 유일한 직업이 공무원이다. 사실 이상한 규제를 만들거나 보고를 위한 실적 사업을 할 때는 지켜보는 주위 사람들 입에서 정말이지 일을 안 하는 게 도와주는 거라는 말이 절로 튀어나온다. 일본 영화 〈춤추는 대수사선〉에서 극단적인 방식으로 묘사된 절차주의는 서류와 절차만 남고 사람은 사라진 한국과 일본 공무원 조직의 유사점을 잘 보여준다. 이 영화는 우리나라에서 새 장관이 취임했을 때 정부조직에서 어떤 일이 벌어지는지를 사실과 가장 근접하게 묘사한 영화다. 늘 새 장관은 "뭐 좀 쌈박한 거 없어?"를 찾고, 수많은 '빨간펜'들이 정책 기안자인 실무진들을 달달 볶는 장면이 연출된다. 사회적으로는 엄청난 낭비이고 바보 같은 일이지만, 바로 이것이 한국 공무원 시스템이 "우리는 국민을 위해 최선을 다한다"라는 모토 아래 진화한 현실의 모습이다. 가끔 고위 공직자들이 황당한 술집 접대나 골프 접대 같은 것으로 사회적 스캔들을 만드는 것은 일본이나 한국이나 마찬가지인데, 오죽했으면 그런 향응 스캔들이 몇 번 드러난 후에 '일본의 곳간'이었던 대장성을 일본 국민들이 없애버렸겠는가.

그러나 이런 진화 양상에도 사실 다 유래가 있고, 일본이나 한국이나 전부 세계 최고의 생산성과 효율성을 보여주는 국민경제를 보유하고 있는 나라들이다. 어떤 사람들은 공무원이 무능한데도 국민들이 열심히 일해서 이렇게 되었다고 생각하지만, 뒤집어서 얘기하면 이들이 제대로 일하지 않아서 이 정도라도 유지한 것이라고 말할 수 있다. 누구보다도 열심히 일한다고 자평하는 노무현 정부 등장 이후로 생겨난 국민경제의 혼란을 환기해보자.

케인스가 강조했던 '구축 효과驅逐效果'가 발생하지 않기 위해서는 국민경제 내에서 '룰 메이커'의 권한을 가지고 있는 공무원들의 기대수익이 민간경제의 기대수익을 밑도는 정도에서 유지되는 게 오히려 적절하다. 만약 그렇지 않다면, 차라리 공식적으로 사회주의 경제 시스템을 운용하는 편이 나을 것이다. 공공부문의 기대수익률이 민간부문보다 높으면 모든 국민이 공무원이 되려고 할 것이고, 정작 생산을 담당하는 민간기업에서는 사람을 찾기 어려운 일이 벌어질 수 있다. 물론 개인들이 기대하는 기대수익률은 임금, 정확히 얘기하면 연금과 안정성 등 직접 지불되는 임금 이외의 모든 기대수익을 포함

——— 미국의 통화주의 경제학자 프리드먼은 케인스가 주장한 정부재정 소비 확대를 비판하며 정부의 무분별한 국공채 발행과 세수입은 오히려 민간경제에 커다란 부담을 안겨준다는 의미로 '구축 효과(crowding out effect)'라는 개념을 제시했다. 케인스가 고안한 개념인 '승수 효과(multiplier effect)'와 프리드먼의 구축 효과를 두고 각 학파들간의 논쟁은 지금도 끊이지 않고 있다. ———

하는데, 사회주의 국영기업들이 부딪혔던 지나친 관료화로 결국 시스템 자체가 붕괴한 일은 개인들의 기대수익과 관련되어 있다. 그렇다고 임금 자체를 너무 낮춰버리면 이번에는 다른 방식으로 경제적 보상을 받으려는 부패 현상이 발생하게 된다. 너무 높지도, 너무 낮지도 않고 적절한 공무원의 기대수익을 찾기란 쉽지 않다. 민간부문에서 사용하는 것처럼 개인적 업무 효율만으로 평균적 임금 수준을 찾아내는 기계적 계산을 공직사회에 적용할 수 없는 이유가 분명히 존재하는 셈이다. 데카르트가 얘기했던 조금씩 정답을 찾아가는 '점근법漸近法, approximation'이라는 오래된 방식을 생각해보지 않을 수 없다.

사실 일본의 관료조직은 일본 자본주의의 가장 큰 추진력이라고 할 정도로 세계적으로 그 효율성을 인정받는 편인데, 한국 역시 적어도 IMF 이전까지는 개발도상국 행정 시스템 내에서는 세계은행이 인정할 정도로 나쁘지 않은 시스템을 운용하고 있었다. 개별 공무원들이 부패하거나 특정 시기에 특정 부처에서 엄청난 규모의 결탁이 벌어지는 일을, 사실 사람들이 살아가는 사회에서는 완전히 근절하기가 어렵다. 인류는 아직까지 그렇게 완벽한 행정 시스템을 가져본 적이 없다. 조선조 최고의 재상이라는 황희 정승도 뇌물을 받은 적이 있다는 흉흉한 얘기가 야사에 나오는 걸 보면, 크고 작은 '행정 사고'들이 생기는 길은 원천적으로 피하기 어려운지도 모른다.

한국과 일본 사회가 유럽이나 미국에 비해 상대적으로 공무원들에게 많은 권한을 집중해놓았음에도 상당히 오랫동안 구조적 부패라고 할 수 있는 '왕국 현상'으로 내부 시스템이 붕괴하지 않고 버틴 것은, 어쩌면 두 나라의 각기 다른 자본주의가 내놓을 수 있는 큰 장점일는지 모른다. 공무원이 무슨 엄청나게 큰일을 하기를 바라겠는가? 그저 나중에 복구하기 곤란한 대형 사고나 치지 않기를 바랄 뿐이다. 물론 큰돈을 움직이는 건설교통부 같은 일부 부처에는 '꽃보직'이라고 불리는, 전통적으로 부패한 자리가 일부 있지만, 일본이나 한국처럼 개인 네트워크가 강한 사회에서 유독 중앙공무원 조직에서 오랫동안 왕국 현상의 발생을 제어한 것은 진실로 시스템의 승리라고 하지 않을 수 없다. 한국이 불과 10년 전까지만 해도 개발도상국으로 분류되었던 것을 상기한다면, 이 중앙공무원 조직에서 왕국 현상이 등장하지 않은 것은 신기에 가깝다. 한국 민간기업은 규모가 아주 크고 국제적으로 유명해도 왕국 현상이 종종 관찰된다. '오너'라고 부르는 총수 일가가 왕국을 구성하는 것이야 현재의 한국 기업 지배구조에서 당연한 일이지만, 그들의 대리인들 역시 크고 작은 자신들만의 소왕국을 만드는 일이 종종 생겨난다. 그런 점에서 한국에서는 아직까지 공무원 조직이 민간조직에 비해 조직의 전체적 효율성을 훨씬 잘 유지했다고 할 수 있다.

    미국은 입법, 사법은 물론이고 행정부 내부에서도 견제장치가 매우 잘 발달해 있으며, 유럽은 다당제에 의한 의원내각제 요소가 강하기 때문에 한 정치세력이 정부조직 전체를 장악하기가 어렵다. 이에 비하면 한국이나 일본 같은 정치적 상황에서는 작지만 딴딴한 왕국이 공무원 조직 내부에 생겨날 가능성이 무척 높았다. 하지만 생각보다는 두 나라의 행정 시스템이 잘 버틴 셈이다. 동남아시아나 중남미 국가들의 관료제가 맞닥뜨린 구조화된 내부 부패와 비교하면, 확실히 이 두 나라에는 선진국다운 요소가 있다고 할 수 있다. 시스템으로 해석하면 '순환형 보직제'가 좋은 의미의 위력을 발휘한 경우라고 할 수 있을 것이나. 오래 있어봐야 한 자리에 2년 이상 있지 않는 상황에서는 심지어 기관장이라고 할 수 있는 장관도 자신의 왕국을 구축할 기간이 충분치 않고, 이는 일반 공무원의 경우도 마찬가지다. 이런 시스템에서는, 내부 마피아가 등장할 위험이 여전히 존재하기는 하지만, 적어도 개발도상국에서 많이 볼 수 있는 황당한 소왕국들의 등장은 제어할 수 있다. 작은 조직이라서 내부 순환율이 떨어질 수밖에 없는 지방공무원 조직에서 오히려 막강한 권한을 가지고 있는 중앙공무원 조직보다 부패 현상이나 결탁 현상이 더 많이, 더 빈번하게 발생하는 것도 그런 이유로 설명할 수 있다.

그러나 이런 순환형 보직 시스템은 '숙련도'에 결정적으로 문제를 일으킨다. 사람을 만나서 대화하거나 은근히 협박하거나 적절하게 회피하는 네트워크 전략에서 볼 때, 한국에서 오래된 공무원들을 따라갈 정도로 노련한 민간기업 전문가는 없다. 그러나 직무의 전문성 측면에서 보면 중앙공무원 조직은 여실히 취약점을 드러낸다. 물론 1~2년 만에 업무를 파악해서 일을 잘하는 경우가 없지는 않겠지만, 본질적으로 순환형 시스템은 창조와 혁신보다는 '협동'과 '청렴'이 중요하던 시절에 생겨난 제도인 셈이다. 구조적으로 업무 전문성을 포기하고 다른 목표를 추구한 제도 진화의 경우라고 할 수 있다. 일본과 한국 중앙정부의 공무원 제도는 숙련도를 희생하는 대신 부패를 방지할 수 있는 형태로 진화한 셈이다.

다른 부처에 비해 상대적으로 유사한 업무를 영역만 바꾸면서 하는 법무부·국세청·기획원 같은 곳에서는 동일한 구조에서도 개인 숙련도가 높아진 사람들이 등장한다. 특히 한국 정부 내에서 숙련도라는 눈으로만 본다면 진짜 프로페셔널들이 모여 있는 최고의 전문 부처는 감사원과 기획예산처라고 할 수 있다. 감사원에서 기획감사를 하는 사람들이나 기획예산처에서 예산심사를 하는 사람들은 대상과 영역만 바뀌지, 처리하는 방식은 동일하기 때문에 상대적으로 훨씬 높은 전문성을 가질 수 있게 된다. 외부에 잘 공개되지 않고 외압 때문에 손을 대지 못하는 경우가 많아서 무능한 사람들로 치부되는 경우도 많지만, 감사원의 노회한 팀장들이 공무원들의 비리를 찾아내는 감각과 기술만큼은 그야말로 예술의 경지에 오른 경우가 종종 있다. 그러나 대부분의 일반 행정직 공무원들에게 '숙련도'는 시스템 디자인상 거리가 먼 목표이고, 많은 정부부처는 장관도 아마추어이고, 담당관도 아마추어인 경우가 많다. 게다가 발령된 지 얼마 되지 않아 업무 파악을 하기 어려운 임기 1년 미만인 빨간펜형 관리들이 그 중간에 수북하게 쌓여 있다.

그러나 사실 이 시스템은 전문성이 낮을 때 오히려 잘 돌아가는, 절묘한 역사적 산물이기도 하다. 많은 공무원들이 2년씩 보내주는 해외연수를 실제로는 골프 연수의 기회로 활용하는 것도 우연은 아니다. 단순 네트워크 관리 기능을 중심으로 이루어진 '조정자' 시스템에서는 자신을 위해서나 조직을 위해서나 최고의 기술이 결국 골프 정도이기 때문이다.

행정부의 이런 절묘한 균형을 가장 잘 알았던 정치지도자는 역설적이게도 행정부를 사회적 의사결정을 모아내는 장치로 활용한 전두환 대통령이었던 것 같고, 마지막 순간까지 이 정부가 작동하는 시스템을 잘 몰랐던 사람은 "이렇게 효율적인 집단은 처음 보았다"라고 했던 노무현 대통령이었던 것 같다. 우리나라 공무원은 구조적으로 전문성을 낮추면서 오히려 사회적 효율성을 추구한 집단이다. 한국과 일본의 이런 방식은 다양한 집단의 이해관계를 '조정'하기에 적합하게 디자인된 시스템이며, 강력한 조정 권한이 있음에도 내부 부패를 줄이기 위해 전문성을 낮춘 시스템이다. 노무현은 집권 초반이 지난 후에 자신의 정치 파트너인 정당 및 공식·비공식적 정당 부속기구들과의 협력관계를 단절하고 전적으로 공무원들에게만 의존하여 의사결정을 내렸었다. 하지만 이 시절에 내려진 많은 '결단'들은 상당히 비전문적이었고, '스마트하다'는 어감과는 정반대 느낌을 주는 무지막지하면서 초보적인 문제점을 가진 정책들이 많았다. 물론 구조적인 문제들이었다.

이와는 달리 순환보직을 최소화하여 전문관 시스템으로 넘어간 유럽과 미국의 공무원 장치는 숙련도를 훨씬 높일 수 있는 장치이기는 한데, 이 장치가 제대로 작동하려면 내부 견제가 아주 높거나 시스템 외부 권력의 순환과 흐름이 아주 빨라서, 그야말로 '창조적 파괴'가 연속으로 이루어지는 조건이 충족되어야 한다. 현실적으로는 좌파와 우파가 교차로 집권하면서 자기들 '버전'의 개혁을 계속해서 진행시킬 수 있을 때 이 제도는 최고로 효율적으로 작동할 수 있다. 물론 1924년부터 1972년까지 무려 48년이나 후버 국장이 재임했던 미국 FBI의 경우처럼, 이런 구조에서도 이따금 소왕국 현상이 나타나기는 한다. 한국이나 일본의 경우는 사실 정치적 지배집단이 대체로 유사한 성향을 가지고 있는 나라들인데, 지금과 같은 순환형 보직제 형태로 진화한 것은 나름대로 시스템의 효율성을 지키기 위한 방식이라고 할 수 있다.

이런 점에서 중앙공무원의 숙련도와 제조업에서 생각하는 숙련도는 조금 거리가 있는 개념들이다. 직무에 대해 공무원들은 "당신이 모르면 내가 어떻게 알아?"를 남발하는 극단적인 아마추어들이지만, 그들의 진짜 전문성은 형평성과 전체적인 효율성을 유지하는 조정 업무에 있다. 특정 사업의 경우도 관련 기관들의 여러 의견을 모아내는 능력이 더 중요한 경우가 많다. 물론 이런 조직은 마피아 현상에 아주 취약하고, 때때로 뮤턴트들이 등장해서 돌발사고를 일으키기도 하지만, 대체로 시스템은 효율성을 갖추고 있다고 할 수 있다. 물론 이 시스템에도 결정적 약점이 있는데, 참여정부 초기 고위직에 올랐던 몇몇 관료들처럼, 특별한 뮤턴트들이 집단적으로 등장하면 이 시스템은 종종 먹통이 된다. 그렇다고 이 장치를 고정 보직제에 의한 전문관 시스템으로 바꾸면, 공무원들의 직무 숙련도가 높아지고 갑자기 사회적으로 생산성이 높아질까? 현재로서는 오히려 부패도가 더 높아지기 때문에 순환제를 포기하기가 어렵다.

순환제의 문제는 공무원 조직이 아니라 오히려 민간조직에 더 치명적이다. 즉, 민간기업의 생명이라고 할 수 있는 숙련도와 창의성이 실종되는 부정적 폐해를 일으킨다. 대기업뿐만 아니라 그렇게 크지 않은 중소기업에서도 이런 일들이 생겨난다. 엔지니어 출신이든, 순수 기획 업무 출신이든 그야말로 스태프 업무에 특화된 일부를 제외하면 지나친 순환제 구조는 치명적이다. 망하는 일이 없는 정부의 내부 구조를 영속성이 보장되지 않은 기업들이 모방하는 현 상황은 그래서 아주 이상하다. 심지어 민간 언론사의 기자들마저 순환하는 한국은 아주 이상한 나라다.

즐거운 노동과 괴로운 노동:
포스트 포디즘 시대의 감성경영과 감정노동

인간이라는 존재는 참 복잡다단한 존재다. 경제학자들은 오랫동안 경쟁을 강화하면서도 동시에 경쟁을 제약하는 방법에 대해 고민한 셈인데, 애덤 스미스의 두 저서 『국부론』과 『도덕감정론』의 두 극단을 조화롭게 화해시키는 방법을 아직도 못 찾았다고 할 수 있다. 『국부론』에 등장하는 '부지런한 빵장수의 미덕'을 받아들인다면, 개인은 자신만을 위해 이기적으로 살아도 시장이 만들어주는 사회적 균형을 통해서 결국은 다른 사람을 돕게 된다. 이기적 행동이야말로 이타적 결과를 만들어준다는 이 『국부론』 프로그램은 얼마나 매력적인가! 이것이야말로 많은 경제학자들이 암묵적으로 가지고 있는 시장 유토피아의 대전제인 셈이다. 사람은 '돈만 주면 뭐든지 할 수 있는 존재'라는 가설을 그대로 유지한다고 하더라도, 기업이 외부에서의 치열한 경쟁에서 승리하기 위해 조직 내부에서는 오히려 지나친 경쟁을 제한한다는 점은 경제학이 찾아낸 중요한 발견 중 하나다. 아마 자신의 회사 내부마저 전쟁터로 만들고 싶은 사장은 없을 것이다. 우리말 표현으로는 그런 기업을 '이놈의 집구석'이라고 부른다.

그래서 많은 CEO들은 자신을 사령관이라고 표현하고, 중간 간부들도 자신을 야전사령관으로, 사원들을 전투원과 동일시하도록 요구한다. 군대는 내부의 경쟁이 제한되는 조직이다. 인간이 경험할 수 있는 관계 중에 아무런 혈연관계가 없는데도 아주 끈적끈적하고 강력한 결속은 같이 전투를 치른 동료들 사이에 발생하는 전우애일 것이다. 할 수만 있다면 이런 전우애를 조직에 접목시키고 싶은 것이 조직 관리자와 오너의 심경이리라. 정말로 회사 내부에서 살벌하게 칸막이를 치고, 직원들끼리 수류탄을 날리고, 기관총을 람보처럼 난사하는 모습을 보고 싶은 사장은 세상에 없을 것이다. 그렇게 경쟁이 심해지면 결국 누군가 회사의 비밀장부를 들고 나가거나, 오랫동안 개발한 기술을 외부에 넘겨주게 된다.

조직 내부에는 구성원의 경쟁관계만 있는 것이 아니다. 그들은 건물과 기술 같은 수많은 물적 자산들을 공유하고 있으며, 끊임없는 협동작업을 통해 조직 내부의 '공유재'에 해당하는 창조와 혁신으로 새로운 제품을 만들어야 한다. 조직 구성원들끼리 통제되지 않는 극단적인 경쟁이 벌어지는 일은 심지어 자동차 판매원이나 보험 상담사와 같이 완벽하게 개별적인 성과 관리가 가능한 특수직종에서도 매우 드물다. 이처럼 '지나친 내부 경쟁'은 대표적인 조직 실패 가운데 하나다. 가끔 '약육강식'이라는 표현을 즐기는 CEO들도 있지만, 그렇다고 자신의 조직 내부가 정말로 '동물의 왕국'이 되었다가는 일주일도 못 가서 '당나라 군대'처럼 변할 가능성은 100%이다.

이 정도가 1990년대 말까지 경제학에서 공식적으로 기업에 대해 이해하고 있는 정도일 것이다. 경쟁과 협동이라는 양 극단에서 적절한 조화를 찾아야 한다는 얘기 정도가 경제학자가 이론적으로 해줄 수 있는 말이었다. 경쟁에 치우치면 조직원들은 서로 살상까지 감수하는 전사들이 되어버리고, 그렇다고 협동에 치우치면 주주들이 맡겨놓은 곳간을 서로 털어가는 도둑놈들이 되어버린다. 어쩌란 말이냐? 그래서 경제학자들은 기업을 '블랙박스'라고 말하고, "구체적인 것은 난 잘 모르겠다"라고 말한 것이다. 무조건 돈을 많이 준다고 해결되는 것도 아니고, 그렇다고 무조건 우정이나 전우애를 강조한다고 해결될 일은 결코 아니다. 그래서 조직론은 어렵다.

경제학 밖에서 이런 경우에 사용되는 개념으로는 사회심리학에서 주로 사용하는 '중층결정'이라는 용어가 있다. 내가 기억하는 한에는 프로이트가 이 용어를 가장 먼저 사용했다. 이론 자체는 어렵지 않다. 한 가지 행위에 여러 가지 이유들이 동시에 작용하게 되는데, 가끔은 1차적인 이유보다 부차적인 이유가 더 중요한 경우도 있다는 말이다. 성경에 "일하지 않으면 먹지도 말라"라는 말이 있다. 이 말을 중층결정이라는 개념으로 설명해보자. 누군가 일해야 한다는 것은 당연한 물리적 필요에 따른 것이지만, 이 일이 정말로 사회적으로 발생하려면 자연스럽게 윤리적 요소를 개입시키게 된다. 이걸 프로이트는 '필요성의 원칙'과 '선택의 원칙'이라는 말로 설명했는데, 경제학자 중에서는 200년 전 천재 경제학자 존 스튜어트 밀이 '물리적 원칙'과 '사회적 원칙'이라는 두 가지 용어를 사용해서 이와 유사한 방식으로 경제법칙을 설명한 적이 있다. 영국 자본주의에서 십대 소녀들에게 엄청난 강도로 노동을 시키고도 성인 월급의 절반밖에 주지 않는 일을 설명할 때, 밀은 이런 개념들의 도움을 받았다. 물리적인 생산성 차이보다 훨씬 적은 임금을 소녀에게 지불하는 것은 '그래도 된다'는 사회적 원칙이 개입하기 때문이라는 것이다.

사실 조직에서는 협약이나 규약과 같은 공개적이고 공식적인 약속 외에도 수많은 윤리를 만들어낸다. 독일식 '인게니아'라는 말도 '엔지니어라면 이래야 한다'라고 하는 상당히 강한 윤리적 요구를 담고 있는 표현이다. 자신이 새로운 기술을 만들 수 있는데도 안 만든다면 조직 내에서 지탄의 대상이 될 수 있는가? 고급 노동자 혹은 고급 두뇌라는 말은 주는 돈만큼 일하면 된다는 경제적 윤리를 담고 있지만, 만약 같은 사람이 인게니아라고 불린다면 훨씬 강한 윤리적 의무나 도덕적 행위를 요구받는 셈이다. 많은 조직은 문화 혹은 루틴의 형태로 "일하지 않으면 먹지도 말라"와 같은 내부 윤리 장치들을 만들어낸다. "배고파서 일을 한다"는 문장과 "일하지 않으면 밥 먹지도 말라"라는 문장은 전혀 다른 차원에 속한다. '자인sein'과 '졸렌sollen' ― '~이다'와 '~이어야 한다' ―논쟁이라는 이름으로, 사회과학 내에서는 중학교 교과서 수준에 소개될 정도로 유명한 내용이다.

여기에 예전에는 강조되지 않던 새로운 차원의 질문들이 포스트 포디즘 시대에 새롭게 던져지기 시작했다. 그것은 바로 때로는 '유희 ludens'라는 말로 불리기도 하고, '즐거움'이라는 말로 불리기도 하고, 최근에는 '감성sentiment'이라는 말로 불리기도 하는 새로운 차원의 질문이다. 프로이트는 그의 저서 『문명 속의 불만Das Unbehagen in der Kultur』에서 '사랑의 노동'이라는 질문을 던졌는데, '즐거운 노동'은 그야말로 포스트 모던한 질문이면서 동시에 포스트 포디즘적인 질문이다. 철학적인 기원은 조금 오래되지만, 이런 용어들이 처음 경제적인 논의에 등장한 것은 포디즘이 절정기에서 조금씩 내면적으로 위기를 노출하기 시작한 1970년대 초반이고, 현실의 영역에 본격적으로 들어오기 시작한 것은 21세기 이후라고 할 수 있다.

'즐거운 노동'이라는 질문은 내용이 어렵진 않지만, 이론적으로는 처리하기가 아주 까다로운 질문이다. "즐겁게 일하라"라는 말은 전근대적인 말이고, 〈농부가〉를 비롯한 노동요들은 모두 일을 즐겁고 흥겹게 만들기 위한 장치다. 그러나 경제학자들이 노동에 대해 이런 식으로 질문한 적은 일찍이 없었다. 사람이 일을 하는 것은 돈이 필요해서이기도 하고, 윤리적으로 일을 하도록 사회가 강요하는 측면이 있어서이기도 한데, 만약 일하는 것이 재미있을 수 있다면 어떤 일이 벌어질까?

오래전부터 많은 조직에서는 "즐겁게 일하라"라고 말했지만, 포디즘 생산방식 내에서는 단순히 반복하여 뭔가를 찢거나 뭔가를 돌리기만 하는 일을 즐겁게 하기는 어렵다. 금방 질리게 마련이고, 적절한 휴식을 취하지 않으면 육체적인 피로만이 아니라 정신질환에 딱 걸리기 좋은 것이, 포디즘 공정이 가진 특징이다. 프로이트는 단순반복적인 노동을 '죽음의 본능'으로 분류하기도 했다. 죽음의 신인 타나토스라는 별칭의 이 본능과 관계된 노동은 본질적으로 정신이상을 만들 수 있는 비인간적 행위인 셈이다. 포디즘의 전 단계였던 테일러주의(과학적 작업관리법)에서 장인들이 누렸던 창조에 대한 예술적 감흥 같은 것이 거의 없는 단순조립 공정에서 재미를 느낀다면, 정말이지 그 자체로도 정신적 장애일지 모른다. 재미를 만들기 위해서는 다른 장치의 도움이 필요한 법이다.

물론 때때로 "내가 실업자가 아닌 것이 얼마나 다행인가" 혹은 "내 덕분에 우리 아이들이 잘 살고 있다"와 같이 거의 「주기도문」에 가까운 최면을 걸면서, 포스트 포디즘 시대에도 여전히 일이 재미있다고 자위하며 고강도의 노동을 버텨내는 사람이 있다. 이런 것들은 이미 병리학적으로 '일중독증후군workaholism'이라는 고상한 이름을 붙여 여러 학자들이 지적한 바 있지만, 개인에게는 위험한 증상이다. 포스트 포디즘 시대에 노동 안정성이 줄어들면서 일중독증후군 증상이 사회적으로 증가하고 있는 중이다. 그러나 세계적으로 극단적일 정도로 경쟁구도가 강화되면서 단순반복 작업들은 매우 빠른 속도로 자동화된 로봇으로 대체되고 있고, 정말로 조직이 원하는 '창조'는 증후군 환자가 만들어내는 단조로운 패턴의 기획서나 파워포인트로는 만들어낼 수가 없다.

일류 기업들의 고민은, 인간의 육체가 버텨낼 수 있는 가장 심한 혹사 속에서 만들어지는 포디즘적 대량생산 체제가 지금 필요한 것이 아닌 만큼 역시 단순반복되는 유형의 사업 패턴으로는 '창조적 파괴'를 스스로 만들어낼 수 없다는 점일 것이다. 한국 대기업들이 말로는 초일류 기업을 지향한다고 하지만, 숙련 노동자 하나 제대로 만들어내지 못하는 조직 내부 시스템을 가지고는 정부의 지원이나 시장에서의 독과점 구조 없이는 현실적으로 버텨내기가 쉽지는 않다. 그래서 결국 등장하게 된 것이 일을 재미있게 만들어줄 방법이 없을까 하는 질문이고, 이런 접근방법 중 하나가 소위 '감성경영'의 요소들이라고 할 수 있다. 이 새로운 길은 자신의 주가상승률 기록을 수년째 스스로 갈아치우는 기적의 회사 '구글Google'이 열어간 길이고, 구글만큼 성과를 보이지는 못했지만 한국에서는 그와 유사한 업종인 '다음Daum'이 따라간 길이기도 하다. 좋은 성과 평가를 받는 많은 다국적기업들은 1차적으로 조직 내부에서의 경쟁을 관료화의 덫에 빠지지 않도록 성공적으로 제한한 기업이면서, 2차 경쟁의 요소로서 감성 혹은 놀이와 같은 새로운 개념을 도입시킨 기업이다. 어쩌면 프로이트가 '사랑의 노동'이라는 표현을 1세기 전에 사용했던 것과 같이, 일과 윤리와 유희가 한 방향으로 움직일 수 있다면, 그것은 아마도 현 단계에서 인간이 생각할 수 있는 가장 마지막 단계에 있는 기업의 진화일지도 모른다.

그렇다고 세계화 국면에서 생겨난 새로운 변화들이 기업을 전적으로 '천사'로만 만드는 단일한 힘이었을까? 그렇지는 않다. 조직 구성원에게 '일하는 기쁨'과 '존재하는 즐거움'을 주겠다는 감성경영은 어디까지나 조직의 내부에 해당하는 일이고, 도요타와 같이 수직적 협력관계를 부드럽게 만든 일부 사례를 제외하면 기업의 '외부 사람들'에게는 새롭게 무서운 일들이 기다리고 있다. 기업이 사람의 감성을 이해하면서 생겨난 또 다른 흐름은 아주 무섭다. 품질과 판매 실적이 비례하지 않는 시대가 도래하면서 마케팅 영역이 그 어느 때보다 넓어진 상태인데, 이런 과정에서 기업이 해야 할 판매의 일부를 외부화를 통해 맡은 외부 유통업체가 마케팅을 특화하면서 '감정노동'이라는 새로운 패턴의 노동이 생겨났다. 감정노동에서의 숙련도는 다른 일반적인 노동과는 아주 다르다. 감성경영이 조직 구성원들에게 즐거움을 주는 방식의 진화에 대해 고민한다면, 감정노동은 다른 사람들에게 즐거움을 주는 일을 하는 셈이다. 물론 두 가지 다 최근에 생겨난 세계적 경쟁 강화라는 흐름이 만들어낸 진화의 방향이다.

이런 감정노동자들에게서 생겨나는 심리적 아노미나 병리적 증상은 아직 인류가 겪어보지 못한 새로운 종류의 도전인 셈인데, 한국에서는 특히 대단히 폭력적인 방식으로 진행되는 중이다. "싫으면 나가!"라는 단 한마디가 이러한 감정노동자들에 대해 조직이 보이는 대

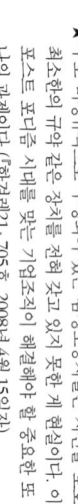

★주로 비정규직으로 구성되어 있는 감정노동자들은 자신을 보호할 최소한의 규약 같은 장치를 전혀 갖고 있지 못한 게 현실이다. 이는 포스트 포디즘 시대를 맞는 기업조직이 해결해야 할 중요한 또 하나의 과제이다.〈주〉한겨레21』 705호, 2008년 4월 15일자〉

응 패턴인 때문이다. 포디즘의 "여러분들의 협조를 구함"이나 포스트 포디즘의 "여러분들을 즐겁게 해드리겠습니다"와 같은 시대에 공존하고 있는 조직방식이라고 이해하기 어려울 정도로 극단적인 노동 패턴을 우리는 경험하고 있다. 안타깝게도 대개는 비정규직으로 구성된 감정노동자들은 평균임금도 일반 노동자의 1/2 이하에서 형성되며, 이들은 전형적인 경제적 약자에 해당한다. 불행히도 이러한 감정노동자들은 아직 그들을 지킬 노조나 최소한의 규약 같은 장치들을 가지고 있지 않다.

이는 포스트 포디즘 시대에 만나게 된 또 다른 기업의 도전이다. 그들이 기업에서 자산으로 인정받고 협동진화의 틀로 들어가기 위해서는 인권이나 노동권 같은 사회적 장치와 감정노동에서의 '숙련도'에 대한 보상이라는 별도의 진화의 틀이 필요할 것이다. 분명 다른 사람에게 미소 짓는 것은 근육을 직접 사용하는 것만큼, 혹은 그 이상의 괴로움이 동반되는 노동행위다. 그리고 장기적으로 그 노동은 개인의 정신건강에 치명적인 영향을 미친다. 비유하자면 1990년대까지 벤젠과 같은 유독성 물질을 다루는 공정에 이십대 여성 노동자들을 투입하던 것과 지금의 이십대 여성에게 특히 집중된 감정노동은 작동하는 메커니즘이 거의 동일하다. 여기에는 보호와 함께 보상이라는 사회적 장치가 동시에 필요하지만, 대개 이런 협약이나 규율은 너무 늦게 등장하는 경향이 있다.

한 가지 확실한 것은, 포스트 포디즘 시대에는 상층부의 화이트칼라 노동자와 맨 하층부의 감정노동자들 모두 정신적 장애에 심하게 노출된 상태라는 사실이다. 이는 즐거움의 요소인 컴퓨터게임이 노동이 되면 과연 예전처럼 즐거울 것인가와 같은 종류의 질문이다. 어떤 사람은 계속 즐거울 수 있지만, 대다수 사람들은 오래지 않아 정말 괴로운 상태를 직면할 것이다. 이를 어떻게 해결할 것인가 하는 문제는, 단순히 여가시간을 주는 것으로 긴장도를 낮출 수 있었던 포디즘 노동과는 분명 다른 속성을 가지고 있다. 아침 8시에 국민체조 음악을 틀면서 '보람 찬 하루 일과'를 시작했던 20년 전의 노동과정과는 이미 너무 다른 곳으로 와 있는 셈인데, 이 상황에서 즐거움과 감정에 관한 문제에 대해 적절한 내부 모델을 제시한 조직은 아직 없어 보인다.

돈만 주면 일할 사람은 많다고, 아직 많은 기업들은 믿고 있는 것 같다. 그러나 그렇게 모아놓은 사람들이 생산성을 장기적으로 확보해주는 시대는 이미 지났다. 사람이 최고의 자산이라는 조직론 최대의 명제는 이렇게 구체적인 맥락에서 매우 어렵고 복잡한 질문으로 돌변한다.

사회적 신뢰의 위기: 외국계 기업들과 대형 유통업체의 경우

지역화localization, 탈지역화de-localization, 재지역화re-localization라는 말이 1990년대 초반에 세계적으로 유행한 적이 있다. 다국적기업의 해외지사와 유치국 정부 사이에서 유치 조건과 장기적 관계 설정 문제를 놓고 일종의 게임이 치열하게 벌어진 것이다. 용어는 약간 복잡해 보이지만, 유치 국가가 송금이나 사업 조건에 대해 더 많이 양보하지 않으면 다국적기업은 떠나갈 것이고, 나중에라도 '두 손 두 발 다 들면' 돌아오겠다는 말을 경제학에서는 이렇게 표현한다. 다국적기업의 입장에서는 세계화 국면에서 진출 지역에 대해 세 가지 기본 옵션이 존재하는 셈이다. 이 얘기를 '로컬'로 불렸던 유치 국가의 눈으로 보면 황당하고 억울하기 그지없는 상황이지만, 정말로 이런 말들이 유행한 적이 있었다. 다국적기업에게 한 정부는 그저 수많은 국가 가운데 하나인 '로컬'일 뿐이다. 그 시절, 많은 경제학자들은 앞으로 정부와 자본 사이의 오래된 경쟁관계에서 드디어 자본이 완전히 주도권을 쥐는 시기가 올 것이라고 예측하기도 했다. 국가는 그저 수많은 깡패들 중에 가장 힘이 센 깡패여서 선택되었다는 뜻에서 로버트 노직Robert Nozick이 붙인 '경비국가'라는 말이 이런 인식을 대변한다. 이 무렵 미국의 금융가와 정치권에 있는 사람들이 가졌던 생각을 '워싱턴 컨센서스'라고 부르기도 한다. '신자유주의'라는 이름으로 불리는 특별한 흐름이 바로 이 워싱턴 컨센서스 위에 서 있다. 그 이후 세상은 대체로 이 사람들이 생각하는 방향대로 흘러갔다.

그러나 이런 큰 변화에도 정작 기업과 기업의 모태가 된 국가 사이의 관계는 그리 크게 바뀌지 않았다. 여전히 많은 다국적기업들은 자신의 모국을 '조국'이라고 부르며 매우 각별한 관계를 유지하려고 한다. 자신들이 진출한 소위 '유치국'과 동등하게 모국을 대할 것 같지만, 주요 다국적기업 중에서 아직 그런 기업은 등장하지 않았다. 스웨덴이나 스위스의 기업들은 물론이고 프랑스나 독일의 기업들, 심지어 미국의 기업들 역시 자신들을 잉태한 모국과의 관계를 일부러 험악하게 악화시키거나 떠나겠다고 협박하는 일은 어지간해서는 하지 않는다.

1996년 대우전자가 프랑스의 톰슨TV를 합병하려고 시도했을 때 그야말로 일대 난리가 났었는데, 결국 프랑스 국민들의 반대에 밀려 톰슨TV는 매각되지 않았다. 미국의 기업들이 굳이 자국과의 관계를 나쁘게 만들지 않으려고 하는 것처럼, 다른 나라의 기업들도 대개는 '모태'로 간주되는, 자신이 출발했던 사회와 원만한 관계를 유지하는 것을 중요하게 여기는 편이다. 10년 전만 해도 다국적기업들이 유치국은 물론, 모국과도 적절한 거리를 두면서 국적에서 완전히 자유로워진 소위 통국적Trans-National 기업의 형태로 갈 것이라는 예측이 지배적이었던 걸 떠올리면 자못 놀라울 뿐이다.

스위스에는 네슬레라는 기업이 있다. 한국에서는 우유와 이유식을 파는 기업 정도로 알려진 곳인데, 사실 우리가 커피자판기나 다방에서 마시는 인스턴트 가루커피를 개발한 회사이고, 미국의 카길사와 더불어 곡물 시장을 양분하고 있는 무서운 기업이기도 하다. 그리고 점점 더 독점구조로 나아가고 있는 화장품 시장에서 중요한 축의 한 곳인 로레알을 실질적으로 지배하는 회사이기도 하다. 한마디로 겁날 만큼 크고 무서운 회사다. 랑콤, 메이블린 등을 소유하고 있는 로레알이 2006년 아니타 로딕이라는 설립자로 인해 유명해진, 영국의 고만고만한 화장품 회사에 불과했던 바디샵을 인수했을 때, 이 뚱딴지 같은 인수합병의 의미를 찾고자 많은 분석가들이 고심했었다. 드디어 랑콤과 메이블린 같은 고급 브랜드에 이어 저가 브랜드인 바디샵까지 로레알이 인수하자, 일부 전문가들은 로레알이 세계 화장품 시장을 통일하려는 야심이 있는 것 아닌가 하고 분석하기도 했었다. 그러나 바디샵 인수는 화장품 시장의 재편 전략이 아니라, 바디샵이라는 특별한 회사가 상징으로 가지고 있던 '공정무역fair trade'을, 로레알 뒤에 숨어 있던 네슬레가 식품 및 곡물 시장에 접목시키고자 하는 시도라는 해석을 보고 나서야 많은 사람들이 고개를 끄덕거리게 되었다.

영국에서 본격적으로 시작된 공정무역은 제3세계의 커피나 설탕 생산자들에게 조금이라도 더 많은 대금을 지불하기 위한 동기를 시민들에게 자발적으로 부여하기 위한 무역장치 중 하나다. 이와 같이 많은 경우 네슬레는 '천사표 전략'을 사용하는 회사다. 한국에 진출한 네슬레가 노동조합을 만들 것을 한국인 노동자들에게 요구했을 때 정부와 재계는 당황했고, 많은 사람들은 세상에 이런 천사 같은 기업이 있을 수 있는가 하고 놀랐다. 물론 네슬레가 늘 천사표 전략만 사용하는 것은 아니다. 네슬레도 중남미에서는 분유 시장의 독점권을 유지하기 위해 칠레의 아옌데 정권을 무너뜨리도록 미국 CIA와 결탁해서 반군들의 무기 구입에 뒷돈을 댔다는 흉흉한 소문이 날 정도로 무서운 기업이기도 하다. 식품 시장의 전공자에게는 광우병의 카길, 고엽제와 유전자조작식품의 몬산토와 함께 이유식 및 분유 시장의 독점기업으로 간주되는 네슬레지만, 자기 모국에 대해서만큼은 이렇게 천사처럼 행동하는 전략을 가지고 있는 것이다.

차범근이 한때 소속되었던 이유로 한국에서도 유명해진 레버쿠젠이라는 도시는, 네슬레만큼이나 흉흉한 소문을 달고 다니는, 세계적인 다국적 제약기업 바이엘의 본부가 자리 잡고 있는 곳이다. 이 도시는 도요타사가 있는 도요타보다 오히려 더 성공적인 기업도시 모델로 여겨진다. 아주 문화적이며 쾌적한 도시로, 생태도시의 원형에 해당하는 슈투트가르트만큼 자주 인용되는 도시이기도 하다.(슈투트가르트에는 벤츠와 포르쉐의 본사가 자리 잡고 있다.) 바이엘과 레버쿠젠의 관계는 포스코와 포항이나 광양, 혹은 현대와 울산의 관계와 유사해 보이지만, 내용 면에서는 우리나라 기업과 그 배후 도시의 관계보다 훨씬 돈독하다. 특히 지방자치의 관점에서 교육과 복지 등에서 바이엘이 한 역할은 절대적이다.

세계적으로 신자유주의가 강해진다고는 하지만, 북유럽 모델의 대표로 여겨지는 스웨덴의 사례가 아니더라도 많은 다국적기업들은 자신의 모국, 혹은 자신이 본부를 두고 있는 지역과 더 좋은 관계를 맺으려고 노력하는 중이며, 이런 사회와의 신뢰 자체를 일종의 기업 외부 자산으로 인식한다. 고전적 생산이론에서는 굳이 모국과 좋은 관계를 맺고 좋은 인상을 준다고 해서 더 많은 영업이익이 난다고 분석하지 않지만, '영속성'이라는 관점에서는 기업의 모태가 되는 사회와의 신뢰는 중요한 자산이 아닐 수 없다.

사회적 신뢰성에 관한 사례분석에서 빠지지 않고 등장하는 회사가 바로 2001년 '엔론 게이트'로 파산한 엔론사다. 에너지 부문에서 특화되었던 이 회사는 미국 7대 기업에 속할 정도로 규모가 큰 회사였지만 회계 부정 사건이 적발되고 나서 바로 파산하고 말았다. 케네스 레이 전 회장은 재판 도중에 사망했고, 제프리 스킬링 전 CEO는 24년 6개월이라는 중형을 선고받았다. 더불어 엔론사의 회계 조작과 관련된 세계적 컨설팅 회사였던 아서 앤더슨사도 파산했다. 그만큼 미국에서도 기업의 사회적 신뢰가 중요한 요소라고 할 수 있는데, 만약 엔론사의 경우처럼 명확한 기준을 들이댄다면 한국에서 버틸 수 있는 대기업은 아마 하나도 없을지 모른다. 한국 국민들의 대기업에 대한 선호나 사랑은 세계적으로 유례가 없을 정도로 각별하다. 반대로 대기업에 대한 일방적인 사랑의 크기만큼이나 중소기업에 대해서는 '영세기업'이라는 딱지를 붙이고 특별한 근거도 없이 멸시하는 경향이 있다.

한국에서 기업의 사회적 신뢰도에는 많은 경우 규모가 중요한 것처럼 보이고, 보조적으로는 수출액의 크기가 작용하는 것 같다. 사람들은 큰 기업을 신뢰하고, 수출을 많이 하는 기업을 신뢰한다. 예를 들어 보자. 얼마 전 회장의 보복 폭행으로 사회적 지탄을 받았던 한화의 경우는 한화석유화학을 제외하면 대체로 국내 경제활동에 중점을 두었던 회사인데, 만약 지금의 구조보다 훨씬 더 수출 비중이 높았다면 여론의 흐름이 어떻게 전개되었을지 모를 일이다. 그러나 지금과 같이 규모와 수출 실적을 잣대로 기업을 신뢰하는 일은 정상적이지 않으며, 언젠가는 사라질 일이다.

환경, 인권, 품질 혹은 투명성처럼 비교적 최근에 등장한 경영용어들은 기업과 사회의 약속이 점차 자산과 같이 작동하는 경향을 잘 보여준다. 한국도 점차 선진국과 유사하게 기업의 장기적인 사회 기여도에 따라 기업에 대한 사회적 관계가 형성되는 방향으로 나아갈 것이다. 현재와 같이 "크면 사랑해!"라는 기형적인 상태가 계속 유지되기는 어렵다. 지금 한국의 경우는 소위 '글로벌 스탠더드'에 의해 정상적인 사회적 신뢰관계가 작동하는 단계에 와 있다기보다는, 시민들이 여전히 대기업을 두려워하는 단계에 있다고 보는 게 더 타당할 것이다.

'좋아하는 것'과 '두려워하는 것'은 분명히 다르다. 한국 사람들은 삼성을 어느 정도로 좋아할까? 물론 '최고'라는 브랜드를 좋아하는 일부 소비자들이 광적으로 삼성이라는 브랜드를 좋아하는 게 사실이지만, 솔직히 여전히 많은 사람들에게 삼성은 신뢰보다는 공포의 대상에 가깝다. 대통령 선거 때마다 등장하는, 삼성 비서실이 국정원보다 유능하다는 말이나 삼성의 눈 밖에 났다가는 회사든 신문이든 잡지사든 문을 닫게 될 것이라는 말을 의심하는 사람이 별로 없는 것은 좋은 현상이 아니다. 심지어 '삼성공화국'이라는 말이 공공연히 사용되는데, 이런 것들도 장기적으로 좋은 일이 아니다.

아무리 내부의 자산구조가 튼튼하고, 부동산 자산을 엄청나게 소유하고 있어 절대로 위기가 올 것 같지 않아 보이는 기업도 사회적 신뢰를 잃어버렸을 때 진짜 위기가 도래한다. 중소기업과 달리, 사람들이 정말로 미워하면 이미 '사회적 조직'이 되어버린 대기업들은 움직이기가 불편해진다. '괜히 싫고, 주는 것 없이 밉다'고 많은 사람들이 생각하게 되었을 때 버텨낼 조직이 어디 있겠는가? 식품업체 중에서

'우지 파동'으로 한때 파산 직전까지 갔던 한 회사가 있다. 현재 라면 '스프'를 만들면서 수입 쇠고기가 아니라 한우 쇠고기를 사용하는 회사로, 과거의 안 좋았던 경험이 새로운 신뢰 기반을 만든 경우라고 할 수 있다.

물리적 힘으로는 세계에서 가장 강한 조직이라고 할 수 있는 미국 군대도 끊임없이 "사랑해줘요"를 외치면서 영화 제작에 물량 지원을 아끼지 않는다. 톰 크루즈가 나온 〈탑 건〉에서 미 해군은 영화 제작팀에 최초의 원자력 항공모함인 엔터프라이즈호와 함께 미 해군의 자랑인 F-14를 아낌없이 내주었다. 아마 '신입사원 모집용' 홍보영화로서는 세계에서 가장 많은 비용이 들어간 영화였을 것이다. 한국 기업들도, 도움이 되는지 안 되는지 잘 모르지만, 이미지 광고에 적지 않은 돈을 들이고 있다.

한국에 진출한 많은 외국계 기업들은 직간접적으로 사회적 신뢰라는 벽에 1차적으로 부딪히게 된다. 물론 일부 IT 계열 회사들처럼 세계적인 브랜드 이미지와 높은 임금을 가지고 있다면 조금 도움이 되겠지만, 일반인들이 잘 모르는 특수직종의 경우에는 아무리 기술이 뛰어나도 사회적 신뢰라는 자산을 형성하는 게 쉽지가 않다. 말로는 외국 자본을 유치해서 기술력을 높여야 한다고 얘기하지만, 막상 한국만큼 외국 기업에 대해 불신이 높고 뭔가 석연치 않게 생각하는 배타적 감정이 높은 나라도 별로 없다. 물론 외환은행 사건으로 유명해진 론스타처럼 일종의 투기자금으로 분류되기도 하는 펀드나 제조업, 유통업 혹은 금융업 등 전문 분야에 따라서 전개 양상이 조금씩 다르겠지만, 어쨌든 일반인들은 '외국 기업'에 대한 '수용성'이 높지 않다. "이래서 외국 기업이 훌륭하다"는 사례로 꼽을 수 있는 기업들도 물론 존재한다. 간단히 예를 들자면, IMF 이후에 파산했던 한라시멘트를 인수한 라파즈와 한국씨티은행의 경우를 들 수 있다. 라파즈-한라시멘트의 경우는 에너지 절약과 관련된 정부와의 '자발적 협약'을 상당히 초기에 체결한 기업인데, 실제로 이 나라에서 계속 생산활동을 지속할 생각이 없었다면 굳이 적극적으로 이런 약속을 할 필요는 없었다. 라파즈-한라시멘트의 경우는 정부가 강제하기 전에 자체적으로 한국 사회와 약속을 한 셈이다. 외국 기업이지만, '영속성'을 중심에 놓고 판단한 경우로 이해할 수 있을 것이다. 씨티은행은 산업은행과 종종 비교된다. 그다지 엄청난 경제성을 가지고 있지 않은 환경 설비에 대해 정부가 운용하는 산업은행보다 오히려 씨티은행이 더 많이 신규 투자를 해주었기 때문이다. 씨티은행은 미래 투자에 대한 기술적 흐름에 대해 산업은행보다 훨씬 더 많은 노하우와 유연성을 가지고 있었던 것이다.

물론 이런 몇 개의 모범 사례가 있음에도 사람들은 외국계 기업에 대한 의심을 잘 버리지 못한다. '로컬'에 해당하는 사람들은 외국계 자본이 기업을 인수한 후 기업의 가치를 올려 막대한 이윤을 남기면서 되팔 것이라고 의심한다. 문제는 외국계 자본의 '영속성'이라고 할 수 있는데, 어떻게 '신뢰'할 수 있느냐에 대해서 정확한 기준이 있지는 않다. 이런 문제에 대해서 한국에 진출한 외국 기업도 한국 국민들이 낯설겠지만, 한국인에게도 외국 기업은 낯선 존재다. 단순하게 '외자外資'라고 표현되지만, 도대체 어떻게 서로 이해하고 관계를 맺어야 할지 획일적으로 정답을 말하기는 어렵다. 오래된 표현처럼 '러닝 바이 두잉 learning by doing'이라는 길고 긴 진화의 초입에 겨우 서 있을 뿐이다.

사회적 신뢰가 역방향으로 작동되는 경우도 종종 있다. 예컨대 한국산 자동차가 대표적인 경우다. 많은 한국 사람들은 자동차 업체에 대해 뿌리 깊은 불신을 가지고 있다. 수출용 차량은 튼튼한 철판을 쓰고 마무리도 더 잘 하는데, 내수용 자동차는 철판도 약하고 마무리도 제대로 안 해서 대충 판다고 생각하는 사람들이 많다. 이는 플랫폼 공유 방식, 외국과 한국의 기술규격 및 관련 법규의 차이점 때문인 경우가 많지만, 한국 자동차 업체들이 한 번도 공신력 있는 방식으로 이에 대해 설명한 적이 없어서 뿌리 깊은 불신을 낳았다. 한국 사람들이 외제차를 선호하는 이유는 다양하지만, 국산 자동차 회사에 대한 불신도 적지 않게 작용하고 있는 것이 사실인 만큼 지금까지 '내수시장'에 대한 역차별이 분명 판매에 영향을 미쳤을 것이다. 누적된 신뢰가 스스로 '신화'를 창조하면서 진화하는 반면, 일단 형성된 부정적 이미지는 되돌리기가 쉽지 않다.

한국에서 지역경제 차원에서 사회적 신뢰 문제가 불거진 대표적인 사례로는 아마도 대형 할인매장의 경우를 거론할 수 있을 것이다. 전 세계적으로 점점 더 악화되고 있는, 대형 할인매장과 지역경제 사이에서 벌어지는 갈등은 아마도 동구권 붕괴 이후 자본주의 내부에서 발생한 가장 큰 충돌일 것이다. 월마트에서 시작된 대형 할인매장 논쟁은 갈수록 더욱 거세어지고 있는데, 대형 할인매장이 진출한 지역은 결국 지역 자영업이 붕괴되는 것을 시작으로 장기적으로는 지역경제가 무너지는 현상을 일으켰다. 작게 보면 중소 규모 도시의 자영업자가 1차 피해자이지만, 파리와 같은 오래된 도시에서는 섬유업이나 치즈 등 고부가가치 산업의 배후 역할을 하는 1차 생산자들의 삶을 붕괴시켜 결국 전통산업 자체를 파괴할지도 모른다는 우려가 있어서 파

★ 대형 할인매장의 가장 큰 문제는 바로 지역경제를 위기에 빠뜨린다는 점일 것이다. 그런데 한국에서는 까르푸의 사례에서 보듯, 유난히 '외국계냐, 한국계냐' 하는 국적 논란만이 도드라진다. 그렇다고 한국 대기업의 대형 마트가 사회적 신뢰를 받고 있느냐 하면 그것도 속 모르는 소리일 뿐이다. (『동아일보』 2006년 3월 10일자)

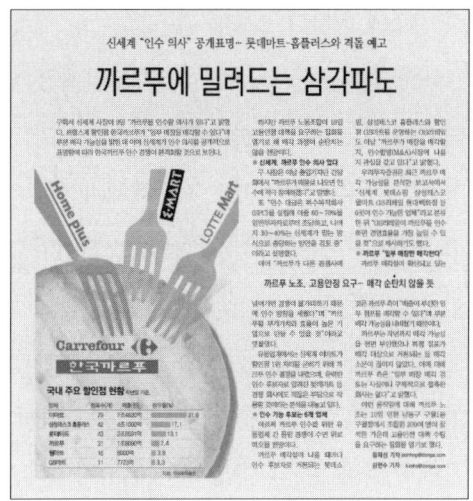

리 시내로 들어오는 것을 제한하고 있다. 오랫동안 공중파 TV에서의 광고까지도 금지했다. 공정거래라는 관점에서 몇 가지 제약조건을 할인매장에 부가하는 게 산업 다양성을 지키고 지역경제의 기반을 지키는 데 유리하다는 사회적 합의가 유럽과 미국의 일부 지역에서는 어느 정도 이루어진 상태다.

그런데 한국에서는 이런 논의가 외국계 할인매장이냐 국내 할인매장이냐 하는 기업의 국적 논의로 시작되었고, 이 과정에서 국내 할인매장이 승리하면서 국내 대형 할인매장의 전면화 쪽으로 시장 흐름이 잡힌 상태다. 월마트와 미국 시민들 사이의 해묵은 전쟁은 이제 전세계 민중과 월마트의 전쟁처럼 전면화하는 중인데, 한국에서는 그 전개 과정이 조금 다르다. 월마트나 까르푸 같은 유통 전문 기업은 실적이 부진하면 해당 지역에서 철수하는 지역 전문업체의 특징을 가지고 있는데, 지금 한국에서 활동하는 대형 할인매장은 대기업의 자금과 이미지를 배경으로 유통업에 진출한 회사들이고, 이들은 전체 그룹에서 일부에 속한다.

　1990년대 이후 외국의 대형 할인매장 사례들을 검토해보면, 거의 대부분 지역사회와 적대적인 충돌관계가 형성됐음을 알 수 있다. 대형 할인매장을 환영했던 지역경제가 시간이 흐르면서 대부분 몰락했고, 이런 변화는 규모가 작은 중소도시일수록 더 빠르게 진행되었다. 한국의 경우도 3~4년 후에는 이런 갈등이 더 본격적으로 등장할 가능성이 높고, 특히 대기업의 할인매장에 대해 아무런 제약을 두지 않아서 훨씬 더 폭발적으로 발생할 가능성이 높다. 대형 할인매장이 24시간 영업을 하거나, 밤 12시까지 영업시간을 연장하는 사례를 외국에서는 보기 어렵다.

　그런데 이런 적대적 관계가 일단 형성되면, 한국 대기업의 경우에는 유통 이외의 나머지 분야와 활동에도 영향을 미치게 된다는 것이 외국계 유통회사와 분명히 다른 점이다. 월마트의 경우, 특정 지역에서 적대적 관계가 너무 강화되면 다른 곳으로 떠나면 그만이다. 하지만 한국 대기업들은 특정 지역에서 이런 적대적 관계가 생겨도 떠나면 그만이라는, 탈지역화 전략을 사용하기가 어렵다. 할인매장 때문에 지역경제와 충돌하는 일들에 대해서 한국 정부나 대기업들은 너무 쉽게 판단하는 경향이 있지만, 월마트나 까르푸 같은 유통집단과 한국 대기업 집단의 경우는 전체적인 구조와 성격이 다르다는 점을 생각해볼 필요가 있다.

　조직의 자산은 기업 내부에만 있는 것이 아니라 외부에도 있고, 이 외부 자산 중에는 사회적 신뢰와 같이 매우 상징적이고, 정량적 방식으로는 계량화가 잘 안 되는 정성적 특징을 가진 것들이 많다. 책임경영·책임투자·투명성처럼 기업의 이윤과는 직접 상관없어 보이는 것들도 점점 더 기업 운영에 중요한 요소로 등장하고 있는데, 이런 것들이 생겨나고 움직이는 메커니즘은 단순한 투자 규모에 관련된 함수는 아니다. 세계적으로 '믿을 수 있는 기업'이라는 것은 10년 전에 비하면 확실히 더 중요한 기준으로 등장했고, ISO를 비롯한 국제표준규격에 의해 기업이 가지고 있는 사회적 속성을 객관적으로 인증하는 시스템이 매우 급속하게 진화하는 중이다. 기업조직은 사회의 여타 조직과 달리 돈만 잘 벌면 될까? 세계적 흐름은 그렇지 않다. 기업의 고유 활동과는 별로 상관없어 보이는 이런 다양한 기준들이 세계적 다국적기업의 주도로 생겨나고 있고, 이들이 오히려 투명성과 책임성을 강조하는 것이 객관적 현실이다.

간단하게 게임의 전략을 가지고 생각해보면, 최근의 기업들은 '최고로 믿을 수 있는 기업'이 되지는 못하더라도 '결코 믿을 수 없는 기업'이라는 낙인만은 피하려는 전략을 쓰고 있는 셈이다. 마이크로소프트사의 빌 게이츠 회장이 어느 날 갑자기 착해져서 '부자들의 책임과 역할'을 강조하겠는가? 그만큼 기업과 기업의 모체와의 신뢰관계가 중요한 요소가 되었기 때문이다. 덩치 큰 재벌들이 경부선 축을 따라 대형 할인매장을 앞다투어 만드는 한국의 현실은 선진국 기업으로서는 상상하기 어려운 일이다. 3~5년간의 격차를 두고, 결국은 주요 도시의 지역경제와 대충돌을 피하기 어려운 일처럼 보인다. 그래서도 '사회적 신뢰의 위기'라는 주제에 대해 곰곰이 생각해볼 필요가 있다. 조직의 외부 역시 조직의 일부로 고민하는 것이 요즘의 기업들이다.

경제적 약자와 일하는 법: 조폭과 불법다단계와 사채업

어떤 사회라도 경제적 약자가 발생하는 것을 원천적으로 피하기는 어렵다. 성경에는 과부와 어린이를 잘 보살피는 것이 중요하다는 표현이 아주 빈번하게 등장한다. 부처님은 전쟁에 관한 설교에서 과부들과 고아들을 잘 보살피고, 어른들끼리 대화를 많이 하면 나라와 나라 사이의 전쟁을 피할 수 있다는 얘기를 한 적이 있다. 사회적 약자를 어떻게 대할 것인가는 아주 오래된 질문인데, 현대 경제학에서 이 질문을 가장 본격적으로 한 사람은 케임브리지대학에서 한때 케인스와 옆방을 썼던 조앤 로빈슨 여사였다. 고용을 본격적으로 경제학 분석의 틀로 가져온 이도 로빈슨 여사였고, 단순히 경제성장이 높아지는 것과 '완전고용'이 달성되는 것이 기계적으로 일치하지 않는다는 걸 보여준 이도 로빈슨 여사였다. 그녀가 사용했던 '황금시대 golden age'라는 개념은 성장론에서 고용이라는 변수를 다룰 때 여전히 중요한 기준으로 활용되고 있다.

한국은 경제적 규모 자체는 세계 10위권이라는 말이 나올 정도로 커졌지만, IMF 경제위기 이후로 경제적 약자가 점점 늘어나는 추세다. 한국은 기이할 정도로 약자들에 대한 이론의 발전이 늦은 편이다. 최근 미국경제학회에서도 '마이너리티'에 대한 연구가 상당히 중요한 주제로 대두되고 있다. 히스패닉 계열을 비롯한 유색인종과 여성, 장애인이 미국에서 얘기되는 대표적인 마이너리티이고, 이들이 어떻게 하면 노동과정에서 불리하지 않게 제도적으로 뒷받침할 것인가가 중요한 연구주제 중 하나다.

요즘은 대구경북 지역에 편중된 지역색을 들며 삼성 직원들의 출신지를 종종 거론하지만, 10년 전만 해도 많은 경제학자들은 삼성을 한국에서 마이너리티를 가장 잘 활용한 기업의 사례로 언급했었다. 지금 눈으로 보면 지역감정일지도 모르지만, 어쨌든 이런 삼성의 인재전략은 지방대학 출신들에게 많은 기회를 주는 것으로 이해하던 시절이 있었다. 유사한 사례로 한국은행을 비롯한 금융 계열 기업이나 기관들이 지금과 같이 자리를 잡는 데에는 상고 출신들의 역할이 컸고, 한국전력이나 포항제철 같은 기술 계열의 공기업들이 제자리를 찾는 과정에서도 공고 출신들의 기여가 적지 않았던 것으로 회자된다. 불과 10여 년 전까지만 하더라도 실업계 고등학교 졸업생들이 우리나라의 대표적인 조직들에서 차지하는 역할이 분명히 있었다. 지금은 각 대기업을 비롯한 주요 경제조직에서 실업계 출신들은 전형적인 마이너리티를 형성하고 있고, 기여도에 비해 많은 경우 저평가되고 있다. 그들 스스로 부당한 대접을 받고 있다고 느끼는 것 같다.

경제학 이론대로 생산성과 임금이 일치해야 한다는 얘기를 흔히 하는 말로 바꾸면 기여도만큼 대접을 받아야 한다는 말이 되겠지만, 한국 마이너리티들의 현실은 그렇지 못한 것 같다. 원칙적으로 '소수자'

라고 표현되는 사람들에게 더 많은 기회가 부여되어야 사회 시스템이 원활하게 돌아가지만, 좋지 않은 사회일수록 소수자에게 더 불리한 조건이 형성되는 게 현실이다. 그래서 각종 불균형들이 생겨나고, 조직은 획일적으로 변하며, 엘리트주의나 선민의식의 함정 같은 데에 종종 빠지곤 한다.

마이너리티들은 편견이 자신들의 적이라는 말을 종종 하는데, 조직에서 마이너들이 줄 수 있는 특별한 기능은 대체로 세 가지 정도로 요약된다. 우선은 더 높은 '동기 부여'를 거론할 수 있다. 좋은 대학을 나와서 자기들끼리 폐쇄적인 내부 네트워크의 수혜를 받는 그룹에 비해 그렇지 못한 마이너리티들이 직무에서의 동기 부여가 더 높은데, 상고나 공고 출신, 혹은 장애인이나 지방대 출신들이 서울의 대학교를 졸업한 사람들보다 훨씬 더 열심히 일할 수밖에 없는 것은 진화론적으로 보면 간단히 설명된다. 두번째로는, 이런 마이너리티들은 조직의 다양성을 늘려주는데, 단순히 기계적 다양성만이 아니라 방향과 흐름을 잡는 데 근본적인 '유기적 다양성'을 만들어주는 경우가 많다. 이런 요소는 포스트 포디즘 시대에 더욱 중요해진다. 그리고 마지막으로 마이너리티들이 도태되지 않을 수 있는 조직은 알게 모르게 조직 구성원들에게 자신들이 '선한 존재'라는 이미지를 심어주는데, 선한 사람들과 같이 일한다는 사실 자체가 조직의 안정성과 응집력에 상당히 도움을 준다. "강한 놈만 살아남는다"는 명제가 힘을 발휘하는 조직에서 구성원들은 자신의 창조력을 발휘하기보다는 '일하는 것처럼 보이기'라는 의태 양상에 치우치게 된다. 특별 순시가 목전에 있다는 소문이 돌면 정부청사에서 밤 12시까지 사무실에 불을 밝히고 마치 일하는 것처럼 보이기 위한 의태가 작동하는 것과 마찬가지다.

한국 조직에서 사오십대 대졸자 남성들이 메이저라고 한다면, 사실 이 기준이 아닌 대부분의 사람들은 마이너이거나 잠재적 마이너들이다. 일단 여성들이 여기에 해당할 텐데, 여성들과 일하는 법을 기업들은 아직 잘 모른다. 그리고 현재는 이십대 전체가 조직에서 이런 마이너에 해당한다. 세대간 불균형에 대해서는 『88만원 세대』에서 상세하게 다루었으니 여기서는 더 자세히 다루지는 않겠다.

최근 이십대들이 선호하는 직장 순위는 대체로 한국전력 같은 대형 공기업들이 가장 높다. 안전성과 소득과 관련하여 최적의 계산인 셈이다. 그 다음 순위가 시험을 보고 들어가는 공무원인데, 소득을 약간 포기하는 대신에 안정성을 선택하는 경우다. 두 그룹을 제외하고 나면 비로소 삼성전자로 대표되는 민간 대기업들이 등장하는데, 소득에 의한 보상이 가장 높은 이 그룹이 우선순위에서 뒤로 밀리는 것은 직업 안정성이 낮아졌기 때문이고, 이런 판단은 평생소득 가설로도 일관되게 설명된다. 그리고 마지막 그룹으로서 소위 '비호감'으로 비하되는, 고용 공급 잠재력이 충분히 있음에도 한국이 잘 활용하지 못하는 중소기업이 있다. '좋은 직장'을 '많이' 만들겠다는 정치인들의 표현이 국민경제 내에서 폐해를 만들어내는 이유는, 이런 종류의 정책 진단에서는 중소기업을 '직업'으로 거의 인정하지 않는 경향이 있기 때문이다. 이런 개인전략들이 국가전략에서는 때로 치명적인 결과를 만들어낸다.

그런데 이런 '대졸자 선호'대로 국민경제 시스템이 돌아갈 수는 없다. 왜냐하면 공기업을 포함한 공공부문은 무한대로 성장할 수 없기 때문이다. 민간이 직접 하기 어려운 공공성이 매우 강한 부분에서만 공기업이 민간경제를 보완하는 효과를 보이며 형성될 수밖에 없다.

게다가 최근의 흐름상 민영화 속도를 약간 늦출 수는 있어도, 사실 한국의 실권을 가지고 있는 많은 극우파들이 체질적으로 공공부문을 아주 싫어하기 때문에 점차 그 규모가 줄어들 것이다. 따라서 현실적으로 지금이 공공부문에서 이십대를 가장 많이 소화할 수 있는 마지막 기회. 게다가 중소기업과의 수평적·수직적 협업 시스템 없이 대기업 부문만 기형적으로 성장하는 국민경제 모델도 지속가능하지 않기 때문에, 지금 이십대가 원하는 구직 형태로 그들을 모두 만족시킬 수 있는 현실적 해법은 없다.

지금 이십대가 원하는 시스템은 현실에서 구현될 수 없는 소망이다. 반면에 이런 이십대를 바라보는 조직들의 시각은 어떨까? 현장의 다양한 목소리는 두 가지로 정리할 수 있는데, 정규직으로 이십대를 받는 조직에서는 돈만 주면 사람들은 얼마든지 있다고 생각하는 편이고, 비정규직으로 이십대를 받는 조직에서는 이십대의 창의성이나 다양성에 대해서는 애초부터 아무런 기대도 하지 않는다. 물론 현재의 시스템은 그야말로 영속성이라는 관점에서 보면 언젠가는 무너질 불안한 상황인데, 대부분의 조직에서 의사결정권이 아주 좁고 획일적으로 일부에 집중되어 있어 개선의 여지가 거의 없다.

세계적으로 이십대에 관한 문제가 날카로운 주제로 대두되는 중이기는 한데, 한국에서는 기업조직의 다양성이 원래도 떨어졌기 때문에 이 문제가 더욱 심각하게 증폭되어 발현되는 중이다. 한국에서 이십대와 일하는 법을 가장 잘 아는 조직은 사실 조직폭력배와 불법다단계라고 할 수 있다. 이 두 조직 사이에는 미묘한 차이가 존재한다. 조폭은 한국 조직 중에서 공무원 조직과 대기업 조직의 효율성이 현저히 떨어진 지금, 조직론적 관점에서는 가장 효율적인 조직이다. 한 번

들어가면 나올 수 없는 점이 동창회와 유사하지만, 동창회는 조직 순환성이라는 것이 처음부터 존재하지 않는 조직인 반면, 조폭은 지도부가 주기적으로 구속되기 때문에 역설적으로 가장 빠른 내부 순환성을 확보한 조직이다.

국가의 공식 경제기관에서 이십대를 소화할 수 없기 때문에 예전 같았으면 대기업에서 활동했을 사람들도 어쩔 수 없이 조폭의 일원이 되는 일도 발생한다. 그만큼 지하경제와 비공식경제가 점점 더 튼튼해지고 단단해지는데, 문제는 이들을 막아내는 조직들이 이미 관료화의 덫에 빠져 있기 때문에 전혀 상대가 안 된다는 점에 있다. 경찰이나 검찰 혹은 언론이나 경제기구들처럼 조폭을 향해 방어선을 구축하는 조직들은 한국에서 대표적으로 비효율적이고 순환성이 떨어지는 딱딱한 조직들인 반면에, 한국의 조폭은 마치 포스트 포디즘 시대가 도래하기를 50년 전부터 기다려왔다는 듯이, 지금의 사회경제 구조에 딱 맞춘 옷처럼 잘 적응했다.

여담이지만, 한국 대부분의 경제이론이 약하기는 하지만, 특히 취약한 부분이 지하경제에 관한 이론이다. 한국에 지하경제에 대한 전문가가 있는가? '바다이야기' 같은 대형 사건에서 유감없이 그 실력을 보여주었듯이, 지하경제 중의 지하경제라고 할 조폭에는, IT 전문가에서 돈세탁과 자금회전을 담당하는 경제 전문가들이 있지만, 거꾸로 공식부문에서는 조폭을 제어할 수 있는 장치들을 만들어낼 수 있는 지하경제 전문가가 없다. 이 게임은 지금까지는 조폭들이 이기는 형태로 진화하고 있다.

양상은 조금 다르지만, 불법다단계에서도 '최적의 진화 현상'이 진행되는 중이다. 조폭과 함께 이십대를 가장 환대하면서 기다리는 불법다단계 조직을 제어하는 기관은 역시 가장 딱딱하고 대표적으로 비효율적 조직인 재정경제부다. 상황이 이렇다 보니 지하경제와 공식경제의 불안한 선을 타면서 다단계 판매원들 사이에서 벌어지는 '제로섬게임'이 통제되거나 제어되지 않은 채 점점 커져 가는 중이다. 물론 이 게임도 이미 진출한 삼사십대가 이기는 게임이고, 후발 주자인 이십대는 평균적으로 이 게임에서 패자가 될 수밖에 없지만, 이 사회에 다른 문이 열려 있지 않기 때문에 이 슬픈 게임의 판돈은 더 커지게 되어 있다. 이십대가 다른 이십대를 더 많이 끌고 들어와야 돌아가는 이 상황에서 불법다단계를 제어할 현실적 장치는 제대로 작동하는 것이 거의 없다.

현실의 변화보다 제도의 반응이 늦는 '시간 격차time lag' 때문에 생기는 또 다른 문제는, 케이블 TV 광고를 완전히 석권하고 드디어 공중파까지 진출한 사채업자들 문제다. 일본의 경우도 지난 10년 동안 사채업자와 경제관료들이 힘겨루기를 한 셈인데, 30대 기업에 사채업자들이 버젓이 끼어 있는 것이 일본 상황이다. 그나마 방어선을 형성했던 일본의 경우가 이 정도였는데, 아무런 방어선이 없던 우리나라는 완전히 사채업자 천국이 된 셈이다. 이 사채업자들도 이십대와 일하는 법을 잘 알고, 이십대의 약점을 아주 잘 아는 사람들이다. 한번 사채 시장에서 돈을 빌리면 개인 신용도라는 제도적 장치 때문에 사회의 공적 영역에서 활동하는 은행에서 대출을 할 수 없게 된다. 대학생 때 사채를 한번 쓰면 이십대가 다 지나갈 때까지도 경제의 공식 영역으로 다시 돌아오기 어렵다. 사채업은 아무리 선진국이라도 경제의 '공식 부문'과 '비공식 부문'을 혹독하게 가르는 부정적 폐해를 발생시키는데, 일본이나 한국같이 딱딱하고 사회적 대응이 늦은 경제관료

★ 한국의 불법다단계와 사채업은 스스로 진화를 거듭하고 있다. 이들에게 개인 신용도에 대한 이해가 가장 떨어지는 이십대가 주요 타깃이 되는 것은 뻔한 일이다. 다단계와 사채에 빠진 이십대를 다시 경제의 공식 부문으로 끌어올릴 방법이 과연 있을까?(『한겨레21』 455호, 2003년 4월 24일자)

가 있는 나라에서는 근본적인 해법이, 사실상 없다.

역사적인 눈으로 이런 사건들을 종합적으로 생각해보자. 시장이 아무런 규제 없이 작동하면, 대기업과 중소기업 사이에 선순환 관계가 발생하고 경제성장률도 높아져서 '좋은 직장'도 많이 늘어날 것 같지만, 그게 그렇지가 않다. 적어도 한국의 경우처럼 아무런 제도적 보완장치가 없는 '제도 제로 상황'에서 시장에서 승리하는 것은 오히려 비공식 부문과 지하경제이고, 패배하는 것이 공식 부문과 중소기업들이다. 당연한 결론이다. 기업, 특히 대기업이 제때 상황을 인지하고 대응하면서 진화하는 속도보다 지하경제의 적응 속도가 훨씬 빠르기 때문이고, 공권력이 이런 복합적인 문제를 풀기에는 사회적 제약 조건이 너무 많다.

대기업과 조폭이 경쟁하면 누가 이길까? 대부분의 경우 단기 순환 자금을 많이 가지고 있는 대기업이 이길 것 같지만, 인적 구조와 조직 측면에서 한국에서는 결국 조폭들의 연합체가 이긴다. 원래 조직폭력배라는 것이 1990년대 이후에 기업 모델을 깡패들이 가져가면서 생겨난 것이지만, 요즘에는 워낙 이 조직구조가 효율적이다 보니 대기업이 오히려 조폭 모델을 가져가서, 일부 기업들은 정말로 조폭식 리더십에 따른 경영을 하기도 한다. 그렇다고 마피아 모델처럼 내부적으로 절제가 있는 것도 아니어서, 군대도 아니고, 교회도 아니고, 가족은 더군다나 아닌 조폭형 기업이 자꾸 생겨난다. 진화론적으로는 이해가 충분히 되는 대목이다.

지난 10년 동안 한국은 거의 전 부문에 걸쳐서 꾸준히 규제를 줄여나가고, 시장이 시장원리대로 작동될 수 있도록 많은 장치들을 바꾸었다. 그런데 오히려 조폭과 불법다단계의 전성시대가 열린 셈인데, 이 상황은 경제적 약자들에게는 아주 괴로운 시스템이다. 평범했던 사람도 잠깐만 발을 헛디디면 비공식 경제로 굴러 떨어지게 생겼고, 일단 들어가면 다시 나오기가 어렵다. 경제적 약자들에게는 매우 가혹한 구조다. 한국에서 여성들과 일하는 법을 불법다단계보다 더 잘 알고, 그들의 감성 깊은 곳을 자극하는 방법을 이해하는 집단이 또 있을까? 이제는 기업들도 숙련된 이십대 노동자와 여성 노동자를 만들어내지 못하지만, 조폭은 숙련된 이십대 조폭들을 매우 엄선된 기준에 따라 재생산하고 있으며, 조직 밖에서 공식적인 경제활동 경험이 없던 여성들도 불법다단계에서는 최고의 숙련 조직원으로 재생산되고 있는 것이 지난 10년 동안에 발생한 변화다.

강력한 중앙형 경제 시스템이 작동하는 한국에서는 여전히 기업이나 공공조직 같은 공식 경제가 버티고는 있다. 하지만 수도권에 비해 경제적 약자의 처지가 악화될 수밖에 없는 지역경제로 들어가면 지하경제가 이미 그 기반을 상당히 잠식한 상태이고, 상권은 물론이려니와 도시의 형성 및 확장까지 상당 정도는 공식 경제와 상관없이 움직이는 중이다.

스포츠 조직에서 사용하는 '팜farm'이라는 용어를 사용한다면, 한국의 공식 조직들과 지하경제의 조직들이 이십대와 여성이라는 팜을 향해서 함께 경쟁하고 있는 셈인데, 현재까지는 지하경제가 연승을 거두는 중이다.

세계 3대 폭력조직으로 일본의 야쿠자와 미국의 마피아, 이탈리아 마피아가 주로 거론되는데, 세 조직 모두 그 작동원리와 운용 메커니즘이 조금씩 다르다. 그렇다면 한국의 지하경제는 어느 모델일까? 미국 CIA의 보호 속에서 나프타 이후에 급성장하고 있는 중남미의 코카인 등 마약 산업에 가깝다. 물론 이들 모두 무서운 사람들인데, 한국의 지하경제는 양극화 및 개방의 강화와 함께 급격하게 성장하는 멕시코 모델의 특징을 가지고 있다고 할 수 있다. 이건 여러 가지로 위험한 징조다. 기업조직에도 위기이고, 사회 전체에도 위기다. 극복할 수 있는 길이 있을까?

최악의 상황은 기업이 생계형 조폭이 되고, 조폭은 오히려 권력형 기업이 되는 중남미형 지하경제와 일본형 지하경제가 혼합되는 경우인데, 한국의 경우는 최악의 지하경제 모델이 될 가능성이 높다. 꼭 권총을 들거나 살인을 한다고 해서 지하경제가 무서운 것은 아니다. 최근의 한국 자본주의는 이 지하경제를 적절히 제어하지 못했는데, 그 실패의 파장이 1차적으로 지역경제를 무너뜨렸고, 2차 충격으로 여성들을 공격했으며, 마지막으로 이십대가 경제적 주체로서 재생산될 수 있는 기반마저 위협하고 있는 상황이다.

기업은 생존의 위험 속에서 영속성이 보장되지 않는 불안한 조직이기 때문에 언제나 그 시대에 가장 효율적인 조직을 모방하는 경향이 있다. 한국의 주요 대기업이 유신경제 시절에 군대 모델로 조직을 만들었던 것이 그런 이유 때문이며, 그런 영향으로 여전히 육사나 군인 출신들이 높은 자리에 있는 기업조직이 많았다. 자연스러운 일이다. 그런데 이 시대에 가장 효율적인 조직은 조폭과 불법다단계이기 때문에, 누가 시키지 않아도 자연스럽게 기업은 조폭 모델을 받아들이고, 네트워크 사업자들은 불법다단계 모델을 받아들인다. 기업이 지하경제 모델을 모방하는 것보다는 공무원이나 교회 혹은 가족 모델을 따라가는 것이 사회 전체적으로는 유리하지만, 현실적으로 지금 기업에겐 모방할 수 있는 적절한 조직 모델이 존재하지 않는다. 가족은 급속도로 해체되는 상황이고, 비신도들은 기독교의 지도부, 특히 대형 교회의 장로나 목사들이 하는 말은 절대로 믿지 않는다. 그리고 기업의 고객과 소비자가 신도들만으로 구성되지는 않는다. 게다가 군대조직은 모델로서의 기능이 급격히 약화되는 중이다. 군대는 여전히 부패했고, 게다가 정치적 힘도 잃어버린 지금, 사람들에게 그다지 매력적인 조직 모델이 아니다.

지금 한국 기업은 그 어느 때보다도 조직 모델의 위기 속에서 대안 모델을 갈망하는 중이지만, 이 해법이 쉽지 않다. 불패의 조직일 것으로 지난 10년 동안 여겨졌던 삼성전자의 신화도 이미 깨졌고, 현대자동차도 조직 그 자체로는 이십대들이 불패하게 생각하는 이 마당에 어디에서 대안 모델을 찾을 것인가? 스스로 찾아야 하는데, 그러기에는 지금 한국 기업들의 창조력이 너무 떨어져 있고, 어느 기업을 보나 사실 똑같은 행위 패턴에 갇혀 있는 사오십대 남성들의 획일성의 덫에 빠져 있다. 기업도 위기이고, 국민경제도 위기다.

효율적인 모범답안이 없는 지금이 바로, 공적 생산 영역의 꼭대기에 서 있는 대기업마저 조금씩 조폭을 모방하는 이 위기를 제어하고 새로운 길을 찾을 수 있는 거의 마지막 전환점이 아닐까? 이십대는 공무원이나 대기업 직원이 되고 싶어하지만, 평균적으로 그들을 기다리는 것은 조폭 아니면 불법다단계이다. 한국의 여성들은 선생님이 되거나 전문직을 갖고 싶어하지만, 역시 평균적으로 그들을 기다리는 것은 훨씬 더 음침한 불법다단계와 사채업자들이다. 이게 한국 자본주의가 50년간의 진화 과정에서 조직이라는 눈으로 만나게 된 주요 위기인데, 이렇게 큰 위기에 봉착한 적은 건국 이래로 일찍이 없었다.

체계를 갖추지 못한 채 이데올로기만 난무하는 한국 자본주의는 미국의 다국적기업이나 투기적 자본, 유럽의 다국적기업들에게 그야말로 '밥'이다. 그리고 허울만 좋은 대한민국 국민경제는 이 시스템 내에서 점차 주도적 지위를 공고히 하고 있는 비공식 경제에게 너무나 좋은 놀이터가 아닐 수 없다. 깡패나 경찰이나, 조폭이나 기업이나 '다 그게 그것'인 시대로 우리는 나아가는 중이다. 시장? 깡패들의 폭력적 경쟁이 기업간의 경제적 경쟁보다 더 무섭다. 경쟁만 극도로 높아지고 있는 상황이다. 그야말로 국민경제라는 틀 내에서 우리는 총체적 경쟁관계에 이미 들어가 있는 셈이다.

시스템으로 해석한다면, 한국에서 좌파는 제도권의 가장자리에 있고, 삼사십대 수도권 거주자이며, 전문직들이 주로 지지하는 흐름이다. 그리고 공식적인 조직을 운영하거나 의사결정권을 가지고 있는 사람들은 주로 '건전한 보수'라고 불리고 싶어하는 우파들이거나, 지하경제에 살짝 발을 걸친 채 그들을 지지하는 극우파들이다. 한국 자본주의의 가장 큰 위기는 우파들이 극우파를 제어하지 못해서 생겨나는 위기라고 할 수 있다. 법질서를 지키는 역할을 부여받은 경찰과 금융경제의 질서를 책임지는 재정경제부 같은 곳들에서는 보수파와 극우파가 진화 게임을 벌이는 중인데, 대체로는 지난 10년 동안 극우파들이 이겼다. 사실 기업은 좌파나 우파, 혹은 극우파 이런 것들에 대해서 원천적으로 특별한 성향을 가지고 있지는 않고, 거의 본능적으로 자신들의 영속성이 확보되는 방향으로 움직인다.

문제는 기업이 생각하는 최적 방향에 대한 결정과 조직논리에 빠진 기업이 실제로 내리게 되는 결정이 장기적으로 한데 모아지지 않는다는 점이다. 그래서 한국 자본주의는 이십대와 여성이라는 가장 큰 경제적 약자의 문제에서 근본적 위기를 만난 셈이고, 이 공간에서 지하경제가 제어되지 않은 채로 커지는 중이다. 한국에서 좌파는 지하경제를 제어할 물리적 힘도 능력도 없고, 이십대와 여성들에게 돌파구를 마련해줄 현실적 권위를 가지고 있지도 않다. 이 문제는 스스로를 '건전한 보수'라고 생각하는 사람들이 풀어야 할 문제다. 더불어 이 문제를 풀기 위해서는 이 사회에 그 어느 때보다 '협동진화'가 절실히 필요하다. 금융경제와 실물경제, 공공부문 모두 총체적 위기를 만난 셈인데, 그 위기의 원인이 된 근본 조건들은 조금씩 서로 관련되어 있다. 결국 '이윤율의 경향적 저하'를 버티다 못해 기업이라는 공간에서 조직 구성원들을 비정규직으로 내몰 수밖에 없는 한국 자본주의가 최대의 위기를 만난 셈이다.

일본 자본주의와 한국 자본주의 사이에는 몇 가지 근본적인 차이가 있음에도, 지난 30년 동안 본질적으로는 상당히 유사하게 전개되었던 셈인데, 현재의 위기 국면에서 한국 시스템은 일본 시스템과 근본적으로 다른 방향으로 나아가는 중이다. 일본은 다시 정규직 체계로 조심스럽게 복귀하는 중이지만, 한국은 가장 빠르게 비정규직을 늘리는 방향을 선택했다. 당연히 숙련도의 위기가 심화되고, 지하경제와 비공식 부문이 걷잡을 수 없이 커지는 사회경제적 조건이 형성되는 중이다. 이 새로운 국민경제 모델에서 "나는 괜찮다"라고 할 수 있는 사람들은 지하경제의 상층부에 있는 지도부 외에는 거의 없다. 그 외에는 누구도 안전하지 않고, 대기업도 장기적으로 안전한 곳은 아니다. '빨리빨리 자본주의'에서 본격적으로 '위험한 자본주의'로 전환되는 한국의 국민경제는 지금 마지막 탈출구 앞에 서 있는 셈인데, 불행히도 이 탈출구는 너무 좁다.

두세 군데 대기업이 세계적인 다국적기업이 되는 정도에서 이 사회가 위기를 탈출하고 다시 '영광의 시대'를 구가하게 될 가능성은 그리 높지 않다. 그동안 축적된 모순이 폭발을 기다리면서 에너지를 모으는 중인데, 이 폭발이 예전과 같은 시민혁명이나 민중봉기 형태로 갈 가능성은 거의 없다. 오히려 멕시코를 비롯한 중남미형 국가, 즉 극단적인 양극화 속에서 내부 붕괴로 이어져 국민경제 위기가 일반화되는 상황으로 갈 가능성이 높다. 모두에게 불행한 상황이 온다는 말이다. 그리고 이런 시스템은 보통 파시즘의 형태로 진화한다. 혁명은 민주주의를 부르지만, 배고파서 벌어지는 폭동은 파시즘을 부른다. 너무 배고파서 파시스트를 목 놓아 부르게 되는 지금의 상황은 '풍요의 시대' 이후에 선진국이 진화하는 일반적인 방향과는 좀 다르다.

| 보론 3 | 삼성그룹의 위기와 '정상 기업' |

1.

'샌드위치론은 허구다'라는 이름으로 이 책의 초판이 발간된 이후 1년 정도의 시간이 지났는데, 그사이 삼성그룹 안에선 몇 번의 중요한 위기와 함께 변화가 발생했다. 그러나 삼성그룹의 위기는 아직 끝난 것이 아니라 여전히 현재진행형이다.

누구나 알고 있듯이, 삼성그룹에는 두 가지 결정적인 약점이 있다. 하나는 이건희 전 회장의 아버지가 내렸다는 유훈 "노조만은 안 된다"라는 것이고, 또 하나는 그의 아들의 그룹 경영권 승계에 관한 것이다. 삼성의 약점들 대부분은 사실상 이 두 가지에서 출발하게 되는데, 이런 비정상적인 상황을 유지하기 위해 그들에겐 더 많은 음침함이 필요하고, 더 많은 결탁이 필요하고, 더 많은 공포가 필요하게 된다.

물론 OECD 국가들의 경우에도, 미국 기업들이 그러하듯, 로비라는 공식적 장치를 통해 정부에 정책대안을 제시하거나 입법 과정에 깊숙이 개입하는 존재들이 없지는 않다. 그러나 대개 그것은 자기 사업과 관련된 일들에 관한 것들이고, 삼성의 경우처럼 포괄적으로 한 국가의 정책적 운영기조를 한 기업이 설정한다거나, 아니면 특정 기업의 편의에 따라 정당들의 '내부 방침'이 결정되는 경우는 그렇게 많지 않다. 확실히 정상적인 상황은 아니다.

삼성이라는 특별한 기업에 대한 한국 엘리트들의 판단 유형을 보면, 대체로 다음 세 가지 정도인 것 같다.

① 법조인들: "다른 기업도 삼성만큼만 하라고 그래라."
② 한나라당 계열의 정치인과 언론인들: "삼성 망하면 우리나라가 망한다."
③ 삼성에 동조하지 않는 지식인들: "삼성이 우리가 뭐라고 한다고 들을 사람들이냐?"

결국은 아주 사랑하거나, 아주 두려워하거나 두 가지 정도의 입장을 가지게 되는데, 흔히 하는 말이지만 이 경우 엘리트들 사이에 '침묵의 카르텔'이 생겨나게 된다. 삼성에 대한 스캔들로 시작된 『시사저널』 사태가 결국 『시사IN』이라는 독립언론을 일종의 시민출자 형식으로 생겨나게 했던 그즈음의 사태를 곰곰이 살펴보면, 어떤 경우였든 한국 자본주의의 핵심에 존재하는 삼성 사태가 범상한 일은 아니란 걸 깨닫게 된다.

흔히 이런 상황은 사회과학에서 다양한 맥락으로 분석대상이 되기에 딱 좋은데도, 역시 침묵의 카르텔이 워낙 강력해서 그런지, 생각만큼 삼성에 대한 분석이 한국에 많지 않다. 언론에서 삼성을 다루는 방식도 폭이 좁고, 깊이도 얕다고 할 수 있을 것 같다. 보는 시각에 따라 이렇게 형성된 삼성의 전략을 '신뢰의 마케팅'이라고 볼 수도 있고, '공포 마케팅'이라고 할 수도 있는데, 어쨌든 "그들이 곧 한국 경제"라고 생각하면 이게 바로 신뢰이고, 거꾸로 같은 현상을 공포스럽게 느낄 수도 있다. 사실상 같은 얘기이다.

최근의 삼성 사태를, 어쨌든 부시 대통령과 특수관계에 있었음에도 불구하고 파산을 면치 못했던 엔론사 사태와 비교한다면, 다행히도(!) 한국의 사법부가 매우 기이하기 때문에 파산만은 면한 것이라고 볼 수도 있다. 현재는 그저 구조조정본부를 해체하고 그룹 차원의 집단 경영방식에서 개별사의 독자 경영방식으로 전환하는 정도에서 수습이 된 상태다. 지나간 문제에 대한 해결은 별도로 치더라도, 일단 개별 경영이라는 방식에 익숙하지 않은 삼성으로서는 이러한 변화 자체가 또 다른 도전이다. 그들은 이런 상황에 최소한 지난 10년 동안 노출된 적이 없고, IMF 경제위기에서 국민경제가 벗어난 이후 처음으로 맞게 된 셈이다. 한국 경제에서 대기업을 '집사'들이 관리하던 시절이 있기는 했지만, 현대가 먼저, 그리고 이제 삼성이 '오너 시대'에서 '집사 시대'를 지나 새로운 의사결정 장치를 만들어내야 하는 순간을 맞이한 셈이다.

2.

1998년 IMF 경제위기에서부터 지난 10년간을 복기해본다면, '재벌 해체'라는 질문에서 지금의 삼성그룹 문제에 이르기까지, 문제의 요체는 압축성장을 거치면서 매우 특수한 모습을 갖게 된 한국의 대기업과 국민경제의 나머지 부분들이 불안한 대로나마 상대적으로 안정적인 균형점을 어떻게 찾아낼 것인가로 모아진다. 그리고 지난 5년간 이 문제는, 결국 삼성 문제를 이 사회가 어떻게 처리할 것인가, 혹은 어떻게 새로운 균형점을 찾아낼 것인가로 집약되어 있다고 할 수 있다.

이에 대해 우리 사회는 대략 두 가지 입장이 존재하는 걸로 보인다.

첫째, 어쨌거나 삼성의 잘못된 경영행위와 경영권 이전 행위에 대해서는 처벌해야 한다. 참여연대를 포함한 시민단체에서 삼성 문제에 오랫동안 부딪혀왔던 사람들이 이런 입장이라고 할 수 있다.

둘째, 지나간 일들에 대해서는 묻지 않는 대신, 국가와 대기업 그리고 노동자 사이에 새로운 '사회적 대타협'을 만들어내야 한다. 장하준 교수의 입장이 대략 이런 입장이지만, 여전히 찬반 양론이 거세다.

나는 개인적으로 삼성의 위법행위에 대해서는 법대로 처리하는 것이 옳다고 보는 편이다. 그러나 삼성 문제에 대해 사법부가 생각하는 '위법'의 기준이 매우 기이하므로, 현실적으로 삼성의 사법처리 문제는 최소한 형식적으로는 끝나가는 중인 것으로 보인다. 게다가 정부와 사법부의 밀월이 지금처럼 강화된 상태에서 삼성 문제에 관한 한 '법률'이라는 것은 당분간 정지되어 있다고 이해하는 게 타당할 것 같다. 물론 정상적인 자본주의의 운용이라는 관점에서도—특히 미국식 자본주의의 운용에서 사법부가 독점 및 부패 관리에서 경제제도의 수호자 역할을 했던 데 비춰 봐도—사법부가 이 모양인 터에 제대로 된 시장경제가 운용될 수 있을지 심히 의심스럽다. 악몽이라 해도 이게 현실이고, 또 이명박 정부와 사법부의 단단한 결탁관계를 염두에 두면, 최소한 앞으로 4년 동안은 행정조치 등을 통해 정부가 삼성에 직접 개혁을 요구하거나, 혹은 그런 정책 여건을 조성하는 일도 없을 것이다. 아마 삼성 내부에서 수십 명씩 내부고발자가 집단적으로 등장하는 정도의 특수한 상황이 벌어지기 전에는, 외부의 충격으로 삼성이 변화한다는 건—특히 일종의 중재자 혹은 시스템의 제어자로서 정부가 개입하게 되는 일은—상당히 오랜 기간 동안 불가능할 것이다.

그렇다면 이제 삼성의 위기는 사라진 것일까? 그렇게 보이지는 않는다. 조직론이라는 눈으로 볼 때, 몇몇 단기적인 위기가 계속 새롭게 등장할 것이고, 장기적인 위기는 전혀 해결되지 않은 채로 있기 때문이다. 어쨌든 삼성은 '창의성'이라는 동력을 외삽外揷(이 경우에는 이건희 전 회장) 형식으로 채워 넣던 조직이고, 조직 내부는 '관리'라는 말이 자연스럽고 익숙할 정도로 비창의적 방식으로 운용되던 곳이다.

지금과 같이 변화된 새로운 여건에서, 혁신이라는 단어와는 규모와 깊이를 달리하는 창발성(이는 창의성의 북한식 표현으로 알려져 있는데, 어쨌든 한국에서는 그 나름의 뉘앙스가 있다) 혹은 창의성과 같은 새로운 요소들을 삼성이 어떻게 처리할 것인가가 여전히 위기의 핵심에 자리 잡고 있는 셈이다. 이런 요소를 잘 처리하지 못했다고 평가되는 GM이나 포드가 도요타에 밀려나는 과정의 위기가 삼성에서도 생겨날 수 있다.

3.

　외부에서 변화를 추동할 힘이 나오지 않는다면, 결국 내부에서 그 변화를 모색하고 스스로 변하는 수밖에 없다. 이런 변화의 축을 삼성이 찾아낼 수 있을까? 여기에 삼성 문제를 보는 몇 가지 핵심들이 숨어 있다. 더 좁혀서 생각하자면 "정부만 개입하지 않으면 우린 잘 할 수 있다"라는 명제로 상황을 요약할 수 있다. 이제 정부가 개입하지 않는 상황이 어느 정도는 온 셈이다. 한 가지, 향후 4년 동안 변화할 요소를 생각하면, 한국에서도 소비자 운동이 본격화되면서 지금까지의 수동적 소비자가 능동적 소비자로 그 위상이 달라지는 정도의 변화는 생겨날 것이다. 이런 상황에서 사법부와 행정부의 문제를 풀었다고 위기가 사라지지는 않을 것이다.

　이제 문제 해결의 키워드는, 너무 당연한 이야기이지만, 기업의 목표가 '이윤극대화'가 아니라 '영속성', 즉 망하지 않고 영원히 살아남는다는 데에 있다. 그리고, 그 속에서 어떻게 '정상 기업(normal firm)'이라는 질문에 답할 것인가? 뭐가 '정상적'이냐는 질문은 지금의 삼성에게 시급한 질문으로 보인다.

　사법부가 삼성에 면죄부를 주는 상황은 사실상 이번이 마지막이다. 넓게 보면, 결국 사법부의 면죄부와 이건희 전 회장이 지시하던 구조본을 통한 집단 경영체제가 교환된 것 아닌가? 이제 더 이상 집단으로 뭔가를 결정하고, 한국 사회에서 '삼성'이라는 '동일체'로 작동할 수 있는 길은 사라진 것이다. 삼성그룹 대신 개별적인 삼성 회사들이 하나씩 한국 소비자와 한국 정부 앞에 알몸으로 서 있게 된 셈인데, 집단이 아닌 삼성 개별사들에 대해서도 지금과 같은 예외적이고 초법적인 결정들이 계속해서 버팀목이 되어주긴 어렵다.

　좁게 본 핵심은 '노조'이고, 넓게 본 핵심은 조직 내부의 '이질성'을 통한 창의성의 확보로 보인다. 옛 오너의 유언을 방패로 무노조 경영이 과연 4년 후의 한국에서도 유효할까? 그렇기는 아주 어려워 보인다. 설령 한나라당이 4년 후 대선에서 다시 집권한다고 해도 변화된 국제 여건상, 그때의 청와대가 여전히 21세기의 이 희한한 창업자 이병철 회장의 '유훈경영'에 계속해서 동의하리라고 보기는 힘들다. 실제 그렇냐 그렇지 않느냐를 떠나서, 삼성에 위기가 오면 무노조 경영에서 그 요인을 찾으려고 하는 힘이 점차 커질 것이고, 또 많은 사람들이 그렇다고 생각하면 그게 진실이 된다. 그게 경영학이라는 학문이 가지고 있는 단점이자, 동시에 장점이 아니었던가?

그렇지만 진정한 삼성의 위기는 '균질성'에 있다. 시스템으로만 보자면, 여러 개의 회사가 집단 경영체제를 이뤄 그 안에서 비록 대규모는 아니더라도 다른 직종에 종사하는 사람들이 교환되면서 이 균질성의 위기를 완화함으로써 지금까지 버텨온 셈이다. 그러나 이제 집단 경영이 중지된 상태에서 균질성의 위기는 더욱 심화될 가능성이 훨씬 높다.

이건희 시절의 '황제경영'이라는 모토 아래 내부 구성원들을 귀공자들로 채워 넣었던 지난 10년, 그 말 잘 듣는 '순둥이'들을 데리고 또 다른 10년을 헤쳐 나갈 수 있을 것인지가 장기적 질문의 핵심인 셈이다. 따져보면 삼성은 한국 재벌들 가운데 지방대 출신들을 가장 적극적으로 활용하면서 효율성을 찾아나간 기업이었다고 할 수 있다. 여기에서 조직 특유의 동기 부여만이 아니라 '이질성'이라는 요소가 분명히 긍정적 역할을 했을 것이라는 추론이 가능하다. 불행히도 삼성 역시 20세기로 넘어오면서 조직이 균질적으로 변해갔고, 그러면서 내부적으로 약화 요인들이 생겨난 듯하다. 실제 삼성의 근본적인 위기는 바로 이 균질성의 문제에서 구조화된 것이라는 게 조직론에서 얘기할 수 있는 실체적 답변일 것 같다.

이런 주된 요소와 유통자본에 너무 깊숙이 들어갔던 부가적 요소, 금융에 대한 지나친 선호도(혹은 제조업에 대한 홀대)들이 결합되면서 삼성의 고민은 더욱 깊어질 것이다. 한 가지 확실한 것은 지금부터 발생하는 삼성의 위기는 국가로부터 생겨난 것도, 사회로부터 생겨난 것도 아닌, 그들 스스로의 문제 때문이라는 점이다. '정상 기업'이라는 질문을 곰곰이 뜯어보면, 이 질문에 삼성 문제의 해법이 90% 이상은 들어 있다는 게 내 생각이다. 현대나 LG도 누리지 못한, 삼성에게만 가능했던 정책적 특혜가 사라지면, 과연 삼성은 다음 단계의 진화를 만들어낼 수 있을까? 이 질문을 곰곰이 생각해보면 도움이 될 것 같다.

4장
한국 기업에 던지는 조직론의 질문 Top 5

★ 4장은 '로고스'라는 이 책의 대전제 아래, 과연 독자 여러분들이 스스로 대기업의 이사가 되어서 이사회에 참가한다면 어떻게 기업의 틀을 변화시킬 수 있을까 하는 질문을 던져보고 싶었다. 다섯 가지 질문을 제시했는데, 이 문제들에 대해서 전부 답할 수 있는 기업을 우리는 한국형 기업, 즉 'K-Firm'이라고 부를 수 있을 것이다. ★

슈퍼보드 초대장

내부가 유리 속을 들여다보듯 투명하게 다 드러나는 기업이 좋은 기업일까? 꼭 그렇다고 말하기는 어렵다. 일부 다국적기업을 비롯해서 최고의 경쟁력을 유지하는 기업들은 주주들과의 게임에 능한 회사들이다. 그렇지 않다면 투자 재원을 전부 주주들에게 배당 형태로 내놓아야 할 텐데, 주주들이 원하는 대로만 했다가는 기업이 시장에서 버텨낼 재간이 없기 때문에, 많은 CEO들이 자신의 직계 그룹과 함께 주주들과 일종의 속임수 게임을 종종 벌인다. 조직은 그때그때 발생하는 문제들을 어떤 식으로든 결정하고 다음 단계의 진화로 넘어가기 때문에, 단순하게 이익금과 투자금 혹은 주가와 기계적인 경영성과 지표만으로 좋은 조직인지 아닌지를 판단하기는 어렵다. 기업이 만드는 상품이 아니라 기업 그 자체가 진짜 상품이 되는 요즘과 같은 시기에 이런 복잡한 사안들에 대한 결정은 점점 더 어려운 질문이 된다.

우리나라 기업들에 대한 분석의 밑바닥을 들여다보면 대체로 두 가지 극단적인 명제가 있는 것 같다.

첫째, 기업은 모든 걸 잘 알고 있고, 내버려두면 다 잘된다는 명제다. 이 명제는 실물경제에서 실제로 뭔가를 해본 기업인의 시각이라기보다는, 기업을 하나의 이데올로기 대상으로 보는 극우파들의 시각에 가깝다. 정부의 눈 밖에 나지 않기 위해 숨죽이고 있는 한국의 대기업들이 정말로 자신들이 모든 것을 잘할 수 있다고 여긴다고는 믿지 않는다. 만약 대기업이 하나만 존재하는 상황이라면 이러한 명제가 옳을 수도 있고, 그래서 가끔 일본이나 한국이란 나라 자체를 '거대한 주식회사'로 비유하기도 하는 모양이다. 그러나 대기업 하나만 남는 국민경제 모델을 역사학자들은 사회주의 모델이라고 부른다. 현대 경제학에서 200년이 넘는 논쟁 과정을 통해 결국 도달한 결론은, 기업이 경쟁을 내부적으로 제한하는 대신 위계 혹은 조직의 논리를 가지고 있다는 이론이다. 이에 대해 심각하게 고민해보지 않은 극우파들은 이 첫번째 명제를 지지한다. 지나치게 이데올로기적이고, 실물경제를 금융경제와 같은 논리로 이해하는 초간단 원칙이다. 구호로 외치기는 쉽지만, 실물경제에 대한 설명력은 없다. 즉, 우리나라 기업들이 왜 가족기업이나 유한회사 같은 형태가 아니라 대부분 주식회사 형태를 유지하는지를 설명하지 못하고, 많은 다국적기업들이 내부에 노동조합을 발전시키는 형태의 협동진화를 선택했는지를 설명하지 못한다. 노조가 그야말로 별로 필요 없는 장치라면 그냥 다 '때려잡으면' 끝날 간단한 일이다. 그런데 가장 앞선 금융자본주의에 가깝다고 말하는 미국에서도 노조를 일방적으로 때려잡지는 않는다. 미국 민중이 무슨 정치적인 힘이 있는가? 간선제를 통한 '승자독식' 형태로 움직이는 미국 정치판에서 민중들은 별것 아닌 존재이지만, 그럼에도 불구하고 노조 간무와 노조 시스템을 계속 유지하는 것은 그 편이 '창조'에 훨씬 유리하기 때문이 아니겠는가?

둘째 명제는, 기업은 사회의 적이고, 모든 기업활동은 음모에 기반을 둔 흉흉한 일이라는 것이다. 아주 근거 없는 시각은 아니지만, 이런 단순한 시각만으로 국가별·시기별로 다르게 전개되는 국민경제라는 틀 내에서 변화무쌍한 현대 자본주의를 구체적으로 이해한다는 건 무리다. 이 역시 너무 이데올로기적인 명제다. 기업 내부의 복잡성을 너무 단순하게 '적대적 구조'로 환원시키게 하고, 기업 자체를 하나의 객관적 사물로 바라보기 어렵게 만든다. 노조가 있는 회사는 좋은 회사이고, 노조가 없는 회사는 나쁜 회사인가? 그렇게 간단하지가 않다.

이런 두 가지 극단적 시각을 벗어나 조금 더 자유롭게 한국이라는 국민경제 단위에서 기업의 속성에 대해 진지하게 고민했던 사람들은 그렇게 많지 않다. 그 가운데서 단연 돋보이는 학자는 『민족경제론의 기초이론』의 저자 박현채 선생인데, 그는 기업에 대해 조금 복잡하고 독특한 시각을 가지고 있었다. 간단하게 그가 1980년대에 했던 얘기를 정리해보면, 한국의 재벌은 결국 한국 민중을 핍박해서 번 돈으로 외국의 자본을 이롭게 하는 이른바 '매판자본'이고, 이 속에서 우리가 지지해야 하는 기업은 바로 '민족기업'이라는 것이다. 이 주장은 "자본에는 국경이 없다"는 마르크스의 대표적인 명제와 상충하는데, 요즘 용어로 거칠게 단순화하자면, 박현채 선생의 민족기업론은 '우량 중소기업론'과 비슷하다. 재벌은 외국만을 이롭게 할 테니 국내의 중소기업 중에서 우수한 일부 회사가 민족기업이 될 수 있고, 이 민족기업들을 사회적으로 잘 지원하자는 얘기인 셈이다. 해방 이후 한국에서 제시된 기업이론 중에서는 이 정도가 가장 복잡한 이론일 것이다. 나름의 논리적 일관성을 가진 박현채 선생의 이론은, 불행히도 그 이후 한국 경제가 수출기업과 대기업 위주의 매우 강력한 중앙형 시스템으로 진화하고 중소기업의 위상은 빠르게 몰락하게 되어, 실제로 중소기업이 박현채식 의미의 민족기업이 될 수 있는지 아닌지를 실증적으로 확인하기 어렵게 되었다.

한국 극우파들의 기업이론은 총자본이라는 변수 하나만 가지고 있는 생산함수에 '무조건 한국이 잘살아야 한다'는 쇼비니즘을 적당히 버무린 이론이라고 할 수 있다. 한국전력은 어떻게 하는 게 좋고, 포스코의 매각은 좋은 선택이었는가 하는 간단한 질문을 던져보자. 극우파식 경제이론대로라면 한국전력은 지금이라도 바로 매각하는 게 옳고, 포스코의 매각은 여전히 잘된 일이라고 답할 것이다. 하지만 한국 자본주의의 발달 과정에서 포스코나 한국전력 같은 공기업의 독특한 역할이 실로 적지 않았는데, 극우파들의 시각으로는 그런 일들을 설명하기가 어렵다. 게다가 이들은 기업을 조직으로 생각하는 데에 여전히 익숙하지 않은 것 같다. 노조의 시각에 치우쳐서 경제를 보는 사람들이 회사를 자본의 재생산 장치만으로 이해하는 것과 마찬가지로, 극우파들에게 기업은 내부 자본의 총합에 불과하다. 경제가 이렇게 간단하게 돌아간다면 큰 기업은 무조건 살아남고, 그렇게 덩치를 기계적으로 키우는 것이 최상의 전략이 된다. 바로 가까운 이웃나라의 도요타 사례가 그렇지 않다는 걸 말해주는데도 말이다. GM은 도요타보다 몇 배나 큰 덩치를 가지고 있었는데도 최근 자동차 업계의 수위 자리를 도요타에게 내주지 않았는가.

지금 한국 자본주의가 맞이한 최대 위기 중 하나는 잠재성을 제대로 활용하지 못하는 조직 모델에 있다. 조기유학으로 시작된 위기가 이제는 초등학생 어학연수라는, OECD 국가들이 한 번도 경험해보지 못한 기상천외한 엽기적 사태로 전개되고 있다. 이는 사실 기업을 중심으로 구성된 사회 자체의 재생산 구조와 관련되어 있다. 2000cc 자동차 한 대 수출해서 남는 순수익이 얼마일까? 1997년에 한국 자동차들을 가지고 계산해본 적이 있는데, 그 시절의 총 매몰비용과 간접비용 같은 기업 내부 자료들 및 외부에는 공개되지 않는 수치들을 사용했었다. 당시의 내 계산으로는, 현대의 '아반떼' 한 대 판매해서 얻는 순수익이 자장면 한 그릇 값 정도였고, 대우의 '르망'은 한 대 수출하면 오히려 20만 원이 적자로 나왔다. 이미 투자된 매몰비용 때문에 라인을 돌리는 것이지, 실제 수익과는 거의 상관이 없을 정도로 1997년 한국 제조업은 심각한 상태였고, 결국 그 해에 IMF 경제위기가 발생했다. 최근에 약간의 추정치를 포함해서 다시 한번 계산해봤는데, 1997년보다 개선된 결과가 나오지는 않았다.

이런 상황에서 조기유학 비용을 국민경제가 감당할 길은 없다. 문제는 이것 말고도 많다. 『88만원 세대』에서 살펴본 이십대를 둘러싼 세대간 불균형도 기업조직이라는 변수가 한가운데에 끼여 있다. 뿐만 아니라 노무현 정부 이후로 훨씬 더 심각해진 지방경제의 붕괴나 자영업을 중심으로 한 소규모 유통과 소규모 조립업 같은 서민경제의 축들이 무너져 내리는 중이다. 또한 중소기업은 외국인 노동자로 10년을 근근이 버텨왔지만, 저임금 외부 노동력에 의존하는 중소기업 모델도 이제는 파산 직전에 몰려 있다.

이런 문제점들 한가운데에 바로 기업의 조직운용에 관한 문제들이 개입되어 있다. 하지만 재정경제부의 경제관료들은 이를 간단히 금융경제의 눈으로만 보려 하고, 언론사나 전경련의 지도부들은 이보다 더 간단한 극우파의 눈으로 보려는 경향이 있다. 한번쯤 실물경제를 담당하는 기업의 눈으로, 그리고 실제로 이러한 기업의 개별 구성원들을 하나의 조직으로 보는 시각이 필요하다. 그러면 문제의 해법이 전혀 다른 곳에서 나타날 수 있다.

주식회사형 기업에는 '보드board'라는 장치가 있다. 주식회사 시스템은 이사회라고 부르는 이 보드에서 주요 의사결정을 하고, 사실상 보드가 구성원들을 설득하거나 이해시키면서 끌고 나가는 것이 정상이다. 이 보드의 위원장에 해당하는 사람이 '상임대표'로 불리는 바로 CEO이다. 그런데 한국에서는 이 보드 구조가 좀 이상하다. '오너'라고 부르는 패밀리의 충실한 집사들과 실제 실물경제나 기업 내부 사정을 거의 모르는 사람들이 보드에 참여하고, 이러한 이유로 보드가 실질적 기능을 잘 발휘하지 못한다. 일반적으로 외국에서는 보드가 열리기 전에 조직 전체가 가동되면서 여러 가지를 점검하고, 그야말로 시스템의 '리부팅'에 해당하는 일들이 준비된다. 이런 의미에서 한국의 다수 기업은 보드가 마치 존재하지 않는 것 같은 상태이거나, 혹은 사실상 망가져 있다.

물론 보드는 주식회사의 아주 상층부에서 큰 방향만 결정하기 때문에 보드가 좋아진다고 해서 조직 전체가 좋아지리란 보장은 없다. 그렇지만 거꾸로 생각해보면, 보드에서 내려진 이상한 결정 하나로도 조직 와해의 단초가 만들어지기 쉽다. 독자 여러분들이 스스로 이 '보드'의 일원이라고 한번 상상해보시기 바란다.

10년이 넘은 오래된 조직들은 조직 내에 문제점들이 누적되면서 마치 새 출발 하는 조직처럼 모든 것을 '제로 베이스'에서 생각해야 하는 순간이 오게 된다. 이런 '파워 리부팅'에 해당하는 '슈퍼보드'가 있다고 가성해보자. 이 슈퍼보드에는 최고의 권한이 부여되어 있고, 심지어 조직의 존폐는 물론, 시시콜콜한 것까지 다 참견하고 물어보거나 의견을 개진할 수 있다고 가정해보자. 독자 여러분의 개인적 성향이 좌파이거나 우파이거나, 극우파나 지독한 마초라도 별 상관은 없다. 가난하든 부자든, 공부를 많이 했든 적게 했든, 나이가 적든 많든 상관없다. 보드는 원래 최적의 정답을 찾는 장치가 아니라 주주와 조직, 사회를 대리하는 사람들이 모여서 '어쨌든' 의사결정을 내리기 위한 장치다. 현실적으로 나쁜 결정이라도 아무 결정도 없는 상황보다는 나을 때가 많다. 주식회사라는 조직 자체는 개인적인 것들과 사회적인 것들을 타협하여 나온 산물이다. 만약 조직 내부에 사회의 대리인들이 참여하지 않는다면, 불안해서 누가 그 회사의 주식을 사려고 하겠는가? 장부 조작으로 파산해버린 엔론 사건을 생각해보라.

원래 주식회사의 보드에는 주주를 대표해서 주주총회에서 경영권을 위임받은 CEO와 내부 조직을 대표하는 부사장이나 전무·상무와 같은 상임이사들, 그리고 한국에서는 IMF 이후에 도입된 사회적 이해관계를 대변하는 사외이사들이 참여하고, 그들이 의결을 한다. 한동안 한국에서도 이십대와 같은 주니어 그룹을 대변하는 '주니어 보드 멤버'를 추가하자는 얘기가 나온 적이 있지만, 실제 제도화된 적은 없다. 사람들은 1년에 한 번 열리는 주주총회를 제외하면 가장 최고급 의사결정을 하는 이런 보드에서 매우 신비하고 은밀한 얘기들이 오고간다고 생각하지만, 경영권의 승계나 현실적인 지배구조와 관련된 아주 민감한 사안을 빼고는 대체로 상식선의 논의가 오고 결정들이 내려진다. '블루오션'과 같이 일간지 잡담 수준에 불과한 개념들이 화젯거리가 되기도 했지만, 차분히 생각해보면 사실 복덕방에서 할아버지들 떠드는 수준을 결코 넘지 않는 논의 수준에서 많은 일들이 결정되곤 한다. 물론 대개는 아주 민감한 사안들이 아닌데다, 어차피 보드에 올라오는 과정에서 실무진들 사이에서 조율된 의제들이 상정되기 때문에 그렇기도 하다. 그러나 가끔은 이 사소해 보이는 결정들이 기업의 내부 조직원에게는 바꿀 수 없는 '철의 법칙'이 되기도 한다. 최소한 보드에서 이전 결정을 바꾸기 위해서는 적절한 명분과 중요한 이유가 필요했을 것이므로, 일단 내려진 결정은 중대한 오류가 발견되기 전에는 여간해서 뒤집어지지 않는다.

이제 보드에 참여하기 위해 알아야 할 가장 간단한 게임의 규칙을 알아보자. 보드에서 결정하는 협약의 유형을 분류하면, '좌측통행 게임' '상륙 게임' '장미전쟁 게임' 그리고 틱택톡tic-tac-toc으로 불리는 '가위바위보 게임' 같은 것들을 상정해볼 수 있다.

좌측통행 게임은 잘 알려진 것처럼 도로에서 승용차가 왼쪽으로 갈 것인가 오른쪽으로 갈 것인가를 결정하는 게임인데, 어느 쪽으로 결정하더라도 기술적 차이는 거의 없다. 다만 중요한 것은 결정이 내려지는 것과 내려진 결정이 지켜지는 일이다. 사실 조직에서 대부분의 협약들은 이런 좌측통행 게임의 성격을 가지고 있다. 예를 들자면, 대학입시 제도를 둘러싼 결정이 전형적인 좌측통행 게임이다. 규칙이 계속해서 바뀌는 바람에 막대한 사회적 손실이 생기는 대표적 사례지만 말이다. 좌우의 두 가지 대안이 어슷비슷한 경우, 기대값은 거기서 거기겠지만 의사결정 비용은 매우 높아질 수 있다. 밤새 회의해도 이런 게임 유형의 결정은 답이 나오지 않는다. 어느 한쪽을 선택해야 할 특별한 이유가 없기 때문이다.

이와 유사하면서도 조금 다른 게 '상륙 게임'인데, 상륙할 곳이 두 군데 있을 때 수비하는 측은 상륙하는 위치를 미리 맞추어야 하고, 공격하는 측은 수비하는 쪽을 피해서 상륙해야 한다. 좌측통행 게임에서는 서로 다른 두 의견이 합치되기만 하면 되지만, 상륙 게임은 한쪽이 승리하면 다른 쪽은 반드시 패배하게 된다. 동시에 모두가 이길 수 없기 때문에 이런 유형의 의사결정을 내려야 하는 경우에 부당하게 패배하는 쪽이 나오지 않도록 해야 한다. 성과급을 부서별로 나누는 경우가 대표적인 상륙 게임인데, 특정 부서가 연승할 수 있도록 규칙을 설정하면 결국 조직 내에서 패싸움이 벌어진다.

이보다 조금 더 복잡한 것으로 '장미전쟁 게임'이 있는데, 남녀가 데이트 하는 경우를 생각하면 된다. 남자는 권투를 보고 싶고 여자는 콘서트에 가고 싶다 해도, 두 사람이 궁극적으로 원하는 것은 권투나 콘서트가 아니라 바로 데이트 그 자체다. 게임을 여러 번 거듭할 수 있다면 최적의 균형에 도달하는데, 만약 이 게임이 한 번만 벌어지면 솔루션은 생각보다 복잡해진다. 권투장을 가든, 콘서트장을 가든 데이트를 하면 이 게임에서는 문제가 해결되지만, 그게 그렇게 쉽지가 않다. 누군가 양보를 하지 않으면, 이 게임의 자연균형은 결국 데이트를 하지 못하는 것으로 귀결되기 때문이다. 노사관계에서 이런 일이 종종 벌어지고, 사업 부서와 스태프 라인, 혹은 지원 부서들 사이에서도 이런 종류의 갈등은 충분히 벌어질 수 있다. 나이 많은 직원과 젊은 직원들 사이에서도 이런 게임이 생겨날 수 있다. 이런 종류의 일을 해결하는 가장 쉬운 방법은 '공유된 경험'에 의해, 예를 들면 한 번씩 교차로 양보하는 것 같은 규칙을 만드는 일이다. 이런 규칙은 암묵적인 형태인 경우가 많아서 수년씩 조직원들과 같이 지내, 내부 사정을 잘 알고 있지 않은 보드 멤버들에게는 상당히 난해한 게임이 된다.

'가위바위보 게임'은 몇 번을 반복해도 이전의 경험이 새로운 결정에 거의 영향을 미치지 않는다는 게 특징이다. 그리고 누구에게나 확률은 공평하다. UN에서도 의장과 같은 중요한 자리가 아닌 경우에는 지역별 안배나 특정 국가와의 결탁에 대한 오해를 피하기 위해 종종 '제비뽑기' 형식을 취하기도 한다. 회사 내에서는 이런 우연에 의한 확률적 선택을 안 할 것 같지만, 결정 과정의 비용을 줄이기 위해 자주 사용된다. 우리나라의 경우는 부담을 덜기 위해 부서별로 가장 어린 사원들에게 이런 제비뽑기를 시키기도 하고, 게임이라는 관점에서는 '사다리 타기'도 사전 확률에 의한 제비뽑기라는 점에서 유사하다. 문제는 어떤 결정이 가위바위보 게임의 형식을 가지고 있는지를 합의하기가 어렵기 때문에, 보드에서 결정이 지연되는 경우가 많다는 점이다.

이번에는 주식회사에서 보드가 가지고 있는 구조적인 특성에 대해 한번 생각해보자. 형식논리로 본다면 보드는 오너와는 분명히 다른 기구다. 보드가 오너의 의견을 기계적으로 반영할 필요는 없다. 다만 조직이 어떻게 하면 '영속성'의 기준에 적합하게 움직일 수 있을 것인가, 그리고 이 과정에서 어떻게 조직 구성원들 사이에 발생할 수 있는 수많은 갈등과 오해, 혹은 라이벌 관계에 의한 부정적 폐해를 최소화할 수 있을 것인가와 같은 몇 가지 기준을 가지고 판단하면 된다. 그리고 이때 반드시 주주들의 단기적이고 금전적인 이해관계만 만족시킬 필요도 없다. 단기 배당금을 무조건 높이는 방식보다는 조직의 장기적 생존이 더 중요한 기준이기 때문이다.

어떤 대기업이나 중소기업 혹은 공기업에서, 평상시에 열리던 보드와 달리 상당한 권한을 가지고 새로운 방향을 결정할 수 있는 '슈퍼보드'가 열린다고 상상해보자. 오너나 CEO 혹은 조직 구성원들이 평소에 어쩔 수 없다고 간주했던 기존의 틀과 전혀 다른 방식으로 새로운 규칙, 새로운 루틴, 혹은 새로운 상식을 만들 수 있다고 상상해보자. 비록 상상 속의 밑그림이라도 이런 슈퍼보드에 대한 상상은 한국 기업을 전혀 다르게 이해할 수 있는 기회를 독자 여러분에게 제공할 것이다. 현재 우리가 생산을 비롯한 경제활동을 하는 주체로서 가지고 있는 장치는 주식회사와 생활협동조합 두 가지인데, 이중에 사실상 한국 경제를 움직여 나가는 현실적 조직인 주식회사를 이해하는 가장 빠른 방법은, 스스로 슈퍼보드의 멤버가 되어보는 일이다.

지금부터 독자 여러분들을 제1회 슈퍼보드에 초청한다.

노동 숙련도를 높이는 법: '캐비아 자본주의'

현재 대다수 한국 기업들은 노동 숙련도가 단기적으로나 장기적으로나 계속해서 떨어질 것이라는 문제에 봉착해 있다. 최근에 이루어진 몇 가지 조사는 정규직 노동자들이 비정규직 노동자들에 비해 노동성과가 높지 않다는 걸 보여준다. 이게 사실이라면 엄청나게 큰 위기에 봉착한 셈이다. 간단히 설명하면, 2~3년 이상 일한 조직원과 10년 이상 일한 조직원, 그리고 20년 이상 일한 조직원들의 업무성과에 아무런 차이가 없다면 최소한의 조직만 남기고 전부 비정규직이나 파견직으로 전환하는 것이 유리할 수 있다. 단기적으로는 그렇다.

그러나 사실 이렇게 내부를 대폭 축소한 기업들은 포스트 포디즘 시대에 3년 혹은 길어도 5년 이상을 시장에서 제대로 버텨낼 가능성이 별로 없다. 왜냐하면 경쟁방식 자체가, 지난 50년 동안 세상을 풍미했던 '협력'에 기반한 포디즘보다 더욱 가혹해졌기 때문이다. 1990년대 중반부터 시작된 이 변화는 포디즘에 숙련도를 결합시켜 결국 조직 구성원의 창조능력을 최대한 발휘하는 기업들에게 유리하다. 도요타를 비롯한 일본의 초일류 다국적기업이나 구글 같은 서비스 업종, 혹은 인텔같이 거의 독점적으로 시장을 선도하는 조직들 대부분이 협력만이 아니라 숙련도라는 요소로 경쟁하고 있다. 인텔 반도체 칩이 내장된 컴퓨터라는 의미의 "인텔 인사이드"라는 유명한 구호는 반도체 칩에만 해당하는 단어가 아니라, 인텔 조직 내부에 대한 은유도 담고 있다. 마이크로소프트에서 새로운 운영체계를 출시하면 과연 인텔이 회사 내부 운영체계에 언제 이 새로운 프로그램을 도입할까가 늘 화젯거리가 된다.

예를 들어, '윈도 XP'의 새로운 버전인 '윈도 비스타'를 인텔에서 도입하면, 최고의 숙련도를 가진 엔지니어들의 선택이라 볼 수 있는 인텔에서의 운영체계 선택 자체가 시장에서 주목 대상이 되는 것이다.(과연 혁신이 생명인 인텔 직원들에게 비스타가 필연적으로 선택항목일까. 아니면 단순히 비주얼 환경만이 개선되어 실제 프로그램 작업에서는 불필요한 것으로 간주될까?) 현재로서는 아무리 덩치가 큰 기업이라도 조직 내부에서 발생하는 창조능력 없이는 장기적 생존이 불가능하고, 이 문제는 슘페터의 오래된 저서에서 '창조적 파괴'라는 단어를 컴퓨터 회사인 컴팩이 다시 끄집어내던 시절부터 세계적으로 대세가 되었다.

창조나 혁신 과정은 많은 경우 정규직에게서 나오기 때문에, 비정규직을 늘리는 조직은 장기적으로 볼 때 '창조 잠재력'이 줄어들게 된다. 이로 인해 원가 절감을 위해 더욱 조직을 줄여야 하는 빈곤의 악순환이 계속되다가, 나중에는 기획실과 실험실만 남는 극단적인 경우까지 가게 된다. 미국 나이키 본사의 경우가 이런 사례로 종종 거론된다. 이를 두고 '머리'만 있는 조직이라고 부르는가 하면, 사회심리학에서는 이런 모델을 '권총 한 자루'라고 부른다. 대중은 권총 한 자루만 있

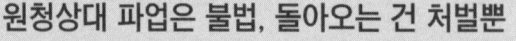
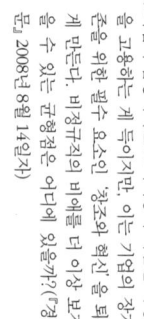

어도 통치가 가능한데, 권총 한 자루만으로도 '감시자의 감시자'가 될 수 있기 때문이다. 문제는 이런 머리만 있거나 권총 한 자루만 있는 상태에서 통치와 지배는 가능할지 몰라도, 포스트 포디즘 시대의 창조와 혁신은 어렵다는 사실이다.

한국 기업들이 비정규직을 늘리는 이유는 본질적으로 이 방식이 기업에 크게 도움이 되기 때문이 아니라, 조직 내부에서의 협동진화를 위한 조정 메커니즘을 만드는 데 실패한데다가 단순히 노동자보다 기업이 더 많은 권력을 갖기 위해서 추진되는 경우가 많다. 기업이 구성원을 믿지 못하기 때문에, 골치 아픈 협동진화를 하면서 높은 비용을 감당하느니 차라리 숙련도를 희생시키더라도 조직비용이 저렴한 비정규직이 편할 수도 있기 때문이다.

기업이 지출해야 하는 인건비(w)를 기계적으로 계산하면, 임금률인 w와 노동력인 L을 곱한 수치다(W=wL). 이때 같은 임금을 결정하는 방식에는, 월급을 높이고(w↑) 노동자를 줄이는(L↓) 방법이 있고, 반대로 월급을 낮추고(w↓), 노동자를 늘리는(L↑) 방법이 있다. 현실에서는 노동자 수를 줄이는 편이 5대 보험 같은 기업측 사회지출과 기타 관리비용을 줄일 수 있으므로 조금 더 저렴하기는 하다. 그런데 한국에서 전통적으로 1위를 고수해온 업체들은 노동자 수(L)와 임금률(w)을 동시에 높이는 방식을 사용했었다. 이 경우에는 규모를 늘리면 두 변수 모두를 높일 수 있는데, 실제로 기업들은 덩치를 불리면서 생산성도 높이는 대기업 전략을 채택했다. '국내 최고 대우', 이게 여의치 않으면 '동종업계 최고 대우'라는 말이 유행했던 것처럼, 1970~80년대 한국의 포디즘 역시 다른 나라의 포디즘과 함께 임금인상을 통해 조직 구성원의 협력을 유도하는 방식으로 조직 내 참여 문제를 푼 셈이다. 그리고 그 균형점은 바로 재벌이라는 구조에 있었다.

포디즘이 붕괴된 새로운 여건에서 균형점을 다시 찾아보자. 총인건비가 같다고 가정할 때, 균형점은 두 군데에서 나온다. '최고의 직원에게 최상의 대우를 해준다'는 1번 전략 (w↑, L↓)과, '우리는 죽어도 같이 죽는다'는 2번 전략(w↓, L↑)은 모두 '부분 균형'이 된다. 물론 기업의 입장에서야 사람도 줄이고 임금도 낮추면서 생산성도 유지하면 좋겠지만, 사람은 기계가 아니므로 이렇게 되지는 않는다. 많은 경우 생산성이 너무 떨어져서 '망하는 기업'이 선택하는 전략이 되는데, 이런 전략을 장기적으로 애용한 건 1990년대까지의 공무원 조직이었다. 돈은 조금 주더라도 최상급 노동을 요구한 조직은 정부였고, 그것은 '영속성'이라는 또 다른 변수를 가진 정부이기 때문에 할 수 있는 일이었다.

창조능력을 기계적으로 해석하면 월급을 최대한 높이는 1번 전략의 균형이 유리할 것 같지만, 사실 제대로 작동하기만 한다면 2번 전략에서 창조의 능력이 더 높아질 가능성이 크다. 문제는 2번 전략을 채택하기가 쉽지 않다는 것이다. 조직비용을 지나치게 높이지 않으면서도 원활하게 작동하도록 하기 위한 세밀한 조직 디자인이 어렵다는 단점 때문이다. 1번 전략은 혼자서도 할 수 있는, 개인 기여도가 높은 부문에서 종종 생겨난다. 2번 전략은, 뮤턴트의 등장 확률을 높여 조직 내에서 전혀 새로운 것들이 등장하게 만드는 협동창작의 경우에 많이 발생한다. 게다가 조직 내 구성원의 수가 많다는 것은 사회적으로도 기업의 상징적 위상을 높여줄 가능성이 높아서 쉽게 '국민기업'의 위상을 가질 수 있게 해준다. 2번 전략은 포스트 포디즘 시대에도 여전히 우수한 전략이다. 볼보나 도요타와 같이 포스트 포디즘 시대에 성공적으로 길을 연 초일류 우량기업들이 대부분 2번 전략을 사용했고, IBM이나 인텔, 구글 같은 회사들도 이 전략을 채택했다. 반면에 1번 전략을 채택하고도 성공한 사례로는 화장품 회사나 고부가가치 섬유 산업들이 많은데, 대체로 예술과 가까운 업종들이다. 이런 회사들 외에도 1번 전략을 채택한 기업으로는 금융회사가 있는데, 금융화의 흐름이 높아질수록 1번 전략으로 가는 경우가 많다. 이 경우에는 공정이나 운용에서 발생하는 창조나 혁신보다 개별 조직원의 거래에서 이루어지는 판단이 더 중요하다. 따라서 혼자서 1000억 원을 거래하든, 1조 원을 거래하든 큰 상관이 없는 매체에서 주로 택하는 전략이다. 위험성이 많이 수반되는 금융거래 자체가 예술의 경지와 많이 다르지 않아서 그럴 수도 있다.

일부 극단적 금융 전문 기업을 제외하면, 서비스 업종을 포함해서 대부분의 경우 2번 전략이 실제로는 유리하다고 할 수 있다. 그 균형점은 조직이 커지면서 발생하는 조직 관리비용이 조직의 규모화에 의한 창조능력보다 커지지 않는 선에서 나오게 된다.

그러나 지금 한국에서 많은 기업들은 2번 전략을 채택하지 못하고 있다. 왜냐하면 임금률(w)을 낮추는 것은 한국에서 해보지 않은 선택이고, 현실적으로는 임금증가율(w의 미분값)만을 낮출 수 있기 때문이다. 이는 사실 경제학과는 상관없는 사회적 규칙에 관한 이야기다. 실제로 종신고용제와 함께 운용되던 호봉제가 규칙으로 굳어져 호봉 자체를 낮출 수 없다는 게 일종의 사회적 표준이 되었기 때문이다. 전체 조직 구성원에게 해당하는 표준임금을 낮추는 건 노동자 감원을 선택하는 것보다 더 어려운 일이어서, 차라리 사람을 내보내는 편한 선택을 하게 된다. 그래서 한국 기업들은 임금률을 높이고 사람은 줄이되, 필요한 수보다 더 줄여서 총임금을 낮추는 전략을 지난 10년 동안 구사해왔다. 간단히 얘기하면 승자독식 게임이 되는 것이다. 이 경우가 남은 조직원들에게 자신이 왜 남았는지를 설명할 수 있고, 내보내는 사람에게도 왜 내보내는지 설명할 수 있는 현실적인 최적의 답안이 된다.

그러나 이 해법은 '숙련도'에 치명적인 타격을 입히기 때문에 이런 식의 구조조정을 몇 번 반복한 기업은 망하는 길로 빠져들게 된다. 사실은 2번 전략을 쓰고 싶었는데, 조직 내부에서 임금을 낮추고 고용을 높이는 방식의 선택을 할 수 있는 '과정'이 없기 때문에 생기는 일이다. 공통으로 원하는 것이 있어도 서로 그에 대한 취향이 조금씩 다르기 때문에 게임이 균형에 이르기 어려운 '장미전쟁 게임'과 비슷한 셈이다. 볼보의 해법을 대단하다고 보고, 그런 해법을 '볼보주의'라고 부르는 이유는, 이 2번 전략을 역사상 처음으로 대규모 작업장을 가진 다국적기업에서 해냈기 때문이다.

조직 구성원 입장에서는 사실 2번 전략이 최적의 전략이다. 현재의 고용 규모를 유지하는 게 기계적인 임금상승의 대가로 상당히 많은 조직원들을 떠나보내는 것보다는 더 낫다는 것이다. 이러한 2번 전략에다 '안정성'이 더해지면, 이게 바로 '신뢰의 자본주의'라고 부르는 일본식 종신고용제가 된다. 여기에 '사회적 조정'까지 더하면, 폭력적이지만 자본의 과잉 축적을 제어하는 장치가 있었던 '전두환 시대'가 되는 셈이다. 기업을 임금과 노동력의 유기적 함수로 보고, 여기에 안정적 노동방식과 기업을 둘러싼 사회적 조정이라는 요소를 추가하면, 전두환 시대에 한국 자본주의가 보여주었던 엄청난 효율성을 설명해주는 이론이 될 것이다.

박정희의 갑작스런 사망 이후 한국 경제 시스템을 덜컥 접수하게 됐던 전두환이 맨 먼저 손을 댄 것은 바로 인플레이션 정책이었다. 이론적으로 이는 '캐비아 논쟁'이라고 부르는 얘기와 관련된다. 기업이 조직 내에서 임금을 낮추고 싶어도 낮추지 못하는 이유는 '최저생계비' 때문이다. 설명하자면 이렇다.

마르크스는 노동자가 자기 노동력을 재생산하는 데에는 최소한의 비용이 필요하다고 설명한 바 있다. 즉, '이 정도는 받아야 한다'는 최소의 기준은 개인적으로 결정되는 게 아니라 사회적으로 결정되는 것이며, 이 한계선 밑으로 임금을 낮추기는 어렵다는 말이다. 지금 노동시장에 나가서, 삼성에서 일할 수 있게만 해준다면 월급 100만 원만 받아도 일하려는 의지가 있는 고학력 노동자가 전체 삼성 직원보다 몇 배는 많겠지만, 삼성에서 그 사람들을 모두 뽑지는 않는다. 기업의 이윤이 기계적으로 임금과 함수관계를 갖진 않기 때문이다.

예를 들어, 연봉이 6000만 원인 노동자가 있다고 할 때, 이 노동자는 과연 자신이 충분히 월급을 받고 있다고 생각할까? 사교육비만 매달 200만 원이 나가고, 집 사느라고 대출받은 이자와 기타 비용 때문에 사는 게 어렵다고 말할 확률이 높다. 최소한 1억은 받아야 삶이 유지될 수 있는데, 지금 그렇지 못하기 때문에 여전히 자신이 불행하다고 생각할 가능성이 높다. 한국에서는 사회적 비용이 상당히 높은 상태인데, 고전적으로 얘기하면, 자신이 꼭 소비해야 하는 최소지출액을 '라면'을 기준으로 삼을지, 아니면 식사 때마다 "캐비아를 먹지 못하면 나는 죽는다"라고 할지에 따라서 사회적 최소비용이 바뀐다. 그래서 이 논쟁을 '캐비아 논쟁'이라고 부른다.

박정희 시대에는 이 캐비아에 해당하는 것이 '쌀값'이었는데, 이것을 낮추기 위해 화학농법과 기계농법을 도입해 결국 노동자의 '캐비아'를 낮추는 것이 한국 자본주의 조직 내부에서 발생할 수 있는 문제를 푸는 지름길 중 하나였다. 당시 노동자의 캐비아였던 쌀 생산을 단기간에 늘릴 수 없었기 때문에 박정희는 수입 밀가루를 먹으라고 했고, 이걸 먹어야 몸도 튼튼해지고 키도 커진다는 희대의 사기극을 벌이기도 했다. 박정희 시대에는 당시의 '캐비아'였던 쌀값 문제를 강력한 농업 압박 정책을 써서 억지로라도 해결한 셈이다.

한편, 전두환이 한국 자본주의의 캐비아라고 생각했던 것은 바로 '과외'와 '부동산'이었다. 그는 과외를 금지했고, 1980년 GDP의 25%까지 차지했던 건설 부문의 지출 비중도 1988년에는 12% 수준까지 낮추었다. 전두환이 집권한 지 7년이 지나고 드디어 한국에서도 중산층이 등장했는데, 그때의 캐비아는 여전히 과외와 부동산이었다. 과외는 아예 조기유학과 영어연수로 한층 비싼 캐비아가 되었고, 부동산은 40평 이상 아파트로 높아졌다. 꼭 노동자가 캐비아를 먹어야 하는가 하는 이 논쟁은 한국으로 넘어오면 조기유학이나 사교육 논쟁이 되고, 다시 '더 넓은 평수 아파트' 논쟁이 되는 셈이다. 게다가 미국을 제외하면 세계에서 두번째로 큰 승용차를 타는 문제 역시 당당히 한국 노동자들에게 캐비아의 한 자리로 비집고 들어온다. 중산층의 상징인 '소나타'가 자연스럽게 '그랜저'로 바뀌어가는 것도 이러한 캐비아 메커니즘과 비슷하다.

지금 만약 기업에서 직원들에게 "우리 임금 조금만 낮출까?"라고 얘기하면, "캐비아를 못 먹으면 저는 살 수가 없어요"라고 답할 것이다. 이건 구태여 물어보지 않아도 아는 일이다. 노동자들의 캐비아를 뺏기는 어렵다. 그러면 기업의 답은 뻔하다. "그럼, 우리 사람을 조금만 줄이자." 그래서 기업은 노동자들에게 물어보지 않고 조직을 축소하고 비정규직으로 전환시켜, 숙련도에 치명적인 타격이 가는 줄 알면서도 조직 구성원을 내보내게 된다. 노동자들에게서 캐비아 살 돈을 뺏는 일은 한국 기업이 사회적으로 할 수 있는 선택은 아니다. 그 대신 아예 해고를 함으로써 전체적인 조정비용을 축소시키는 것이다.

물론 캐비아 문제를 해결하려고 시도한 흔적이 아직 기업 내부의 전통으로 남아 있기는 하다. 대표적인 것이 학자금 융자다. 왜 기업이 노동자 자녀들의 입학금 문제까지 해결해야 할까? 이런 제도적 흔적들은 '협동진화'의 문제를 효율적으로 해결하기 위한 포디즘 시절의 잔재에 해당한다. 정규직을 비정규직으로 빠른 시간 안에 전환해야만 기업이 살 수 있다고 주장하는 요즘, 학자금 융자는 아직 사라지지 않은 과거의 제도라고 할 수 있다.

자, 다시 정리해보면, 지금 우리는 슈퍼보드라는 눈으로 조직을 보고 있는 중이다. 조직은 구성원들에게 장기적 안정성을 주고, 노동자는 평균임금을 낮추는 대신 조직 내부에 더 많은 인력을 남겨두는 것이 포스트 포디즘 시대에 양쪽을 모두 만족시킬 수 있는 해법 중 하나다. 경제적으로나 기술적으로나 타당한 이 해법이 채택되기 어려운 것은 기업 내부에서만 해결할 수 없는 요소들이 존재하기 때문인데, 그중 하나가 바로 '캐비아' 문제다. 슈퍼보드가 할 일은 조직 구성원이 임금을 낮추는 대신에 더 높은 고용 안정성을 갖게 하는 일이고, 그 대신 포스트 포디즘 시대에 적합한 '창조 잠재력'을 높이는 형태의 조직구조를 만들도록 건의하는 일이다. 동시에 캐비아의 비용을 낮추는 일을 사회와 정부에 건의해야 한다.

한국 '캐비아 자본주의'는 결국 나이키사처럼 고임금의 '조정자'만 조직에 남기고, 생산과 유통 대부분을 외부화하는 방식으로 진화하게 될 가능성이 높다. 그런데 한국 기업의 주력 상품은 운동화가 아니다. 당연히 그런 식으로 하면 창조능력의 약화로 문제가 생긴다. 조직 내부에 '창조능력'이 있는 엔지니어나 현장의 오퍼레이터들, 심지어 지금까지 집사처럼 회사의 궂은일을 도맡아 하던 조직 전문가들도 사라지게 되고, 최악의 경우는 고임금을 받으면서도 구조조정을 피해 서로가 끈끈하게 결탁하는 '마피아'들만 남게 된다.

한국 자본주의에서는 평균적으로 '연봉 1억 원'은 받아야 매끼 충분한 캐비아를 사먹을 수 있을 정도로 캐비아의 비용이 사회적으로 높아진 상태인데, 아무리 포스트 포디즘 시대의 대기업이라도 연봉 1억 원을 턱턱 줄 수 있는 건 아니다. '협동진화'의 새로운 루틴을 만들 수 있는 것은 결국 사회적으로 캐비아를 어떻게 처리할 것인가의 문제이다. 그리고 한국에서 정부에 이런 일을 건의할 수 있는 조직은 현실적으로 기업조직밖에는 남아 있지 않다. 시민단체의 정책 생산능력은 5년 전에 비하면 확실히 떨어진 상태이고, 게다가 사회적으로는 기업의 목소리가 가장 잘 먹힌다. 장기적인 대응은 결국 사회 전체가 움직이는 '공진화의 길'밖에 없는데, 그런 이유로 '일본식 자본주의'나 '한국식 자본주의' 혹은 '미국식 자본주의' 같은 국민경제 단위를 지칭하는 분석틀이 생겨나는 것이다.

사실 기업 입장에서야 조직 구성원들이 캐비아를 먹어야만 창조능력이 생긴다면 캐비아 아니라 그 무엇인들 못 주겠는가? 중소기업에서 최고의 성공신화를 만들어낸 구글의 구내식당에서는, 매일은 아니지만, 대학 구내식당과 달리 가끔은 진짜 캐비아가 나온다고 한다.

그러나 한국이 지금 부딪힌 캐비아 자본주의에서, 캐비아를 먹을 수 있는 일부만 조직에 남기고 나머지는 전부 외부화하거나 비정규직으로 전환하는 방식으로는 포스트 포디즘 이후에 극도로 높아진 창조능력의 경쟁 속에서 버틸 수 없다. 이 캐비아 자본주의의 문제를 풀어내는 것이 슈퍼보드에 던져진 첫번째 질문인 셈이다.

이십대와 일하는 법: '귀공자 자본주의'

슈퍼보드에 올려진 두번째 질문은 생각보다 어렵고 섬세한 접근이 필요한 '이십대와 일하는 법'에 관한 것이다. 『88만원 세대』에서 한국의 이십대가 처한 상황에 대해 상당히 구조적인 접근을 시도했고, 왜 이 특별한 세대가 한국에서 경제적 약자이며 그들 스스로 현재의 상황에서 해법을 찾을 수 없는지를 설명한 바 있다. 이 질문의 방향을 바꾸어서, 이번에는 기업이나 조직에 물어봐야 할 순간이다. 즉, 기업은 '88만원 세대'와 어떻게 일해야 하는가?

현재 대한민국의 교육 조건에서 이십대의 개별적 교육 수준은 자신의 부모, 특히 아버지의 직업과 경제적 능력이라는 두 가지 변수로 볼 때에 비로소 통계적으로 유의미한 설명이 가능하다. 슬픈 일이다. 이미 '88만원 세대'는 기업이라는 조직 앞에서 자기 고유의 목소리를 낼 수 있는 존재들이 아니기 때문에, 사실 이 상황에서 가만히 있으면 기업은 거대한 군대조직처럼 변할 가능성이 높다. 한국에서 신입자가 가장 유순한 조직은 군대인데, 신병들이 자신의 권익을 위해서 목소리를 내는 경우는 극히 드물다. 그런데 지금의 '단단한 직장'에 들어온 신입자들은 "시키는 대로 하겠습니다"라고 신병보다 더 단단히 마음먹은 사람들일 가능성이 높다. 이들도 자신이 처한 상황을 잘 알기 때문이다. 게다가 이 신입자들은 한국 자본주의 내에서 그야말로 '로열젤리'만 먹여서 여왕벌이 될 수 있도록, 일종의 '엄마표 귀공자' 프로그램에 의해 양육된 사람들일 가능성이 대단히 높다. 남자든 여자든, 한국 자본주의 역사에서 최초로 등장한 '엄마표 귀공자'들인 셈이다. '최고의 기업' 혹은 '최고의 조직'이라고 해도 이런 상황에서는 당연히 귀공자 클럽처럼 변하게 된다. 게다가 군대 신병보다 더 유순한 귀공자 클럽이 잘 굴러갈 리 없고, 필연적으로 몇 가지 심각한 문제에 봉착하게 된다.

사회정의나 기회의 균등 같은 얘기들은 다 빼고 순전히 기업으로서의 효율성만 따지자면, '귀공자 자본주의'는 숙련도와 다양성이라는 두 가지 문제에 부딪힌다. 중세 시절 평민들로 구성된 마에스트로나 길드가 역사상 가장 숙련도가 높은 집단이었지만, 세련된 귀공자들의 집단이 숙련도가 높아졌던 사례는 거의 없다. 최고의 천재로 부를 수 있는 모차르트가 귀공자 출신이던가! 삼성전자나 현대자동차의 내부를 관찰하면 신입 직원들이나 대리로 내려갈수록 사람들이 유순해지고, 그들이 내리는 결정은 많은 경우 소극적이다. 사람들은 민간기업의 효율성이 공무원 조직보다 높을 것이라고 상상하지만, 한국에서는 귀공자들의 진출도가 상대적으로 떨어지는 공무원 조직이 더 효율적이고 변화에도 더 능동적인 경우가 종종 발견된다. 삼성전자와 같이 우리나라에서 가장 앞선 조직들은 '일류'와 '세련미'를 강조하지만, 조직 자체의 눈으로만 본다면 귀공자 자본주의가 만들어내는 묘한 관

★ 출신학교와 각종 어학시험 성적은 부모의 자본투입 비율과 정비례할 뿐, 업무 숙련도와는 아무 관련이 없다. 그런 이도 다양하면 중요한 요소를 조기부터 배제해버리는 기업들의 신입사원 선발 방식은 오히려 조직운영에 걸림돌로 작용하게 된다.(『한국일보』, 2006년 5월 22일자)

료주의의 함정에 빠진 모습이 많이 관찰된다. 이런 문제는 귀공자들에게 종종 발생하는 산업적 의미에서의 '숙련도 위기'라고 할 수 있다. 근대의 유럽 시민혁명들을 보면 많은 경우 귀공자들로 구성되었던 왕실 근위대가 가장 먼저 도망가 버렸고, 마지막까지 성을 지키다가 전멸한 부대는 용병부대였다. 그런 귀공자 부대들이 필연적으로 빠지는 숙련도의 위기 같은 것이 지금 한국의 일류 기업에서도 등장한 셈이다.

현실적으로 영어 실력과 업무 숙련도는 어느 정도 상관이 있을까? 거의 상관이 없다. GRE(미국 일반 대학원 입학자격 시험) 점수나 토플 점수, 혹은 영어회화 능력 같은 기능은 부모의 자본 투입비율 함수로 설명되지만, 기능과 숙련도는 현실에서 오히려 정반대 방향으로 움직이는 경우가 많다. 그래서 영어 성적과 부모의 사회적 지위라는 사회적 기준대로 '최고의 인재'를 뽑는 기업일수록 귀공자 자본주의의 함정에 빠질 확률이 높고, 세상 사람들이 다 아는 일을 자기들만 모르는 경우가 더 많다. 상류층과 나머지 국민들 사이의 관계가 오랜 역사 속에서 나름의 제도적 규범을 형성한 여타 OECD 국가들과 달리, 한국의 상류층들은 파렴치하고 무능한 집단이다. 이들의 자제들로 구성된 귀공자들 위주로 의사결정 장치를 구동하면 어쩔 수 없이 귀공자 자본주의의 함정에 빠지게 된다. 원래 한국 기업들은 하층민과 지방 출신들과 엔지니어들에게 폭넓게 문을 열어놓았던 전통을 1980년대까지만 해도 가지고 있었는데, 당시 이들이 보여주었던 숙련도는 세계적이었다. 그러나 50년 지나면서 이 시스템은 지금과 같은 귀공자 자본주의의 모습을 보이게 되었다.

기업 입장에서는 효율성은 고사하고 조직 자체라도 살아남기 위해 어떻게든 이런 귀공자들의 함정을 줄여나가는 방식으로 나아가야 한다. 그냥 내버려두면 귀공자들의 개인 네트워크가 힘을 발휘하면서 결국 조직의 맨 윗자리를 이런 사람들이 장악하게 된다. 조직이 귀공자들의 '사교 구락부'가 되어버리는 것이다. 이 상황에서는 개인의 이해와 조직의 생존 목표가 전혀 접점을 찾지 못하게 된다. 잊지 말아야 할 것은 현재의 시스템에서 토플 점수와 개인 숙련도는 정반대로 움직일 확률이 90% 이상이라는 점이다.

숙련도와 함께 지금 진행되는 귀공자 자본주의의 진짜 위험성은 이런 흐름이 조직 내의 다양성을 심각한 수준으로 침해할 것이라는 점이다. '자유도自由度'라는 개념을 사용하면, 포스트 포디즘 시대에 살아남은 조직은 자유도를 극단적으로 높이는 방식으로 진화한 경우일 것이다. 그러나 귀공자 자본주의는 자유도를 극단적으로 떨어뜨리는 결과를 낳는다. 10명의 머리를 모으나, 100명의 머리를 모으나, 1000명의 머리를 모으나 같은 결과가 나온다면 한 명이 있는 거나 마찬가지다. 이런 자유도를 높이는 상황을 수학적으로 '선형독립線形獨立'이라고 표현한다. 선형종속된 자유도 1인 집단처럼 변한 대표적 사례가 삼성전자다. 시설투자 규모로 승부하던 한국 포디즘의 마지막 시기가 삼성전자의 전성기였는데, 이 기간이 끝나면서 삼성전자에 본격적으로 위기가 찾아왔다. 이 정도로 자유도가 낮은 조직으로는 군대와 한나라당을 거론할 수 있지만, 군대는 수많은 직종에서 다양한 의견을 가진 야전사령관들이 등장할 수 있는 진화론적 요소를 가지고 있기 때문에, 현재로서는 삼성전자보다는 훨씬 나은 상황이다. 게다가 한나라당은 진화의 구심점이 여러 개로 갈라지는 내부 분화를 시작했기 때문에, 조직론의 관점으로만 본다면 삼성전자보다 효율성이 높은 편이다.

지방대 출신이나 장애인 혹은 단순 언어 구사능력인 영어 외에 다른 장기나 특징을 가지고 있는 사람들을 일부러 뽑고 이들이 내부 경쟁에서 즉각 패배하지 않도록 여러 보호장치들을 마련하는 것이 중요한 이유는, 이런 노력들이 조직의 선형독립성을 높여 다양성을 확보할 수 있게 해주기 때문이다. 외국인들이 한국의 조직 내부에서 예상치 않게 기여하는 일이 많은 것도 같은 이유로 설명할 수 있다.

이런 숙련도와 다양성이라는 두 가지 맹점이 귀공자 자본주의가 만나는 가장 큰 함정이라고 한다면, 현재의 한국 이십대가 가지고 있는 부수적인 문제가 한 가지 더 있다. 그것은 바로 이십대가 '승자독식'이라는 게임에 익숙해진 세대라는 사실이다. 조직이라는 특별한 관점으로 기업을 분석하는 가장 큰 이유는, 조직은 시장과 달리 경쟁을 제한해서 '협동진화'를 만들어낸다는 데 있고, 바로 이 협동진화를 위해 이사회와 총회를 비롯한 수많은 협력장치들을 만들어냈기 때문이다. 주식회사는 지나친 관료화의 폐해에 빠지지 않으면서도 효율적으로 경쟁을 제한하기 위한 장치인데, 지금의 이십대 중에서 '승자'만을 모아서 조직을 운용하면 기업 내부에 경쟁도가 지나치게 높아져서 협동진화가 사라질 위험이 높다. 역설적으로 조직으로서 기업이 가진 생존 비밀 중 하나가 바로 개인들의 '경쟁본능'을 어떻게 제어할 것인가 하는 문제이기도 한 때문이다. '잘난 그들'의 무한경쟁이 결코 최고의 효율성을 보장해주지는 않는다. 오히려 거꾸로 '당나라 군대'처럼 이상한 모습으로 전락할 위험성이 매우 높다.

이십대와 일하는 법? 그건, 어떻게 하면 귀공자 자본주의의 함정에 빠지지 않고 협동진화의 장점을 살려낼 수 있는가라는 질문과 같다. 똑같은 동기로 구성된 행위함수를 가진 귀공자들만 모여서 장식으로 조직생활을 하는 사람들, 그리고 그 안에서 어떻게 하면 법인카드로 맛있는 것 먹고 접대부 나오는 술집에 갈까만 고민하는 사람들을 모아놓고도 세계적인 초일류 기업의 꿈을 꾸는 대한민국 대기업들은 지금 중병을 앓고 있는 셈이다. 이럴 바에는 차라리 창의성을 극단적으로 제약하는 대신 협동 수준을 높여서 효율성을 담보하는 군대형 조직이 더 나을지 모른다. 군대 조직방식으로 조직을 운용하면 숙련도가 높은 '인게니아형' 조직원들이 등장하여 진화하는 또 다른 장점이라도 있다.

그러나 현 상태에서는 인게니아도, 창작자도, '죽어라 몸 바쳐 일하고 싶은' 가난한 사람들도 조직에 들어오지 않는다. 설령 들어왔다고 하더라도 제대로 조직 내부에 정착하지 못한다. 지금처럼 방치해두면 상대 출신의 MBA형 귀공자들이 결국 조직의 모든 실무 라인을 장악할 텐데, 그러면 대한민국의 모든 남성이 모이는 군대만도 못한 조직이 되고 만다. 행정고시를 본 공무원들은 삼성전자와 같은 대기업의 평직원보다 토플 점수는 떨어진다. 하지만 가난한 사람들도 고시를 통해 들어오고, 여성들도 똑같은 기안권과 행정권을 가지고 있는 중앙공무원 조직이 귀공자 자본주의의 늪에 단단히 빠져 있는 삼성전자보다 훨씬 덜 부패했고 능률도 높다고 할 수 있지 않겠는가? '시카고 보이'들이 장악했던 중남미 기업이나, 왕족들이 완전 장악한 중동 기업들이 어디 초일류 기업이 되어 있던가?

한국 자본주의의 귀공자들은 한 달에 책 한 권도 제대로 안 읽는 대신 일주일에 두 번씩 꼬박꼬박 술집에 간다. 이런 회사가 제정신으로 돌아가겠는가? 흔히 중국의 귀공자들을 욕하지만, 지금 한국 귀공자들의 부패와 무능은 중국 수준을 가볍게 넘어서는 것 같다. 술 마실 돈의 1/10만 줄이고, 헬스장에서 육체미에 몰두할 시간의 1/10만 줄여도 충분히 볼 수 있는 책을 전혀 안 읽는 사람들을 엘리트라고 부를 수 있는가? 이런 사람들에게서 창조성이 발휘된다면 그것이 더 놀라운 일이다. 아직까지 한국 CEO들은 1970~80년대의 영향을 받아서 책을 일주일에 평균 두 권씩은 읽지만, 정작 CEO를 지향한다는 말을 입에 달고 다니는 이십대 귀공자들은 한 달에 책 한 권도 제대로 안 읽는다.

기업이 20대와 일하는 법의 핵심은 귀공자 자본주의의 함정에서 빨리 빠져나오는 데 있다. 자본주의가 성공한 역사적 배경에는 평민들의 근면과 창의력, 그들이 살아남기 위해 갖추었던 숙련도도 그 자리가 크다. 지금 한국의 귀공자들은 왕자 행세를 단단히 하고 있는데, 이들은 보통사람 10만 명을 먹여 살릴 수 있는 천재가 아니다. 오히려 보통사람 10만 명이 이런 귀공자 한 명을 먹여 살리기 위해 희생되고 있는 게 진실이다. 천재경영? 지금 입사 3~4년차 평직원이나 대리들의 한 달 용돈 내역서를 한번 보라. 천재가 용돈을 사용하는 유형과 귀공자가 돈을 사용하는 유형은 분명히 다른데, 천재경영을 생각하는 많은 조직들의 구성원들은 귀공자형 용돈 내역서를 가진 이들이 많다.

여성과 일하는 법: 마초들의 '주지육림 자본주의'

한국은 전형적인 마초 국가이고, 여성들이 살기에 너무 힘든 나라다. 남자들이 뭐라고 설명하든지, 한국 시스템에서는 아이를 낳지 않는 것이 계산상 1차 해법이다. 가능하면 여성들은 한국을 떠나 다시는 돌아오지 않는 것이 아주 좁게 계산했을 때 '여성들의 행복'을 위한 기술적 해법일 것이다. 이 사회는 해방 이후 등장한 '신여성'을 결국 '완전히 때려잡고 굴복시키는 방식'으로 진화하여 거의 변함없이 여성들을 접대부 정도로만 생각하면서 21세기를 맞았다.

전세계 어디를 가 보아도 한국 기업처럼 상층부에서 하층부까지 전부 여성 접대부가 나오는 술집에서 '비즈니스' 하는 나라는 없다. 한국 기업구조의 원형을 제공한 일본도 이 정도는 아니었고, 미국이나 유럽 그 어디를 가도 이런 경우는 정말 없다. 1980년대에는 민주화가 되면 나아질 거라고 많은 사람들이 얘기했고, 1990년대에는 신세대가 좀 더 광범위하게 사회에 진출하면 나아질 거라고 희망했지만, 대망의 21세기가 되어도 이런 관행은 거의 변하지 않았다. 어느 정도일까?

나이도 상관없고, 세대도 상관없고, 오히려 사회 양극화가 진행되어 중남미형 문화로 바뀌면서 충분한 접대비를 지급받는 기업 고급 간부들의 유흥은 더 심해졌다. 이 극단적 마초 문화는 공직 사회든 민간업체든 다를 바가 전혀 없다. 몇 가지 예를 들어보자.

한미 FTA 협상이 한창일 때 제주도에서 4차 협상이 열렸었다. 온 국민의 관심이 협상장에 집중되어 있던 이 시기에 미국 대표단을 포함해서 협상단이 단체로 룸살롱에 가서 폭탄주를 돌리는 황당한 일이 벌어졌는데, 아마 OECD 국가에서 지금까지 진행된 양자 협상의 관행에 비추어본다면 정말 초유의 사태였을 것이다. 밤샘 협상한다고 여성이 단장으로 있는 미국 협상단을 '모시고' 룸살롱에 가는 이 초유의 사태가 만약 UN에서 벌어졌다면, 사무총장 퇴진 얘기가 나올 정도로 심각한 사태였겠지만, 이게 한국 외교부의 관행이라며 모두가 덮고 넘어갔다. 아주 창피한 일이다.

재계 서열 10위권 내에 있는 회사의 3~5년차 직원은 UN으로 치면 막 초급 딱지를 뗄 정도인데, 이들이 한 달에 적지 않은 돈을 여성 접대부가 나오는 술집에 지출하고 있다. 낮은 직급은 자신의 월급으로, 높은 직급은 높은 직급대로 당당하게 이 돈을 회사 접대비로 처리하는 관행을 보고 있으면, 이러고도 제대로 기업조직이 돌아갈 수 있다는 사실이 도통 이해가 되지 않는다. 윗물이 맑아야 아랫물이 맑다는 말이 딱 들어맞는 상황이다. 그런데 밖으로는 '경제전쟁중'이라는 화려한 간판을 걸어놓고 안에서는 이러고들 있다. 일본 기업에서 신참 직원들이 이런 '주지육림酒池肉林'을 벌였다면 엄청난 스캔들이 되었겠지만, 한국에서는 이야깃거리 축에도 못 낀다. 부패한 것은 고사하고, 여성들이 고위 직급에 살 올라가지 못하는 근본적인 장애 요인 중 하나가 바로 이 '밤의 비즈니스' 때문이다. 일본의 위안부 사건에 대해서 목청 높여 소리 지르지만, 한국에 와 있는 일본 외교관들이 가끔 이런 관행에 대해 지적하면 정말 할 말이 없게 된다.

노동자들에게서는 이런 일이 안 벌어질까? 울산에 있는, 한국을 대표하는 기업 중 한 군데의 노조에서 몇 년 전에 벌어진 일이다. 노조 간부들끼리 소위 도우미가 나오는 노래방에 갔는데, 거기에 나온 도우미가 과외 때문에 생활고에 몰렸다는 동료 간부의 부인이어서 모두가 민망해진 사건이 있었다. 대한민국에만 있는 아주 독특한 일이다! 시민단체라고 이런 일이 안 벌어질까? 차마 얘기 꺼내기 민망해서 그렇지 한나라당이나 시민단체나 사오십대들이 움직이는 공간에서 벌어지는 일들은 금액의 차이만 있지, 작동하는 방식은 흡사하다.

정부에서 가난한 사람들의 집단에 이르기까지, 주요 경제조직들은 거의 똑같이 사오십대 마초 집단이 장악하고 있는 한국의 독특한 자본주의는 아직도 여성들과 일하는 법을 전혀 모른다. 그들이 할 수 있는 얘기는 '남성과 여성의 기회 형평성' 정도인데, 이 극단적이고 기형적인 경쟁구조에서 여성들이 출산을 포기하거나, 골프도 배우고 폭탄주도 배워서 남성들과 같은 공간에서 움직일 수 있도록 개인전략을 선택하고 그런 방향으로 진화하는 것은 너무 당연한 일이다.

여성들과 이십대에게서 공히 발견되는 유사점은 이들이 한국 자본주의 내에서 다 같은 경제적 약자라는 점인데, 이 게임에서는 사오십대 남성집단이 무조건 승리한다. 여성과 일하는 법을 기업이 배우려면 전혀 다른 방식의 진화 패턴이 필요한데, 가장 간단한 원칙은 스위스나 스웨덴에서 여성들에게 제공했던 기회를 도입하면 된다. 물론 사회적 자본이 필요한 일들은 개별 기업이 감당하기 어려운 경우도 있지만, 노동유연성에 기반한 장치들은 기업에서도 할 수 있다. 원칙만 얘기하자면, 임금의 유연성이 아니라 '노동'의 유연성을 높이는 방식이 현재로서는 가장 필요하다고 할 수 있다. 일주일에 이틀 일하는 사람이 한국에는 없지만, 스위스의 공기업들과 정부기관에는 이틀 일하는 사람들이 점점 늘어나고 있다. 아이가 충분히 자라서 사회기관을 통해 움직이기 전까지의 몇 년 동안 '이틀'만 일한다면 이런 방식을 선택할 여성들은 많이 있을 것이다. 물론 이런 장치가 움직이려면 조직과 개인의 관계가 '정규직' 관계여야 한다. 한국에서는 이런 장치들이 순전히 임금을 낮추기 위한 목적으로 도입된 것이어서 실제로는 더 유연한 장치들이 움직일 공간이 별로 없다. 재택근무를 비롯해서, 주2일 노동제, 장기간의 육아휴가와 같은 장치만으로도 여성들이 평생을 한 조직에서 일하는 선택을 할 수 있다.

도서관의 전문사서나 연구직, 혹은 전문성이 필요한 고급 직종일수록 여성 인력들의 기여도가 더 높다. 하지만 충분히 유연하게 만들 수 있음에도 사오십대 마초들의 삶의 패턴에 딱 맞게 기업조직이 디자인되어 있기 때문에 여성들이 거기에 끼어들어 전문성을 발휘할 기회가 거의 없다. 한국 자본주의는 이런 점에 대해 심각하게 고민할 필요가 있다. 일주일에 이틀 쉬는 사람과 일주일에 이틀 일하는 사람 중 어느 쪽의 생산성이 더 높을까? 포스트 포디즘 시대에는 동시 협동작업에 의해 컨베이어로 공정을 돌리는 일이 줄어들기 때문에, 일주일에 이틀 일하는 사람들의 생산성을 일주일에 이틀 쉬는 사람들이 절대로 못 쫓아가는 경우가 많다. 그리고 이런 시대에 오히려 여성 전문직들이 기여할 여지가 더 높아진다는 것은 이미 잘 알려진 일이다.

임금이 1/3 정도를 줄이는 대신 일주일에 이틀 일하는 자리를 만들기는 어렵지 않고, 여기에 약간의 공공 보조장치를 붙이면 정책적으로 이를 디자인하는 일이 그렇게 어려운 것은 아니다. 그리고 이런 방식으로 엄청나게 많은 비용을 들이지 않고도 조직 내에서 충실하게 일할 수 있는 여성 전문직을 확보할 수 있다. 당연히 일주일에 이틀 일하는 사람들이 많은 조직에서 창조력이 높아지는데, 이런 선택이 불가능한 것은 오로지 기업조직 자체가 마초들의 놀이터이며 그들의 영웅심리를 만족시키기 위한 장난감처럼 되어버렸기 때문이다. 이 사람들이 술 마시면서 허비하는 조직의 자금 중 절반만이라도 여성들을 위한 장치의 운영비로 돌린다면, 지금의 인건비와 조직운용 비용을 가지고도 30% 이상 창조력을 높일 수 있다.

지금 한국 기업들에게 시급한 것은 '마초 지수' 같은 것을 개발해서 이를 회사평가에 반영하는 길이다. 생각해보라. 군대의 마초 지수가 높겠는가, 대기업들의 마초 지수가 높겠는가? 최근의 변화들을 살펴보면 오히려 군대가 삼성전자 같은 대기업보다 덜 끔찍한 마초 집단일 것 같다. 이런 상황에서 창조력이 나오겠는가?

원칙 하나를 제시해보자. 여성들이 지내기 어려운 조직은 남성들 중에 '다른 방식으로 똑똑한' 사람들 역시 지내기가 어려운 조직이다. 즉, 미국경제학회가 1990년대 후반에 '다른 방식으로 똑똑한 학생'이라는 이름으로 거론했던 문제에 부딪힌다. 다른 방식으로 똑똑하다는 것은 현재의 관행을 깨고 새로운 창조력을 발휘하게 하는 기초 조건인데, 불행히도 이 사람들은 방식은 달라도 '똑똑하기' 때문에 장기적으로 자신이 괴로울 수밖에 없는 조직의 속성을 이해하는 순간 다른 곳으로 떠나버린다.

기업이 정의로운 기관이 될 필요는 없지만, 그렇다고 지금의 한국 기업처럼 부패할 필요는 없다. 북한의 당 간부 자녀들에게 최고로 행복한 여건을 만들어주는 독특한 귀공자 사회주의나 한국의 마초들이 만들어내는 끔찍한 술판이나 다를 바가 별로 없다. 1970~80년대에 종합상사라고 불렀던 일부 무역회사에서 "우리는 후진국이라서 어쩔 수 없이 바이어를 접대한다"라고 했던 극단적인 마초적 관행들이 이제는 판매 계통의 '문과쟁이'들은 물론, 엔지니어 사회에까지 일반화되었고, 국제사회는 이런 한국을 보고 "샴페인을 너무 일찍 터뜨렸다"라고 놀렸다. 기업 전문가들이 막걸리 마시던 청렴함으로 만들어냈던 효율성이 이제는 사라지고, 폭탄주와 단란주점만 남은 셈이다.

1990년대 후반, IMF 경제위기 여파를 극복하기 위해 만들어졌던 많은 벤처 사장들이 벌인 주지육림이 한국 벤처들의 정확한 현주소였던 것처럼, 지금 한국 기업들은 마초 지수가 더욱 높아지면서 업종과 활동 분야를 가리지 않고 '신참'들까지 주지육림을 즐기고 있다. 이 함정에서 과연 나올 수 있을까? 도대체 자기들 문제가 뭔지도 모르는 이 조직들이 이 주지육림에서 나오지 못하는 한, 한국 기업들은 여성들과 일하는 법을 제대로 이해하지 못할 것이다. 한 해에 장관만 40~50명씩 나오고, 그 장관들의 딸들도 이런 기업체에서 일하지만, 이런 장관들의 딸들마저 스스로를 지키고 성실하게 일하기 어려운 게 바로 대한민국 '주지육림 자본주의'의 현실이다.

지역과 친하게 지내는 법: 토호들의 '짝패 자본주의'

한국수력원자력(한수원) 산하에 있는 몇 개의 원자력 발전소는 본사 직원들을 억지로 지방에 거주하게 했는데, 결론부터 얘기하면, 다는 아니겠지만 이 사람들과 그들의 가족이 지역에서 보여준 모습은 전형적인 토호의 모습 그것이었다. 귀족도 그런 귀족이 없었다. 수영장까지 갖춘 시설에서 토호 노릇을 톡톡히 한 셈인데, 그 상황을 한수원 사장이 알았다면 굉장히 화가 났겠지만, 이와 유사한 일은 여전히 자주 벌어진다. 기업도 일종의 조직이기에 자신이 속한 지역과 좋은 관계를 유지하는 것이 기업의 영속성을 위해서는 상당히 중요하다. 특히 중요 시설물과 장치산업(어떤 제품을 생산하기 위하여 거대한 설비와 각종 장치를 필요로 하는 산업)의 경우에는 지역사회와 원만한 관계를 유지하는 것이 다른 어떤 간접자산보다 더 중요하다고 할 수 있다. 오너들이나 주주들의 입장에서 보면 속 터지는 일이겠지만, 지역과의 관계에 대해 특별히 경영목표를 세우지 않는 한, 기업에 속한 간부와 직원들은 지역에서 유지 역할을 단단히 하게 된다.

포항이나 울산, 여수 같은 곳들에서 지역과 기업 사이의 모범적인 한국형 모델이 등장할 법도 한데, 대부분 지역 거주민의 눈높이가 아니라 토호들의 눈높이에서 문제를 해결하려고 했기 때문에 굉장히 단순한 문제도 심각하게 불거져서 결국에는 전체 이미지에 큰 타격을 입히는 경우가 종종 있다. 과연 광양에서 현재 포스코가 지역사회와 원만한 관계를 유지하고 있는가? 물론 자기들은 잘 한다고 홍보하지만, 객관적인 눈으로 보면 포스코와 지역사회의 관계가 원만하다고 보기는 어렵다. 한국의 대기업 직원들은 많은 경우 지역주민들에게 불필요하게 위압적이고 강압적인 모습을 보이는데, 지역주민들을 천민 취급하면서 여론조작의 대상으로 간주하는 이런 전략은, 단기적으로는 효과가 있을지 몰라도 장기적으로는 결정적인 위험요소가 될 수 있다.

현재 한국 기업들이 지역사회에서 사용하는 기본 전략은 "우리가 고용을 창출한다"라는 말로 압축되는데, 내부적으로는 이런 전략을 필승전략이라고 자화자찬하는 경우가 많다. 하지만 이 전략도 다른 보조요소의 도움을 받지 못하면 그리 오래가지는 못한다. 한국에서 기업도시를 추진할 때 시민단체를 비롯해 일종의 심판 역할을 했던 단체들이 강력하게 반대한 것은, 기업도시 자체가 싫어서가 아니라 기업에 대한 사회적 믿음이 없고, 땅장사나 하려고 한다는 기본적인 불신이 있어서 그렇다. 도요타의 경우처럼 지역과 잘 지내면서 전체적으로 우호적이고 안정적인 지역 네트워크가 생겨난다면 누가 기업도시를 반대하겠는가? 그러나 지금까지 한국 기업이 지역과 지내온 과거를 돌아보면 분명히 땅 장사나 하고, 지역에서 토호 노릇이나 한 것이 뻔하기 때문에, 기업 내부를 자세히 모르는 사람들도 기업도시에 정서적으로 반대하는 흐름이 생긴 것 아니겠는가?

지금은 본사를 서울에 두고 공장을 수도권에 두는 것이 일반적인 흐름이지만, 중앙형 경제구조가 더 이상 버티기 어렵기 때문에 조만간 한국에서도 분산형 흐름이 강해질 것이고, 지방으로 기업들을 내려 보내려는 힘이 더욱 거세질 것이다. 이런 흐름은 한나라당이 집권했더라도 마찬가지다. 그러나 지금 삼성 계열의 유통업자들이 지방에서 하는 것처럼 지방 상권을 무너뜨리고 그 위에 군림하는 방식으로 기업이 진화하면, 언젠가는 어느 지역에서도 환영받지 못하는 순간이 오게 된다. '지역과 잘 지내는 법'이 아직까지는 중요하지 않았지만, 이제부터 점점 더 중요해지는 흐름에 놓일 것이다. 그럼에도 한국 기업은 아직까지 토호 노릇 하는 것 외에는 지역과 잘 지내는 법을 모른다.

호남기업, 영남기업 등 과거에 '지방기업'이라고 불리던 토호형 지역기업 모델은 한국에서 이제 설자리가 별로 없다. 새롭게 만들어질 지방분산형 시스템에서 분명히 기업이 한국에 기여할 역할이 있고, 또 시대가 이런 흐름을 원하고 있기는 하다. 군림하지 않으면서 지역 거주민에게 사랑받는 제약기업 바이엘 같은 기업 모델이 필요한 까닭은, 지금 서울에 형성된 중앙형 기업들의 개인 네트워크에 의한 운영 방식이 영원히 지속될 수는 없기 때문이다. 기업끼리의 경쟁은 이런 변화를 더욱 촉진할 것이다. 즉 지역경제가 특히 선호하는 기업과 "저 기업은 우리 동네에 오면 정말 안 돼!" 하는 두 그룹으로 분화될 것이다.

아직까지 한국의 지자체는 자신이 선호하는 기업을 선택할 수 있는 위치에 있지 않지만, 풀뿌리 민주주의가 점차 강화되면 한국의 지역 토호 구조도 언젠가는 무너질 것이다. 그 순간이 되면 '지역과 잘 지내는 법'을 상징적 자산으로 가진 조직들에게 더 유리한 방식으로 시장 흐름이 진행될 것이다. 테헤란로에 옹기종기 모여 있는 회사들이 언제까지 테헤란로에서 그렇게 버틸 수 있는 것은 아니다.

지역에서 누구나 토호의 눈으로만 기업을 보는 건 아니다. 하지만 기업들이 '지역 유지'들만 쫓아다니다 보면 어쩔 수 없이 토호의 눈으로 지역을 보게 된다. 그러나 한국에서 지역 유지라고 자신을 소개하는 사람들이 실제로 지역에서 충분히 존경받고, 중앙에서 '좋은 사람들'로 이해되고 있는가? 절대로 그렇지 않다. 건전한 상식을 가진 사회라면 언젠가는 없어져야 할 사람들이지만, 아직은 지방자치 초기라서 어쩔 수 없이 존재하는 사람들 정도로 이해한다. 한국에서 기업이 지역의 토호 노릇을 하거나 토호 정도로 인식되는 것은 기업에 득이 될 게 별로 없다.

지역에서 사람들이 기업을 어떻게 이해하고 있는지 알고 싶다면, 류승완 감독의 영화 〈짝패〉를 보시기 바란다. 그 눈이 지역에서 '서울 분들'과 '서울 본사'를 이해하고, 여기에 협력하는 지역 토호를 바라보는 진짜 눈이다. 그야말로 대한민국의 '짝패 자본주의'에서 기업이 지역 거주민의 진짜 눈높이에 맞춰서 '사랑받는 존재'가 되는 것은 위기 국면의 한국 자본주의가 넘어야 할 또 다른 고비이다.

그렇다고 뭣 하러 몸을 낮추느냐고? 조직의 영속성이라는 말의 의미를 곰곰이 생각해보시기 바란다. 지금은 스타벅스가 환호를 받으며 대학 캠퍼스에 들어가지만, 언제 불매운동을 일으킬지 모르는 변덕스러운 존재가 바로 소비자들이다. 마찬가지다. 토호 전성시대인 지금, 지역 소비자들이나 공장 주변에 있는 사람들이 몸을 낮추고 있지만, 언제 그들이 돌변해서 불매운동의 맨 앞에 설지 모르는 게 자본주의 자체가 가진 역동성이다. 도요타가 지역에서 했던 일이 결코 토호 노릇하는 것이 아니었음을 상기해본다면, 현재 토호들의 '짝패 자본주의'에서 기업이 찾아야 할 길 또 하나가 숨어 있는 셈이다.

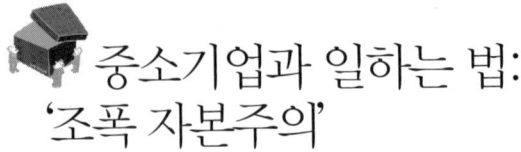
중소기업과 일하는 법: '조폭 자본주의'

경제학자들에게 한국 경제에서 가장 심각한 위기를 딱 하나만 꼽으라고 한다면, 정치적 신념과 상관없이 대부분 중소기업의 위기를 꼽는다. 군대로 치면 후방의 보급부대에 총질을 하는 것과 같은 짓을 하는 대기업들 때문이다. 보급을 맡은 사람들을 공격하면서 어떻게 전진할 수 있겠다는 건지……. 이런 식으로 움직이는 건 조직폭력배들의 대표적인 전략인데, 대기업을 조폭 모델로 설명한다면 조폭 중에서도 작은 조직들을 갈취하는 아주 악질적인 조폭인 셈이다. 작아서도 당하지만, 점잖아서도 당하는 것이 한국 중소기업의 현실이다. 중소기업과 제대로 일하는 법을 아직도 한국 대기업들은 잘 모른다. 괜히 거래했다가 기술만 뺏기게 된다는 소문을 등에 달고 있는 대기업들이 앞으로도 여전히 시장에서 버틸 수 있을까?

중소기업이 가지고 있는 창조능력을 극대화하는 방법에는 미국 모델과 유럽 모델, 타이완 모델과 일본 모델이 있다. 미국은, 한국식으로 표현하면 공정거래위원회가 엄청나게 큰 권한을 가지고 정부가 직접

★ 한국 중소기업은 인력과 자본, 규모 면에서 충분히 가능성이 있는데도 새로운 기업 모델을 만들어내지 못하고 있다. 이는 대기업들이 중소기업을 따로 방식이 개선되지 않는 한, 고치기 힘든 문제다. 고치려는 국가가 중소기업에 직원을 늘리는 것보다 '조폭 자본주의'를 해소할 사회적 진화가 더 필요한 건 아닌는지. (『한겨레21』 726호, 2008년 9월 5일자)

개입하는 방식으로 풀었다. 미국 정부는 언제나 자국의 기업을 지지한다는 이상한 소리는 미국 자본주의의 힘이 어디에서 나오는지 전혀 모르고 하는 소리다. 유럽 모델은 주로 사회적 협약 방식으로 이 문제를 풀었는데, 대화가 통하는 사람들끼리 머리를 맞대고 상식적인 해법을 찾는 것이다. 유럽 방식이 대체로 부드럽고 큰 무리가 없기는 한데, 이런 해법을 사용하려면 일단 사회 전체의 상식 수준이 높아져야 한다는 어려움이 있다. 한국 정부에서 경제정책을 맡은 사람들과 대기업에서 의사결정을 하는 사람들을 유럽의 경우와 비교해보면, 한번도 제대로 된 대화라는 것을 해본 적이 없고 할 생각도 없었던—박정희와 전두환 시절에 조직 훈련을 받은—사람들이 많아서 우리가 지금 선택하기에는 어려운 모델이다. 게다가 유럽식은 소비자들이 엄청나게 세련되어야 한다는 점을 전제하는데, 한국 소비자들은 중소기업을 '영세한 회사'로 이해하기 때문에 규모가 작은 회사를 선호하는 사회적 분위기를 만들어내기 어렵다. 같은 가격과 같은 품질이라면 대기업 제품에 손이 가는 것이 한국 소비자들의 특징이다.

출발점에서부터 중소기업을 중심으로 경제 시스템을 디자인한 타이완 모델은 교과서적인 해법에 가장 가깝긴 한데, 이미 한국은 대기업 위주로 경제가 편성되었기 때문에 커진 기업들을 다시 작아지게 만들기는 현실적으로 어렵다. 그렇다면 남은 것은 산업다양화를 통해 제도적으로 중소기업을 지원한 일본 모델인데, 한국에서는 현실적으로 미국형과 일본형을 접목하는 선에서 대안 모델이 등장할 가능성이 가장 높다. 이런 모델을 만들려면 우선 정부가 바뀌어야 하고, 현대도 많이 바뀌어야 하고, 삼성은 아주 많이 바뀌어야 한다.

구글은 중소기업에서 아주 짧은 기간에 세계적 대기업으로 성장한 대표적인 사례다. 한국에는 전산 관련 전문 인력도 이미 충분히 있고, 사회적 자본과 규모도 구글 같은 회사가 나올 수 있는 충분한 여건이 되는데도 새로운 중소기업 모델이 등장하지 않는 것은 왜일까? 사실상 대기업들이 조폭처럼 중소기업의 성장을 가로막고 있다고 설명하는 것이 가장 일관된 설명틀을 제공한다. 적절한 협력관계만 있었다면 한국의 중소기업은 지금보다 훨씬 안정적인 경제구조를 가지게 되었을 것이고, 국민경제의 안정성과 다양성 역시 지금보다는 좋은 모습이었을 것이다.

사회적 해법은 중소기업에 더 많이 지원하는 방식이 일반적이지만, 한국에서는 이미 대기업이라는 존재가 중소기업 구조에 상당히 악영향을 미치기 때문에 어려움이 있다. 즉, 대기업이 중소기업을 대하는 전략과 방식이 같이 바뀌지 않으면 새로운 모델이 등장하기 어렵다. 도요다와 같은 일본 기업의 모델에 유럽식 사회적 합의를 접목시키는 방식이 또 하나의 현실적인 대안이 될 수 있을 텐데, 이러한 변화가 가능하려면 국가나 소비자 같은 기업 외부에서 새로운 진화를 위한 모티프가 생겨나야 한다. 그렇지 않고 대기업과 중소기업만이 이 게임에 참여하면 내부에 이미 발생한 '잠김 현상'으로 현재의 조폭 자본주의가 더욱 강화되는 방향으로 가게 될 수밖에 없다. 대기업 혼자서, 혹은 중소기업의 태도 변화만으로 현재의 상황을 개선하기는 어렵다.

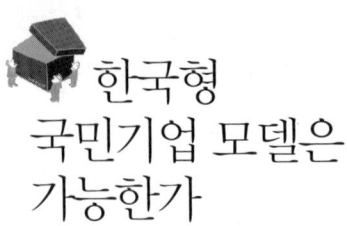
한국형 국민기업 모델은 가능한가

지금까지 얘기한, 한국 자본주의에 던져진 다섯 가지 질문을 효과적으로 풀어낸 기업이 있다면 박현채 선생이 얘기했던 고민의 연장선 위에서 일종의 '한국형 국민기업 모델'이라 불릴 수 있을 것이다. 한국을 포함해서 대부분의 현대 자본주의는 기업에 무언가를 요구하고자 할 때 보조금 형식으로 문제를 풀었다. 박정희도 수출금융이라고 불리는 보조금 장치 하나로 유신경제 시절에 기업들을 원하는 방식으로 유도했고, 형식은 달라도 미국과 유럽, 심지어 일본도 여전히 이런 보조금 모델로 기업과 사회가 거래를 하고 있다. 만약 이런 보조금 장치가 없다면—극우파들의 교과서에서 말하듯이—세상은 완전 세계화로 진행되었을 것이고, 기업에게 국경이 없는 시대로 완벽하게 넘어갔을 것이다. 그러나 여전히 '국민경제 모델'이 작동하는 것은 기업이 끊임없이 이런 보조금을 통한 국가의 지원을 필요로 하기 때문이다.

경쟁중인 다른 나라 기업이 보조금을 받고 있을 때 특정 국가의 기업들만 보조금을 받지 못하면 경쟁이 어려워진다. 정부가 제 역할을 안 하고 "당신들이 알아서들 하세요"라고 하면 아무리 세계적인 다국적기업도 오래가지 못하고 무너진다. 정부의 지원과 사회의 역할이 과연 21세기에는 줄어들었을까? OECD 국가 중에서 그런 나라가 있으면 한번 찾아보시기 바란다. 그런 나라는 없다. 그래서 대통령 선거나 총리 선출 과정에 많은 기업들이 여전히 촉각을 세우는 것이고, 정부정책이 기업의 첫번째 관심사가 되는 것이다. "권력은 이미 시장에 넘어갔다"라고 노무현 대통령이 말했었지만 그런 나라는 아직 자본주의 역사에서 등장한 적이 없다. 미국? 미국만큼 기업들이 로비스트를 공식적으로 워싱턴에 상주시키는 나라가 또 있는가? 이들만큼 기업 내에 정부정책을 세밀하게 분석하는 사람들을 배치하는 기업도 없다.

사실 1945년 2차 세계대전 이후 지금까지 각국 정부가 했던 일은, 다른 나라는 보조금을 주지 못하게 하면서 자기는 보조금을 주는 아주 간단한 일을 계속해서 반복해왔다. 물론 WTO 성립 이후엔 과거처럼 '수출 많이 하니까 예뻐서 준다'는 수출금융처럼 무식한 방식으로 줄 수는 없다. 그래서 '공익'과 '위생' 혹은 '지역경제에 대한 기여'처럼 국제사회가 받아들일 수 있는 명분과 타당성을 가진 형태로 보조금들이 진화해왔다. 특정 기업에 보조금을 왜 주어야 하는지를 납세자인 국민들과 WTO를 둘러싼 국제사회가 인정할 수 있는 형태로 보조금을 디자인하는 사람들의 전성시대가 온 셈이다.

앞서 언급한, 슈퍼보드에 올라갈 만한 다섯 가지 질문은 사실 이 보조금을 주기 위한 장치에 관한 질문들이기도 하다. 도대체 왜 돈 벌겠다고 나선 기업이라는 특정 조직에 나머지 사람들이 낸 세금을 지원해야 하는가를 잘 설명할 수만 있다면, '공공의 안녕'에 도움이 되는 기업에 보조금을 비롯한 각종 정책 지원을 하는 것이 불가능한 일은 아니다. 그러나 악당에게 돈을 주는 일은 국민들이 납득할 수가 없고, 또 "한국 기업 잘되라고 주는 거예요"라고 말했다가는 당장 WTO에 제소되어 보조금 규정 위반으로 국제분쟁조정위원회에 끌려간다. 이러한 이유로 21세기 이후 주식회사 형태의 많은 세계적 기업들이 더욱 '선한 모습'으로 진화한 것이고, 지역경제에 대한 기여나 여성노동자 혹은 장애인에 대한 배려를 하는 것이다. 이런 것들은 적어도 외양으로는 상당히 고급스러운 경쟁인데, 그런 장치들을 움직이는 데 가장 적합하게 진화한 것이 바로 주식회사라는 제도다.

한국 자본주의가 당면한 다섯 가지 질문을 풀어낸 기업은 자연스럽게 해당 분야에서 정책적 배려에 의한 보조금을 비롯해 여성과 약자, 지역경제에서 '사회적 지지'를 받게 될 것이다. 바로 이것이 미국·일본·유럽의 자본주의에서 점점 익숙해지는 새로운 진화 방식이고, 이 속에서 자본주의는 경쟁을 제한하면서도 효율성을 잃지 않고 조금씩 인간의 표정을 갖게 된다. 자본주의가 언젠가는 극도로 치열해진 경쟁 때문에 더는 사회 시스템으로 존속하기 어려운 순간이 올 수도 있지만, 아직은 그 마지막 순간이 아닌 것 같다. 적어도 지금까지는, 그리고 앞으로도 얼마간은 관료주의의 덫에 빠졌던 동구 모델보다는 주식회사에 의한 자본주의 모델이 효율성도 높고, 국민들도 편하게 해줄 수 있는 장치라고 말할 수 있다.

한국형 국민기업 모델은 아직 열려 있는 질문인 셈인데, 이 답을 찾는 기업이 한국에서는 영속성을 가장 높이는 기업이 될 것이다. 그러나 지금의 한국 대기업들은 객관적으로 그런 존재가 아니다. 전경련을 동원해서 경제 교과서를 바꾸면 나아질 것이라고 생각하는 상황은 한국 자본주의가 얼마나 기형적인 모습으로 진화하고 있는지를 단적으로 보여준다. 도대체 기업들이 학교 교과서에 관여하는 자본주의가 한국 말고 어디 또 있단 말인가?

한국 기업은 조직 모델을 군대에서 가지고 왔는데, 이제는 청년기를 거쳐서 오히려 조폭으로 진화하는 중이다. 그래서 많은 문제들이 사회적으로 발생하고 있다. 좋은 기업조직인지 아닌지를 경제학자의 눈으로 판단할 때 가장 확실한 기준은 역시 '영속성'이다. 현재의 모습대로라면 한국의 대기업 모델은 매우 위태롭고, 많은 기업들이 당장 2~3년 후를 예측하기도 어려운 심각한 위기 국면을 통과하는 중이다. 한국 민중들이 게으르고 한국 정부가 무능해서 기업들이 이렇게 어렵다고 말하기는 쉽다. 그리고 단기적으로는 많은 사람들이 그러한 설명에 고개를 끄덕거릴 것이다. 그러나 과학적으로 그게 진실인가? 겨우 경제 교과서에 '기업은 좋은 곳'이라는 말을 집어넣거나 공무원들과 결탁해 '기업하기 좋은 나라' 같은 이데올로기 공세를 한다고 해서 기업 내부의 위기가 사라지지는 않는다.

정말로 기업이 다른 어느 경제조직보다 진화가 빠른 곳이라면, 그렇게 늦지 않은 시기에 '한국형 국민기업 모델'이 등장할 것이다. 정부와 국민들이 할 수 있는 일은 그런 기업들이 초기의 어려움을 극복하고 진화를 거듭해서 결국은 국민경제라는 생태계에서 우점종이 되도록 하는 일이다. 유능한 기업이 선한 모습을 가진 상태가, 적어도 김정일식 귀공자 사회주의나 민중들의 밥을 해결하지 못할 정도로 부패했던 동구 국영기업 모델보다는 낫다. 그러나 지금의 대기업이 진화하는 방식 그대로라면 한국 자본주의는 '중남미형 지옥' 모델이 될 것이다. 지금 딱 진화의 분기점에 서 있는 셈이다.

민중은 불결하고, 가난하고, 세련되지 못해서 싫은가? 하지만 이 사람들이 한국 자본주의를 맨몸으로 껴안고 지금까지 버텨왔던 바로 그 국민들이다. 1970~80년대 한국 기업들은 국민 위에 군림하지 않았고, 숙련도 향상과 협동진화의 모습으로 검소한 사람들이 일하는 곳이라는 이미지를 가지고 있었다. 즉, 건전한 기업의 원형에 가까운 모습을 하고 있었는데, 이런 모습이 한국 자본주의에서 사라졌다.

지금의 대기업은 너무 무섭고, 한편으로는 너무 호사스럽다. 정주영과 이병철의 시대에 한국 사람들은 대기업의 총수를 매우 친근하게 생각했고, 부지런하고 성실한 사람으로 받아들였다. 그러나 그들의 2세들을 한국 사람들은 존경하지 않으며, 때때로 두려워한다. 한화의 김승현 회장 같은 2세들을 한국 사람들은 얼마나 두려워하는가! 이 문제를 푸는 것이 사실은 한국 자본주의가 만난 위기 국면의 해법인 셈이다. 사람들은 삼성전자의 귀공자들을 부러워하기는 하지만, 그렇다고 그들을 존경하거나 사랑하지는 않는다.

이렇게 생각해보자. 한국 최고의 시스템 디자인 전문가는 바로 세종대왕이다. 만약 세종대왕의 시대라면 자신의 통치권 내에 있는 기업들을 어떤 모습으로 디자인했을까? "어린 백성을 불쌍히 여겨……." 이런 세종대왕 정신이 원래 한국 자본주의가 최고로 효율성을 발휘할 때, 지금의 육십대들이 만들었던 시스템이라고 할 수 있다. 지금의 사십대와 오십대 마초들이 만드는 시스템은 마치 원균의 함대와 같다. 덩치 큰 판옥선이 아무리 많아도 원균의 함대는 추풍낙엽이었다. 지금 한국 대기업들이 딱 이런 조직의 함정에 빠져 있다. 모두가 이순신이 되기를 원하지만, 아직은 요원한 일이다.

지금 우리에게는 새로운 기업 모델이 필요한데, 외부에서 이 모델을 가지고 오거나 기업 스스로 만드는 두 가지 갈림길이 있다. 객관적으로 한국 기업은 모델을 스스로 만들 능력이 아직 부족하지만, 외피를 잘 선택한다면 일본형과 미국형을 섞은 그 중간 어느 곳에선가 답을 찾을 수 있을 것이다. 잘못하면 두 나라의 나쁜 점만 모으게 되지만, 잘하면 좋은 점끼리 결합된 최선의 모델을 찾아낼 가능성도 있다. 부디 한국 기업의 수많은 야전사령관들 중에 이순신이 몇 명 섞여 있기를 바란다. 한국은 원래 이순신 같은 사람은 몰매 주고 쫓아내는 조직 전통이 있는 나라인데, 임진왜란 이후로 이 이상한 전통이 잘 없어지지 않는다. 언젠가 이순신이 되고 싶은 수많은 과장과 부장, 팀장들이 이 이상한 흐름 속에서 죽지 않고 살아남기를 바란다.

닫는글
숨은 조직 찾기

조직원의 존재이유와 조직의 운명

식민지 알제리의 프랑스 주둔군은, 초급 장교와 병사들이 알제리 사람이고 고급 지휘관들만 프랑스인들로 구성되어 있었지만, 조직력이 뛰어나 막강한 전투력을 발휘하던 부대로 유명했다. 그러나 1962년 9월, 알제리에 폭동이 일어나자 그 훌륭했던 프랑스 주둔군은 순식간에 와해되었다. 이 부대는 물리적으로 완벽한 조직이었지만, 반란이 일어나자 병사들의 마음이 흔들리고 언제 그랬더냐 싶게 모래알 흩어지듯 순식간에 사라져 버렸던 것이다. 그렇게 알제리는 해방되었다. 이 일은 조직이라는 것의 근간이 바로 '사람'임을 일깨울 때 자주 인용되는 일화다. 이렇게 사람들을 하나로 묶어서 조직으로 만들어주는 힘을 '응집력' 혹은 '결속력'이라고 부르는데, 이것이 사라지는 순간 —설령 그것이 '도망자는 총살한다'는 규율의 군대라고 하더라도— 조직은 일시에 무너지고 만다.

이 일화는 기업의 파업을 조직론적으로 설명할 때도 종종 인용된다. 총파업이 진행되면, 아무리 거대한 조직이라도 그 순간엔 마치 존재하지 않는 조직이나 마찬가지인 상황이 벌어진다. 물론 많은 경우 파업은 '소통'의 한 방편일 뿐이지만, 아무리 거대한 조직 혹은 다국적기업이더라도 결국 사람들이 만들어낸 조직은 그 자체로서는 별 의미 없는 듯한 한명 한명의 구성원들로 이뤄져 있을 뿐이다. 우리는 이 사실을 종종 망각한다.

좋은 기업이란, 그 조직원들이 자신이 왜 그곳에 존재하는지를 스스로 잘 설명해낼 수 있는 기업이다. 그걸 '월급'으로 설명하는 조직은 가장 열등한 기업이다. '먹고살기 위해서'라고 많은 조직원들이 답하는 조직은 생산-분배-소비가 국민경제 내에서 케인스적인 조정으로 연계되던 포디즘 시절에 적합한 조직이기는 했지만, 이런 방식으로 21세기의 탈포디즘 시절에 좋은 조직이 되기는 어렵다. '먹고살기 위해서'가 아닌 다른 이유를 만들어내지 못하는 조직은, 곧 심각한 조직의 실패에 봉착하게 된다.

'성공' 혹은 '승진'이라고 답하는 경우는 일하는 이유를 오로지 '월급'으로 설명하는 조직보다 좀 낫기는 하다. 그 경우, 좋은 루틴을 가지고 있거나 경쟁이 지나치게 격렬해지지 않도록 하는 장치를 가지고 있다면, 어느 정도 경쟁과 협력을 조화시킬 수는 있을 것이다. 그러나 승진이 어려울 시에 다른 기관으로 '낙하산'을 태워 내려 보낼 수 있는 장치를 가지고 있는 중앙정부나 아주 큰 기업의 모(母)조직을 제외하면, 이런 방식 역시 그리 우수한 것이라고 하기는 어렵다.

'돈'과 '승진' 외에 또 다른 노동과 참여의 이유를 만들어낼 수 있는 조직이야말로 어찌 보면 기업들의 오래된 꿈인 셈인데, 이 문제에 대해 어떻게든 답을 찾아내야 하는 게 현재 한국 기업들이 봉착한 어려움이 아닐까 한다. 왜냐하면 기계적인 의미에서의 '일하는 시간 늘리기' 혹은 '손값 낮추기'의 경쟁이 아닌, 생산을 포함한 전과정에서의 창조성 자체가 기업이 만들어내는 '가치'가 되어버린, 아주 특별한 시대를 우리가 살아가고 있기 때문이다. 기계로 대체될 수 있는 장치들은 쉽게 자동화·표준화되어 버리는 세상이다. 결국 돌고 돌아, 경쟁의 가장 큰 요소가 다시 사람이 되는 그런 시기를 우리는 맞고 있다. 그런데 이 문제에 대해 한국 기업들은 어떤 답을 준비하고 있을까? 내가 보기에는, 이렇다 하게 마련된 답변은 없고, 여전히 '시간 따먹기' 혹은 '손값 낮추기'의 포디즘 방식에 대한 노스탤지어만을 가지고 있는 것 같다.

'돈을 주니까 충성한다'라는 간단한 정식은, '인간은 누구나 합리적이다'라는 아주 기본적인 경제학적 명제를 만나면 금방 무너진다. 돈을 받고도 '충성하는 척만 한다'는 식의 해법도 가능하니 말이다. '나도 많이 줄 테니 너도 최선을 다해다오'라는 1세기 전 포디즘의 정식이 지금도 움직이고 있다고 할 수 있을까? 얼마든지 의태 전략이 가능한데 말이다. 그렇다면 '성과평가'를 제대로 하면 될 것 아니냐고? 그런 표준화된 업무 분장分掌으로 네슬레나 구글 같은 기업이 되기는 좀 어려워 보인다. 특수한 몇 개 법인을 제외하면, 그렇게 간단하게 문제가 풀리지 않는 복잡계 속으로 우리는 점점 더 들어가고 있다. 어쩌겠는가, 이 변화가 지금 우리가 올라탄 세계적 변화임에랴…….

삼성이나 현대 혹은 한전과 같은 기업에 '입사만 시켜주면 충성하겠다'는 고급 인력이 이 사회에 가득 차 있는 것 같아 보이기는 한다. 환각 현상이다. 사람의 충성은 그렇게 쉽게 나오는 것이 아니다. 사람들이 그렇게 간단히 고분고분해지고 창의적이게 될 수 있다면, 마르크스의 『자본론』이라는 책은 애당초 등장할 필요도 없었을 것이다. 마찬가지로 케인스의 『일반이론』도 등장하지 않았을 것이다. 사람은 그런 기계 같은 존재가 아닐뿐더러, 의태나 개인 생존전략을 사용하지 않을 정도로 바보도 아니다.

정상正常기업이 정상頂上기업으로 된다

경제학에서 조직을 바라보는 시각은 간단하다. 100이라는 잠재력을 가진 기업이 왜 이 100을 다 발휘하지 못하는가? 자신이 가진 힘을 다 발휘하지 못하는 것은 조직 실패가 발생하기 때문이다. 물론 많은 사람들이, 기업은 100을 가지고 200이나 300을 만들어내는 '효율성의 마술상자'라고 여기기도 하는 모양이다. 하지만 그런 것이 있다면 아직도 세상에 그토록 많은 사람이 기아선상의 경제적 고통에 시달릴 리가 없다. 어디에선가 비효율이 생겨나고 있지 않다면, 또 그 비효율을 조율하는 과정에서 선의와는 다른 '악한 결과'가 발생하지 않는다면 말이다.

어쨌든 한국의 기업은 전체적으로 지금 어느 정도를 자신의 계열사로 흡수하여 내부화할 것인가, 그리고 어느 정도를 정규직으로 운용하고 어느 선에서 비정규직으로 운용할 것인가라는 매우 까다로운 조직론적 결정 앞에 서 있는 셈이고, 그 외에도 결코 만만찮은 질문들이 기다리고 있다. 여기서 그저 남들 하는 대로 하면 될까? 일본 기업의 몇몇 사례를 포함해서, 21세기 이후에 각광받고 있는 기업들을 잘 살펴보면 답은 어렵지 않다. 경제학이 제시할 수 있는 '경쟁'과 '협력'의 조화, 그리고 생태학에서 찾아낼 수 있는 몇 가지 요소는—이론적으로는 어렵지만, 그 결론이란 것이 너무 뻔해서—누구나 가슴에 손을 얹고 생각해보면 당연히 나오는 답들이다.

'아름다운 기업'이라는 것이 존재할까? 이는 '선한 자본가'라는 것만큼이나 다루기 까다로운 질문이다. WTO의 등장 이후 수출 보조금이 다양한 형식으로 변화했지만, 여전히 선진국 정부는 막대한 자금을 자국의 기업들에게 보조금으로 지급하고 있다. 그렇지 않고, 자신의 힘만으로 경쟁하는 그런 기업이 있을까? 매우 드물다. 이 변화가 한국에는 오지 않을까? 물론 조금씩 다가오고 있다. 그러나 한국이 민주화되고 그 성과가 경제적 효율성으로 전환되는 과정의 핵심에는 기업, 특히 대기업이 '아름다운 기업'으로 얼마큼 바뀌게 될 것인가 하는 문제가 관련되어 있다. 미국의 경우는 조금 예외적이지만, 유럽의 많은 다국적기업들은 바깥에서는 흉악하고 음침한 일을 할지라도, 최소한 모국 안에서는 '아름다운 기업'의 모습을 보여주려고 애쓴다. 우리가 기대하는 것은 그 정도다. 최소한 그런 의태라도 하는 상황이 우리나라에도 와야 한다.

한국에서 '아름다운 기업'이란 정규직 문제, 여성 고용의 문제, 지역과의 관계 등 누구나 뻔히 짐작할 수 있는 사회적 문제들을 해소해 나가는 과정에서 드러날 것이다. 이런 기업들이 더욱 아름다워질 수 있도록 다양한 방식으로 정책 보조금을 지급하거나 사회적 편의를 제공한다면, 그 안에서 오히려 조직론적 문제들이 해소되면서 동시에 혁신과 창조의 능력이 더 높아질 것은 당연한 일이다. 그런 점에서 삼성은 '아름다운 기업'의 모델이라기보다는 '무서운 기업'의 모델이다. 삼성에게 개인이 덤볐다가는 어떤 봉변을 당할지 몰라서 무서워하고, 삼성이 망했다가는 우리나라가 망할지 몰라서 사법부에서 무서워하는 게 현 상황이다. 한국 국민은 마치 '무조건 삼성을 사랑하는 사람' 과 '영문 없이 삼성을 두려워하는 사람'의 두 집단으로 구분되어 있는 것 같다.

삼성을 포함한 몇 개의 대기업들, 일단은 '정상 기업'으로 전환하는 것이 이 시대의 숙제이고, 이것은 개별 기업에게만 숙제가 아니라 국민경제 전체에 던져진 질문이다. 망하라는 얘기가 아니고, 문 닫으라는 얘기도 아니다. 최소한 '글로벌 스탠더드' 정도는 지켜주는 센스를 가진 '정상 기업' 정도가 되라는 얘기다. 이 변화의 기준은, 이유 없이 삼성을 두려워하거나, 삼성이 청와대를 비롯한 우리나라의 모든 것을 실제로 다 움직인다고 믿는 사람이 유의미하게 감소됨으로써 알 수 있게 될 것이다. 삼성경제연구소에서 한국 경제정책의 기준들을 제시하고 모든 것을 조정하고 있다고 많은 사람들이 철석같이 믿고 있는 이 상황은, 정상도 아니고 사실도 아니다. 그러나 그 '두려움', 그것이 바로 삼성의 이미지인 건 사실이다. 국민경제로 볼 때에도 바람직한 상황이 아니고, 삼성에게도 좋을 리가 없다.

아름다운 기업을 위한 조직론

자, 10년 후의 우리가 가질 수 있는 아름다운 모습을 상상해보자. 현 시점에서 우리가 '아름다운 기업'으로 꼽을 수 있는 기업은 아마도 없을 것 같고, '무서운 기업'으로는 몇몇 회사들을 사람들이 금방 꼽을 수 있을 것 같다. 이 질문에 대해서, 차라리 '혐오 기업'을 꼽고 싶은 국민들도 물론 있을 것이다.

10년 후, 우리는 10개 내외의 '아름다운 기업'을 꼽게 될 수 있을까? 나는 그러기를 바란다. 그 상황이라면, 지금 우리가 당면한 짧은 위기, 그리고 아주 긴 위기의 상당 부분을 극복하여, 최소한 한국 자본주의가 '인간의 얼굴을 한 자본주의'에 훨씬 더 가까워져 있지 않을까?

기업의 조직 내부는 이성적으로만 작동하지 않는, 수많은 미스터리와 정열 혹은 신기루 같은 것들이 작동하는 공간이다. 그러나 조직 내부를 분석하고, 디자인하고, 정돈하는 것은 논리의 힘을 필요로 한다. 나는 '문제적 존재'인 한국의 대기업들이 '아름다운 기업'이 되는 힘은, 사실은 자신의 내부를 돌아보는 조직론에 있다고 생각한다. 그것이 바로 한국 기업들에게 필요한 로고스라고 믿는다.

짧은 한국 기업의 역사 속에는 창업자의 파토스와 조직 구성원에 대한 에토스만이 존재했지, 객관적으로 내부를 들여다보는 로고스는 존재한 적이 없었던 것 같다. 로고스가 결국 아름다움을 만나는 것, 그것이 한국 기업에게 지금 던져진 과제가 아닐까 싶다.